W0310527

STARK

Original-Prüfungsaufgaben
mit Lösungen

2016

REALSCHULABSCHLUSS

Deutsch

Thüringen

2009 – 2015

STARK

21. ergänzte Auflage
www.stark-verlag.de

Inhalt

Abschlussprüfungsaufgaben in Thüringen mit Lösungsvorschlägen

Jeweils im Herbst erscheinen die neuen Ausgaben der Abschlussprüfungsaufgaben mit Lösungen.

Autoren:

Bärbel Bensch (Kapitel A–E, Übungsaufgaben 2 und 3) und Christel Metzger (Übungsaufgabe 1)
Helke Felgenträger, Heike Ginter (Lösungen Jahrgänge 2009 bis 2013)
Redaktion (Lösungen 2014 und 2015)

Vorwort

Liebe Schülerin, lieber Schüler,

schön, dass du dich für dieses Buch entschieden hast! Es wird dir dabei helfen, dich **gründlich auf deinen Realschulabschluss im Fach Deutsch vorzubereiten**. Zu diesem Zweck bieten dir die folgenden Seiten nicht nur die Prüfungsaufgaben der letzten Jahre mit ausführlichen Lösungsvorschlägen, sondern auch zahlreiche Übungen sowie wichtige Hinweise und Tipps.

Vielleicht empfindest du die Abschlussprüfung in Deutsch bislang als große Herausforderung. Doch keine Sorge! Durch die Arbeit mit diesem Buch bekommst du das **methodische Wissen** an die Hand und vor allem auch die nötige **Routine**, um in der Prüfungssituation ruhig und souverän vorgehen und einen **gelungenen Aufsatz** schreiben zu können.

Zunächst ein paar Informationen zum Prüfungsinhalt: Es stehen stets **vier Aufgaben zur Wahl**. Du suchst dir eine davon aus und hast dann **210 Minuten Zeit**, um sie zu bearbeiten. Achte darauf, dir einen kurzen, aber gründlichen **Überblick** zu verschaffen: Welche Aufgabe liegt dir inhaltlich und methodisch am meisten?

Die **üblichen Aufgabenstellungen** wiederholen sich immer wieder:

- **Erörtern und Argumentieren** (die These bzw. der Text oder das Problem stammen entweder aus deiner eigenen Lebens- u. Erfahrungswelt, oder die Aufgabe bezieht sich auf bekannte literarische Themen)
- **Interpretieren** literarischer Texte: kurze epische Texte, Dramenauszüge, Gedichte, Songs usw. (Angaben zu Autor, Werk, Zeit und deren Wechselbeziehung untereinander; Angaben zu Erzählweise, zu Textmerkmalen und verwendeten sprachlichen Mitteln; Nacherzählen)
- **Wiedergeben** und **Schildern** von Eindrücken (Gedanken, Gefühle und Empfindungen bei Erlebnissen und Begegnungen mit Kunstwerken)
- **Vergleichen** von Texten
- **Erzählen** einer Geschichte nach einem vorgegebenen Erzählanfang o. Ä.

Meist beziehen sich die Aufgaben mindestens auf ein **Zitat**, häufig jedoch auf einen längeren Text. Dabei handelt es sich entweder …

- um einen **pragmatischen Text** (zum Beispiel einen Zeitungsartikel)
- oder um einen **literarischen Text**. Beispiele hierfür sind: Kurzgeschichten, Erzählungen, Parabeln, Kriminalgeschichten, Novellen, Romanausschnitte, Dramenauszüge, Lyrik aller Epochen bis zu Songs moderner Liedermacher u. a.

Bist du dir im Umgang mit den Prüfungsanforderungen noch **unsicher**, lies dir zunächst die **Übungskapitel** durch. Sie stellen die **notwendigen Techniken und Vorgehensweisen** in übersichtlicher Weise dar. Du kannst dir natürlich auch nur einige Schwerpunktthemen heraussuchen, in denen du dich verbessern willst, zum Beispiel „Erörtern und Argumentieren“.

Die **Original-Prüfungsaufgaben** der letzten Jahre findest du im hinteren Teil dieses Buches. Sie schlägst du auf, falls du schon geübt bist, und dich gezielt in die **Prüfungssituation** versetzen willst. Vielleicht willst du zu diesem Zweck sogar die Zeit stoppen – auf diese Weise kannst du besser einschätzen, wie du sie dir im „Ernstfall“ einteilen musst.

Die **Lösungsvorschläge** ermöglichen dir die **Kontrolle** bzw. die **Korrektur** der eigenen Arbeit. Du wirst mit ihrer Hilfe sozusagen zu deinem eigenen Lehrer bzw. deiner eigenen Lehrerin. Sei dir aber stets bewusst, dass es im Fach Deutsch **nie die eine richtige Lösung** gibt! Sollte dein Aufsatz also stark von der Musterlösung abweichen, so muss dies keinesfalls bedeuten, dass er falsch ist. Es geht schließlich eher um die richtige Methodik, die Vorgehensweise beim Umgang mit Texten und Aufgaben, als darum, welcher Text am Ende dabei herauskommt.

Solltest du bei der Bearbeitung einer Aufgabe nicht weiterkommen, helfen dir die grau markierten **Hinweise und Tipps** vor der jeweiligen Lösung. Sobald du sie gelesen hast, solltest du aber unbedingt erst einmal **selbstständig** weiterarbeiten. Lies dir die Musterlösungen also nicht sofort durch, sondern versuche dich zunächst eigenständig an der jeweiligen Aufgabenstellung. Am Schluss vergleichst du deine Arbeit mit dem abgedruckten Lösungsvorschlag, und überlegst, wo du dich noch verbessern kannst.

Sollten nach Erscheinen dieses Bandes noch wichtige **Änderungen** in der Abschlussprüfung 2016 vom Ministerium für Bildung, Wissenschaft und Kultur bekannt gegeben werden, findest du aktuelle Informationen dazu im Internet unter: **www.stark-verlag.de/pruefung-aktuell**.

Viel Erfolg beim Erlangen des Realschulabschlusses wünschen

die Autoren und der Verlag

Themenübersicht nach Aufsatzarten

A. Erörtern und Argumentieren

1. Beschreibung der Aufsatzform

Bei der **freien Erörterung** ist das Thema als Feststellung, Behauptung oder als Frage formuliert, die im Aufsatz beleuchtet werden soll. Manchmal liegt auch ein Zitat zugrunde, das zunächst erläutert und anschließend mit eigenen Argumenten erörtert werden muss.

Eine weitere Aufsatzform stellt die **textgebundene Erörterung** dar, d. h. die Erörterung eines bekannten/unbekannten literarischen Stoffes/Problems. Grundlage dieser Erörterung ist ein literarischer Kurztext, eine Gedichtzeile, eine Gedichtstrophe, eine Szene aus einem Drama usw. Der Text ist zunächst inhaltlich wiederzugeben, danach sind die im Text enthaltenen Argumente/Behauptungen zu bearbeiten.

Wer erörtert, setzt sich mit einem strittigen oder komplizierten Problem bzw. Sachverhalt auseinander, um sich Klarheit darüber zu verschaffen. Welcher Art das zu erörternde Thema auch sein mag – eine politische Entscheidung, ein auffälliges Sozialverhalten, ein Alltagsproblem usw. – es löst in jedem Fall Fragen aus: Warum ist das so? Wie ist es dazu gekommen? Was ist zu tun? Wie ist die Sache zu beurteilen? Wer darauf begründete Antworten sucht, kann sich mit einer schnellen „Lösung“ nicht zufrieden geben, sondern muss das Problem unter vielfältigen Gesichtspunkten betrachten, Ursachen und Folgen erwägen, Aussagen und Urteile dazu prüfen, nicht zuletzt auch eigenes Wissen, eigene Erfahrungen zur Klärung heranziehen – kurz, muss das Problem erörtern.

Im Alltag werden Probleme meist **mündlich erörtert**. Jeder Gesprächspartner trägt aus seiner Sicht durch Kenntnisse und Meinungen, durch Vermutungen und Vorschläge, durch Widerspruch und Zustimmung zur Klärung des Sachverhalts bei, kann aber auch während des Gesprächs seinen Standpunkt leicht korrigieren.

Anders bei der **schriftlichen Erörterung**. Hier muss ein Einzelner den Sachverhalt allein untersuchen und zu einer Klärung kommen. Zwar hat die schriftliche Form den Vorteil, die Gedanken übersichtlich festzuhalten, zu überprüfen und zu ordnen. Aber der Verfasser muss nun auch die Interessen und Standpunkte anderer in seine Erörterung mit einbeziehen, vor allem, wenn es um eine strittige Frage, also um eine Problemerörterung geht.

Auf alle Fälle heißt es: Die Darstellung muss so klar und deutlich sein, dass der Leser den Gedankengang des Verfassers nachvollziehen kann. Das musst du unbedingt beachten, wenn du dich für eine Erörterung als Prüfungsaufsatz entscheidest. Besonders musst du dabei auf die zusätzlichen Arbeitsanweisungen achten.

2. Vorarbeiten

Bevor du mit der Darstellung deiner Gedanken beginnst, sind eine Reihe von Vorarbeiten sinnvoll. Die folgenden Arbeitsschritte solltest du aber auf jeden Fall durchführen, denn somit kannst du sicher sein, das Thema vollständig erfasst zu haben.

Der erste wichtige Schritt ist die **Analyse des Themas**. Es ist notwendig, das Thema zu erfassen, indem du es mehrmals durchliest, die Art der Erörterung klärst und das Thema abgrenzt. Du solltest überlegen: Auf welche Frage(n) muss mein Aufsatz Antwort geben?

Im zweiten Schritt musst du die **Schlüsselbegriffe** des Themas herausarbeiten. Du kannst sie im Thema unterstreichen, herausschreiben, definieren und Synonyme dazu finden. Es ist außerdem empfehlenswert, mit eigenen Worten zu formulieren, welche These(n), Behauptung(en) oder Frage(n) im Thema steckt (stecken). Verwende dabei die Schlüsselbegriffe. Klarer wird die Problematik auch, wenn du das Thema umformulierst (z. B. in eine Frage) und mit eigenen Worten ausdrückst.

Sollten Zusatzaufgaben vorhanden sein, verfahre mit diesen ebenso: Stelle die Schlüsselbegriffe heraus und formuliere mit ihnen die Aufgabenstellung mit eigenen Worten. Bei der Erörterung eines Kurztextes arbeitest du statt der Schlüsselbegriffe des Themas die Hauptargumente/ Hauptthesen des Textes heraus. Anschließend verfährst du wie beschrieben.

Nach diesen Überlegungen stellst du fest, welcher **Darstellungstypus** verlangt ist:

- eine kontroverse Darstellung nach dem Schema Pro–Kontra (Aufgabenstellungen, die mit Ja oder Nein zu beantworten sind) oder
- eine lineare bzw. entwickelnde Darstellung, die nach Gründen, Folgen, Auswirkungen, Bedeutungen usw., nach bestimmten Entwicklungen oder Erscheinungsformen fragt.

Der Darstellungstypus tritt nicht immer in einer Reinform auf. Es können beispielsweise erst Ursachen für eine Entwicklung beschrieben werden, die anschließend von zwei Seiten aus (Pro und Kontra) beleuchtet werden.

Entsprechend diesen beiden Darstellungstypen baust du deine **Stoffsammlung** auf und ordnest danach den gesammelten Stoff. Verfahre am besten so:
Du sammelst Antworten und Einfälle zur Aufgabenstellung, zum Für und Wider oder zu den Gründen, Folgen, Auswirkungen, Bedeutungen usw. einer Sache. Du kannst die sog. W-Fragen (Wer? Was? Wann? Wo? Wie? Warum? usw.) als Fragesätze formulieren. Du solltest unbedingt alle vorkommenden Fachbegriffe klären. Deine Gedanken notierst du zunächst ungeordnet in Form von Stichpunkten oder ganzen Sätzen, die dir zu den jeweiligen Überschriften einfallen. Günstig ist es, die Stichpunkte oder ganzen Sätze untereinander zu schreiben, damit du leichter die zusammengehörigen Gedanken mit Farben, Zahlen oder Symbolen kennzeichnen, themenfremde Überlegungen oder unergiebige Einfälle leichter streichen und in Einzelfällen noch Fehlendes ergänzen kannst.

Danach solltest du den **Stoff ordnen**, indem du überlegst, welche Punkte der Stoffsammlung sich unter einem bestimmten Oberbegriff zusammenfassen lassen.

Zuletzt gehst du daran, die Reihenfolge für die gefundenen Oberbegriffe mit einzelnen Unterpunkten festzulegen, und zwar nach ihrer Wichtigkeit. Du kannst den wichtigsten Punkt an den Anfang oder an den Schluss stellen, solltest aber stets einheitlich verfahren. In der Reihenfolge kann es aber auch vom Persönlichen zum Allgemeinen bzw. in umgekehrter Folge vom Allgemeinen zum Persönlichen ablaufen. So ist eine entsprechende **Gliederung** für deinen Aufsatz entstanden.

3. Schreiben

Du wirst erkennen, dass eine gründliche Vorarbeit das Aufsatzschreiben wesentlich erleichtert. Durch mehrfaches Üben im Unterricht und mit diesem Buch erwirbst du dir die nötige Fertigkeit im Analysieren des Themas, in der Stoffsammlung und Stoffanordnung und im Erstellen einer guten Gliederung.

Danach verfasst du eine zusammenhängende Darstellung zum Erörterungsthema – einen **Entwurf** – und **überarbeitest** diese zielgerichtet. Am besten, du nimmst mit einem andersfarbigen Stift die Überarbeitung vor und notierst am Rand (evtl. Extrablatt) Ergänzungen.

Anschließend schreibst du den Aufsatz in **Reinschrift**, die du zur Bewertung abgibst (eigentlicher Prüfungsaufsatz).

Da der Aufsatz durch eine Dreiteilung – Einleitung, Hauptteil und Schluss – gekennzeichnet ist, sollen die einzelnen Teile noch einmal gesondert betrachtet werden:

Bei der **Einleitung** gibt es – je nach Thema – verschiedene Möglichkeiten. Du kannst

- das Thema bzw. das darin enthaltene Problem erklären,
- auf einen aktuellen Anlass, einen Zeitungsartikel, einen Buchausschnitt, eine Fernseh- oder Rundfunksendung o. Ä. hinweisen,
- einen geschichtlichen Rückblick geben oder einen historischen Bezug herstellen,
- eine persönliche Erfahrung, Beobachtung beschreiben,
- jemanden zitieren oder ein Sprichwort/eine Redewendung anführen.

Wichtig ist, dass du mit deiner Einleitung das Interesse des Lesers weckst bzw. zur eigentlichen Erörterung des Themas sinnvoll hinführst.

Danach beginnt der **Hauptteil**, die eigentliche Darstellung der verschiedenen Argumente zur Klärung des gewählten Themas – seien es die Pro-Kontra-Argumente oder die unterschiedlichen Gründe, Folgen, Auswirkungen, Bedeutungen usw.
Das Ziel des Hauptteils ist die umfassende sachliche Information. Der Leser soll sich aufgrund deiner Überlegungen ein begründetes Urteil bilden können, das sich eventuell mit deinem eigenen Urteil deckt bzw. zu seiner Urteilsfindung beiträgt.
Bei der kontroversen Darstellung kannst du das Für und Wider jeweils im Block darstellen oder auf ein Pro-Argument das passende Gegenargument folgen lassen. Letzteres ist schwieriger, da nicht immer der eine Gesichtspunkt den anderen eindeutig widerlegt.
Die lineare (entwickelnde) Darstellung führt die Argumente jeweils gesammelt nach Gründen, Folgen, Auswirkungen, Bedeutungen usw. an.

Zum **Aufbau eines Arguments** empfehlt sich folgendes Vorgehen:

- du nennst das Argument (Behauptung),
- anschließend erklärst du es (Begründung),
- und schließlich führst du (ein) eigene(s) Beispiel(e) als Beweisführung an.

Wichtig sind die **Überleitungen** von Argument zu Argument mit den entsprechenden Begründungen und Beispielen, aber auch z. B. vom Pro- zum Kontra-Teil oder von den Gründen zu den Auswirkungen. Sie sollen dem Leser dein Vorgehen klar machen und den langen Hauptteil in überschaubare Abschnitte unterteilen.

Im **Schluss** fasst du deine Überlegungen zusammen und leitest daraus deine persönliche Stellungnahme ab, die du begründen musst und mit eigenen Beispielen/Erfahrungen (selbstkritisch) untermauern kannst. Mit einer Frage als Schlusssatz könntest du den Leser nochmals persönlich ansprechen. Die Frage sollte aber nicht formal /plakativ gestellt werden.

Für den **Umfang** der Einleitung, des Hauptteils und des Schlusses könntest du dir als Richtlinie das Verhältnis 1 : 5 : 1 einprägen.

Grafische Darstellungen

Analyse des Themas

Erfassen des Themas	• mehrmals durchlesen • Klärung der Art der Erörterung • Abgrenzung von ähnlichen Themen
Klären wichtiger Themenbegriffe (Schlüsselbegriffe)	• unterstreichen • herausschreiben • definieren • Synonyme finden
Formulieren der Aufgabenstellung	• Umformulieren des Themas • unverändert übernehmen

Stoffsammlung, Stoffordnung und Gliederung

Stoffsammlung

- Antworten und Einfälle zur Themafrage sammeln
- W-Fragen als Fragesätze formulieren und Antworten sammeln
- Fachbegriffe klären
- Stichpunkte oder ganze Sätze notieren
- Gedanken in beliebiger Reihenfolge untereinander schreiben

⇓

Arbeitsschritte auf dem Weg zur Stoffordnung

- zusammengehörige Gedanken mit Farben, Zahlen oder Symbolen kennzeichnen
- themenfremde Überlegungen oder Unergiebiges streichen
- in Einzelfällen noch Gesichtspunkte ergänzen

⇓

Stoffordnung/Gliederung

- Oberbegriffe suchen/Unterpunkte zuordnen
- sinnvolle Reihenfolge festlegen, z. B.:
  - vom Unwichtigen zum Wichtigen
  - vom Persönlichen zum Allgemeinen
- Gliederung aufstellen

Aufbau des Aufsatzes

Einleitung

- Thema/Problem erklären *oder*
- aktueller Anlass, Zeitungsartikel o. Ä. *oder*
- geschichtlicher Rückblick *oder*
- persönliche Erfahrung *oder*
- Zitat/Sprichwort *oder*
- bei Kurztexten: Inhaltsangabe

(Überleitung)

Hauptteil

	Überleitung	Überleitung
• „Pro“ bzw. Gründe	• „Kontra“ bzw. Folgen	• Auswirkungen usw.
A1	A1	A1
A2	A2	A2
A3	A3	A3
…	…	…

(Überleitung)

Schluss

- Zusammenfassung
- persönliche Stellungnahme mit Begründung und Beispiel(en)

B. Interpretieren literarischer Texte

1. Beschreibung der Aufsatzform

Ein Thema des Prüfungsaufsatzes verlangt eine Interpretation eines literarischen Textes (Kurzgeschichte / Erzählung / Dramenauszug / Romanausschnitt / Gedicht).

Was verlangt die Interpretation eines literarischen Textes?

An der Bedeutung des Wortes „interpretieren“ kann sehr gut gezeigt werden, was mit dieser Darstellungsart gemeint ist. „Interpretare“ heißt wörtlich „zwischensprechen“ bzw. auch „deuten, auslegen“, also mit eigenen, verständlichen Worten jemandem erläutern, was ein Text uns sagen will. Literarische Texte sind in verschlüsselter Sprache geschrieben, die der Interpret (für einen Leser oder Zuhörer) wieder entschlüsseln soll. Um einen Text entschlüsseln zu können, braucht man Interesse an Sprache und Literatur, aber auch Kenntnisse diesbezüglich, ein Gespür für Ausdrucksmittel und natürlich Übung. Durch Üben erwirbst du Fertigkeiten im Herausfinden der Mittel, die einen Text verschlüsseln. Im Unterricht werden diese meist Stilmittel oder sprachkünstlerische Mittel genannt.

Zur Interpretation gehört neben der Textuntersuchung nach Inhalt und Form (also die Entschlüsselung) auch die Beobachtung, wie der Text auf die Leser wirkt und wirken soll (Leserbezug). Außerdem kann eingearbeitet werden, was du über die epochale Zuordnung des literarischen Textes und die Autorin / den Autor weißt (über ihr / sein Leben und Werk, den sozialen und politischen Hintergrund) und welche Hinweise der Text darauf gibt.

Um dir Sicherheit für das Interpretieren zu geben, werden hier wiederholend grundsätzliche Merkmale der verschiedenen literarischen Textsorten genannt:

Erzählung, Roman und Kurzgeschichte gehören zum Genre der Epik. Unter **Erzählung** versteht man die Darstellung eines wirklichen, möglichen oder erfundenen Ereignisses, erzählt als Eigenerlebnis oder in der dritten Person. Die Erzählung ist in Prosa geschrieben, hat eine Einleitung, einen Hauptteil mit Höhepunkt und einen Schluss (s. Kapitel D). In der Erzählung werden charakteristische Merkmale von Personen sichtbar. Gegenüber der Erzählung ist der **Roman** von größerem Umfang, komplexer in der Handlung, figurenreicher und welthaltiger.

Zu den Kurzformen der Epik gehört die **Kurzgeschichte**. Sie ist eine kurze Erzählung (amerik. „short story“), die ein alltägliches Geschehen schlaglichtartig hervorhebt und zu einer überraschenden Wende führt, wobei die Schlusspointe von Anfang an den Erzählverlauf bestimmt, d. h. die Geschichte wird vom Ende her erzählt. Die Kurzgeschichte zeigt meist einen unvermittelten Eingang, eine gedrängte Steigerung und einen offenen Schluss, der den Leser zum Nachdenken über das Dargestellte zwingt. Die Kurzgeschichte kann an Merkwürdiges gebunden sein, kann Belangloses oder auch historisch Bedeutungsvolles widerspiegeln. Sie zeigt häufig eine typisierte Figur in einer Entscheidungssituation, in einem Konflikt. Das Geschehen umfasst einen kurzen Zeitausschnitt. Aufgrund ihres geringen Umfangs bietet sie auf einem Minimum an Raum ein Maximum an Sinn und damit häufig eine symbolische, verweisende Botschaft. Die innere Handlung dominiert. Der Erzählton zeigt oft die Tendenz zur nüchternen Sachlichkeit, der Stil Tendenz zu umgangssprachlichen Wendungen, z. B. zum Jugendjargon. Man unterscheidet in Kurzgeschichten den Ich-Erzähler (aus eigenem Erleben), den personalen Erzähler (aus der Sicht einer Gestalt) und den auktorialen Erzähler (er handelt nicht, tritt aber wertend in Erscheinung).

Unter einem **Drama** versteht man den Ablauf eines Geschehens auf der Bühne durch handelnde Personen mithilfe von Dialogen und Monologen, nach Szenen (Auftritte) und Akten (Aufzüge) gegliedert; es gehört zum Genre der Dramatik.

Das Drama hat in der Regel einen strengen, meist fünfaktigen (manchmal dreiaktigen) Aufbau: Exposition, d. h. Darlegung des Sachverhalts, der einen Konflikt in sich birgt oder gelöst werden muss; Ausspielen des Konflikts bis zum Höhepunkt, der entscheidenden Wende; Lösungsversuch, der entweder zum befriedigenden Erfolg oder in die Katastrophe führt. Wichtig ist das Moment der Spannung, deshalb müssen die einzelnen Szenen genau ineinander greifen. Es ist notwendig, beim Interpretieren einer Dramenszene die richtige Einordnung in das Gesamtgeschehen zu beachten.

Gedichte gehören wie die Balladen zur literarischen Gattung der Lyrik, welche die persönlichste aller Gattungen ist und äußerst subjektive Empfindungen, Stimmungen und Gefühle ausdrückt. In Gedichten wird oft das persönliche Erlebnis in eine allgemeine Erfahrung gehoben. Häufig gibt es ein „lyrisches Ich" (greifbar in der 1. Person oder in der Anrede eines „du"), das als Bezugspunkt aller Wahrnehmungen und Äußerungen eingesetzt wird, aber nicht mit dem Autor selbst verwechselt werden darf. Die Ballade erzählt von Ereignissen und Schicksalen. Die verdichtete Sprache der Lyrik ist von der Alltagssprache abgehoben: äußerlich durch die gebundene Redeweise (Vers, Reim, Strophe), aber auch durch die Wortwahl und die Bilder (Metapher, Personifikation, Symbol, Vergleich).

2. Vorarbeiten

Eine gute Interpretation setzt intensive Vorarbeiten voraus. Lies vor allem den Text gründlich und beobachte bei der Textentschlüsselung genau.

Der erste Teil der Vorarbeit gilt der **Auseinandersetzung mit dem Text**. Nach der Phase des mehrmaligen – langsamen, gründlichen – Lesens des Textes schließt sich das inhaltliche Erfassen an, am besten mit den **fünf W-Fragen** (Wer? Was? Wann? Wo? Warum?). Anschließend erstellst du eine kurze **Inhaltsangabe**, in der die Schauplätze, die Dauer bzw. die zeitliche Abfolge, die Haupt- und Nebenpersonen der Handlung erfasst werden – und worum es geht. Die Inhaltsangabe erfolgt im Präsens! Die Inhaltsangabe benötigst du als Teil für den Aufsatz. Weiterhin geht es darum, die Textsorte anhand typischer Merkmale festzustellen (also Gedicht, Romanausschnitt, Erzählung, Kurzgeschichte usw.).

Der nächste Schritt beinhaltet die eigentliche **Textarbeit**, die **Interpretation** (Entschlüsselung, Deutung). Der Inhalt mit seinen verschiedenen Bedeutungsaspekten wird gründlich untersucht. Lies dabei den Text mehrmals, denn oft fällt dir später noch etwas Neues auf.

Du kannst die fünf W-Fragen als Raster nehmen und ausbauen, etwa mit folgenden zusätzlichen Fragen:
- Wie ist die Hauptperson/sind die Hauptpersonen charakterisiert?
  Gibt es Nebenpersonen? Welche Beziehungen gibt es zwischen den Personen?
- Wie verändern sich die Personen und ihr Verhältnis untereinander?
- Was wird dargestellt (Text, Bild)?
- Was geschieht und wie verändert sich das Geschehen?
- Welches Hauptthema/Problem wird angesprochen?
- Auf welchem politischen, sozialen, religiösen Hintergrund wird es gezeigt?
- Welche Tendenzen der Zeit werden sichtbar?
- Wird der zeitliche Ablauf unterbrochen durch Vor- oder Rückblenden?
- Was lässt sich über den Ort bzw. den Wechsel der Schauplätze sagen?
- Welche Gründe gibt es für den Verlauf des Geschehens, für das Verhalten der Personen, für ihr Verhältnis untereinander und zur Handlung?

Aus der Beantwortung dieser Fragen kannst du folgern, wofür Personen, Geschehen, Ort und Zeit im Text stehen, was durch sie gesagt wird. Dadurch kommst du über den Inhalt zur **Aussage** des Textes.

Anschließend betrachtest du die **Sprache** und die **Form** des Textes:
Bei der **Sprachuntersuchung** stellst du die Mittel heraus, mit denen die Verfasserin/der Verfasser des Textes arbeitet, z. B.

- Übertreibung, Ironie, Verallgemeinerung, bestimmte Wortfelder, Bild, Vergleich, Symbol, Wiederholung, Personifikation, Aufzählung, rhetorische Frage, Gegensatz usw.
- Wen lässt die Autorin/der Autor sprechen?
- Besonderheiten im Satzbau, z. B. Häufung bestimmter Satzzeichen, unvollständige Sätze, komplizierter/einfacher Satzbau usw.
- Sprachstil: Umgangssprache, gehobene Sprache, Jargon, Fachsprache, Verwendung vieler Verben bzw. Substantive usw.

Schreibe deine Beobachtungen in Stichpunkten heraus oder markiere sie farbig im Text.

Wenn du die Sprachuntersuchung beendet hast, musst du unbedingt herausfinden, was die beobachteten Mittel mit dem Inhalt zu tun haben:

- Verstärken/unterstreichen sie die Bedeutung des Inhalts?
- Stehen sie im Gegensatz dazu?

Lediglich festzustellen, welche Sprachmittel verwendet werden, sagt an sich sehr wenig aus und genügt nicht.

Bei der **Betrachtung der Form** gehst du ähnlich vor: Du arbeitest die Besonderheiten heraus und fragst anschließend, welcher Bezug zum Inhalt besteht.
Zur Formbetrachtung gehören:

- Strophen, Reim, Versmaß (Gedichte)
- Unterteilung in Abschnitte
- Anordnung/Aufbau einzelner Strophen/Abschnitte bzw. Textteile (Steigerung, Abfolge von Gegensätzen, ungeordnete Reihenfolge usw.)
- Anfang und Schluss (Geschlossenheit, Offenheit)

Nach Bearbeitung dieser Gesichtspunkte und Fragen kannst du die gesamte **Aussage** des Textes (Inhalt und Form) festhalten.

Im nächsten Schritt untersuchst du den Bezug zwischen **Text und Leser**:

- Wer erzählt den Text (Er- oder Ich-Erzähler)?
- Welche Leser werden angesprochen (z. B. Jugendliche, Schüler, besorgte Eltern, technisch interessierte Menschen, Menschen mit bestimmten Problemen usw.)?
- Auf welche Weise wird der Leser angesprochen (z. B. Anrede, Identifikation mit bestimmten Personen, als kritisch distanzierter Beobachter usw.)?
- Welche Stimmung erzeugt der Text (z. B. Nachdenklichkeit, Optimismus, Pessimismus usw.)?

Die Beantwortung dieser Fragen gibt Auskunft über die Absicht des Verfassers und die Leserwirkung.

Schließlich nimmst du noch eine **Übertragung (Transfer)** auf deine bzw. die allgemeine heutige Lebenssituation vor. Deine bisherigen Notizen kannst du als Stoffsammlung betrachten.

Im zweiten Teil der Vorarbeiten folgt nun die **Gliederung**.

Es gibt grundsätzlich zwei Arten, eine Textinterpretation aufzubauen:

- Entweder gehst du chronologisch vor, d. h., du folgst dem Textverlauf und beschreibst Abschnitt für Abschnitt bzw. Strophe für Strophe, was du beobachtet und welche Zusammenhänge du hergestellt hast.
- Oder du gehst nach übergeordneten Gesichtspunkten vor und ordnest deine Beobachtungen jeweils unter.

Ersteres Vorgehen ist besonders geeignet für Texte, die eine lineare Entwicklung (z. B. eine Steigerung) enthalten, letzteres Vorgehen für Texte, die gegensätzliche Positionen oder eine Reihe verschiedener, unzusammenhängender Gedankengänge beinhalten (z. B. gegensätzliche Reaktionsweisen in einer Konfliktsituation).

3. Schreiben

Nach diesen ausführlichen Vorarbeiten müsste dir das Schreiben des Aufsatzes relativ leicht fallen.

In der **Einleitung** kannst du

- über die Autorin/den Autor schreiben (später einen Bezug zum Text herstellen),
- über die Leserwirkung, speziell über deinen persönlichen Eindruck schreiben (anschließend im Hauptteil diesen Eindruck überprüfen),
- die im Text behandelte Problematik beschreiben (und dann auf die Textuntersuchung überleiten).

Der folgende **Hauptteil** enthält zunächst eine kurze Inhaltsangabe (im Präsens, keine wörtliche Rede) und stellt im Anschluss die Ergebnisse der Textuntersuchung dar. Wichtig sind Zitate als Belege für deine Feststellungen.
Achte darauf, dass du dich nicht wiederholst (z. B. bei der Darstellung des Inhalts oder wenn du Beobachtungen zu Sprache und Form auf den Inhalt beziehst) und dass du das Wesentliche im Auge behältst, dich also nicht im Detail verlierst.
Die Absichten des Verfassers (evtl. mit Bemerkungen über Autorin/Autor) und die Wirkung auf den Leser bilden den letzten Abschnitt des Hauptteils.

Der **Schluss** enthält die zentrale Aussage als Zusammenfassung deiner Untersuchungen und nimmt eine Übertragung der Problematik auf unsere Gegenwart/dein Leben vor.
Du kannst auch ganz persönlich darüber schreiben, wie dich der Text angesprochen hat, was dir gefallen/nicht gefallen hat.

Grafische Darstellung

Einleitung

- Biografisches über Autorin/Autor *oder*
- Leserwirkung (persönlich) *oder*
- Problematik beschreiben

(Überleitung)

Hauptteil

- kurze Inhaltsangabe
- Ergebnisse der Textuntersuchung nach:
  - Inhalt
  - Sprache und Form
- Leserwirkung/Autorenabsicht

(Überleitung)

Schluss

- zentrale Aussage
- Transfer *oder*
- persönliche Stellungnahme

C. Schildern/Wiedergeben von Eindrücken

1. Beschreibung der Aufsatzform

Im Prüfungsaufsatz kann natürlich auch eine Aufgabe gestellt werden, die verlangt, deine Eindrücke, Gedanken und Empfindungen beim Lesen eines bestimmten Textes wiederzugeben. Es handelt sich hierbei – im Gegensatz zur Erörterung, die sachlich gehalten ist – um ein persönliches, ausdrucksvolles Schreiben in Verbindung mit einer Textbeschreibung. Schildern bedeutet immer: etwas ausmalen, ausschmücken, beschreiben – mit eigenen Worten.

Gegenstand der Schilderung kann eine Situation, ein Erlebnis, eine Landschaft, eine Person, ein Kunstwerk o. Ä. sein. Es gilt, dies aus dem persönlich Erlebten heraus ausdrucksvoll darzustellen. Das ausdrucksvolle Darstellen basiert auf genauem Beobachten, dem Erkennen der Grundstimmung und dem Wahrnehmen der Details sowie dem wirkungsvollen Einsatz entsprechender sprachlicher Mittel. Dazu gehören Sprachbilder – Vergleiche, treffende Ausdrücke – Adjektive, Verben, Substantive. Das hast du im Sprachunterricht gelernt.

Im Prüfungsaufsatz geht es darum, diese reine Form der Schilderung bzw. der Wiedergabe von Eindrücken deutlich abzugrenzen von den Anforderungen, die wie folgt formuliert sein können: Schildern der Eindrücke, Gedanken und Empfindungen beim Lesen einer Erzählung bzw. Kurzgeschichte oder eines Gedichts und Eingehen auf sprachkünstlerische Besonderheiten.

Beim genaueren Betrachten eines solchen Themas sind folgende Schwerpunkte erkennbar, die beim Abfassen des Aufsatzes erfasst werden müssen:
- Erkennen der entsprechenden Textart und deren Merkmale;
- Verstehen des Textes – inhaltliches Erschließen;
- Schildern/Wiedergeben eigener Eindrücke, Gedanken und Empfindungen beim Lesen des Textes;
- Aufzeigen entsprechender sprachkünstlerischer Besonderheiten, die oben genannte Eindrücke, Gedanken und Empfindungen hervorrufen – natürlich in Verbindung mit dem Text;
- Erkennen der Absicht des Verfassers oder abschließende Wertung.

Damit ist zu erkennen, dass bei dieser Aufsatzform nicht nur persönliches Schreiben und damit Grundkenntnisse über das Wiedergeben von Eindrücken erforderlich sind, sondern auch das Wissen um die Anforderungen der Textbeschreibung (Interpretation) vonnöten ist.

2. Vorarbeiten

Das Wiedergeben von Eindrücken beim Lesen eines Textes setzt gründliche Vorarbeiten voraus. Nimm dir genügend Zeit dafür; es kommt dem Ergebnis deines Aufsatzes auf jeden Fall zugute, wenn du den Text aufmerksam liest und genau beobachtest, welchen Eindruck der gesamte Text bzw. einzelne Textzeilen im Besonderen auf dich machen.

Der erste Teil der Vorarbeiten gilt also dem **ersten Leseeindruck**. Lies den Text mehrmals, aber wenigstens zweimal – langsam und gründlich (Gedichte mit Betonung). Dabei kannst du schon markieren, was dir besonders auffällt (Wörter, Sprachbilder), welche Textstellen dich besonders beeindrucken.

In dieser Phase geht es darum, den Inhalt zu erfassen und eine kurze Inhaltsangabe zu schreiben. Sie ist später Bestandteil deines Aufsatzes. Außerdem soll die Textart anhand ihrer typischen Merkmale bestimmt werden (siehe Kapitel B).

Der nächste Schritt erfordert das **Herausschreiben der Textstellen, die besonders Gedanken, Gefühle und Empfindungen provozierten**, d. h. die dich anregen, nachzudenken über ähnliche Erlebnisse, über den Sinn des Gesagten bzw. des Geschehenen, über Entscheidungen und Haltungen bzw. Handlungen der Personen in entsprechenden Situationen (im Text). Du kannst folgendermaßen vorgehen:

- Aufschreiben von Gedanken, Gefühlen, Empfindungen zum Gesamtgeschehen (Grundanliegen des Textes – dein grundsätzliches Verständnis);
- Herausschreiben von Details, die ein bestimmtes Geschehen bzw. eine bestimmte Entscheidung/Haltung einer Person/mehrerer Personen zum Inhalt haben, persönliche Eindrücke (Nachdenklichkeit, Mitgefühl, Ablehnung, Zustimmung, Identifikation, Liebe, Hass, Verständnis, Unverständnis, Erinnerung, Vorbildwirkung usw.).

Anschließend untersuchst du die **sprachkünstlerischen Besonderheiten** des Textes und stellst fest, welcher Bezug zum Inhalt besteht. Du suchst die Mittel heraus, mit denen der Verfasser arbeitet (vgl. Kapitel B), z. B.:

- Übertreibung, Vergleich, Gegensatz, Frage usw.;
- Erzähler des Textes;
- Besonderheiten im Satzbau, z. B. Häufung bestimmter Satzarten, unvollständige Sätze, komplizierter/einfacher Satzbau usw.;
- Besonderheiten des Sprachstils: Umgangssprache, Jugendjargon, verbaler oder nominaler Stil u. Ä.

Dazu gehört natürlich auch die **Formbetrachtung** – Aufbau, Anfang- und Schlussgestaltung, Einteilung in Abschnitte, Strophen, Reim und Rhythmus (bei Gedichten).

Es wäre zum Schluss ratsam, auf die **Absicht des Verfassers** und die **Leserwirkung** in einer Zusammenfassung einzugehen.

Betrachtest du das Erarbeitete als Stoffsammlung, müsstest du dir noch einmal Gedanken machen, wie du die Endfassung des Aufsatzes aufbauen willst. Zwei Möglichkeiten solltest du kennen:

- Entweder du gehst (wie beim Interpretieren) chronologisch vor, d. h., du folgst dem Textverlauf und beschreibst Abschnitt für Abschnitt bzw. Strophe für Strophe, welche Gedanken, Gefühle und Empfindungen dich beim Lesen des vorliegenden Textes bewegen, welche sprachkünstlerischen Besonderheiten dir in diesem Zusammenhang auffallen.
- Oder du gehst von deinen Gedanken, Gefühlen und Empfindungen aus, die dich beim Lesen des Textes bewegt haben/bewegen und beweist das anschließend an geeigneten Textstellen.

Entscheidend ist, dass du **das Thema nicht verfehlst**, indem du eine Nacherzählung des Inhalts in den Mittelpunkt deiner Ausführungen stellst und vielleicht nur ein bis zwei Gedanken, die dich bewegen, „anhängst“. Das Gleiche trifft auf das Untersuchen einer bereits vorgegebenen Textstelle innerhalb der Aufgabenstellung zu.

3. Schreiben

Obwohl du bei den Vorarbeiten eine Ähnlichkeit mit Teilschritten des Interpretierens erkennen kannst, handelt es sich beim Wiedergeben von Gedanken, Gefühlen und Empfindungen beim Lesen eines Textes um eine sehr subjektive Schreibform.
Entscheidend für das Gelingen einer Schilderung bzw. das Wiedergeben von Eindrücken ist die persönliche Art zu schreiben; die persönliche Empfindung und die Detailbeobachtung stehen im Vordergrund, obgleich Textkenntnisse erforderlich sind.

In der **Einleitung** kannst du
- über den Inhalt schreiben oder
- über eine ähnliche persönliche Situation/ein ähnliches Erlebnis berichten oder
- die im Text behandelte Problematik beschreiben.

Der folgende **Hauptteil** enthält
- deine Gedanken, Gefühle und Empfindungen beim Lesen des vorgegebenen Textes und die entsprechenden Textbelege und
- die Ergebnisse der Untersuchung der sprachkünstlerischen Besonderheiten einschließlich der Merkmale der erkannten Textsorte.

Zum **Schluss** rundest du deine Ausführungen mit einer Zusammenfassung der Wirkung auf den Leser (auf dich) ab.

Da diese Aufsatzform persönliches Schreiben verlangt und es schwierig ist, dafür objektive Maßstäbe festzulegen, wird in den Lösungsvorschlägen vor allem auf die Merkmale der Textsorte eingegangen.

Grafische Darstellung

Einleitung • Textinhalt *oder* • persönliches Erlebnis *oder* • Problematik (Überleitung)
Hauptteil • Gedanken, Gefühle und Empfindungen beim Lesen des Textes • Textbelege • sprachkünstlerische Besonderheiten (Überleitung)
Schluss • Wirkung auf Leser (persönlich)

D. Erzählen einer Geschichte

1. Beschreibung der Aufsatzform

Was muss beim Erzählen einer Geschichte beachtet werden?

Neben der Erörterung, der Interpretation eines Textes und der Wiedergabe von Eindrücken kann als Thema das Erzählen einer Geschichte gewählt werden.
Es handelt sich hierbei um kreatives Arbeiten, da ausgehend von einem Wort, einem Satz, einem kurzen Text (z. B. Gedicht, Sprichwort o. Ä.) oder auch einem Bild eine Geschichte erfunden werden soll. Da diese Geschichte erzählt wird, nennt man sie schlichtweg eine Erzählung. Je nachdem, worauf man diese aufbaut, spricht man von einer Erlebnis- oder einer Fantasieerzählung.

Grundlegendes zur Erlebniserzählung

Anlässe für das Erzählen könnten ein besonderes Ereignis (ungewöhnlich/unterhaltsam) oder der Wunsch, etwas persönlich Erlebtes mitzuteilen, sein. In der Darstellung muss auf alle Fälle ein klarer Aufbau zu erkennen sein, der sich in Einleitung, Hauptteil und Schluss gliedert.

In der **Einleitung** spielen Informationen zum Ort, zur Zeit, zur Situation und zum Gegenstand bzw. zur Person/zu Personen eine wesentliche Rolle.

Im Mittelpunkt des **Hauptteils** steht ein einmaliges Erlebnis. Beim Erzählen des Erlebnisses sind bestimmte Erzählschritte zu beachten – Steigerung der Spannung, ein ausgebauter Höhepunkt und der entsprechende Ausklang der Geschichte.

Abgerundet wird die Erlebniserzählung mit einem **Schlussgedanken**/einer **Lehre**/einer **Folgerung**/einer **Erklärung**.

In der **sprachlichen Gestaltung** sind die Wahl des Erzählers, Sinneswahrnehmungen, eigene Gedanken und Gefühle von Bedeutung. Eine bildhafte Sprache, treffende Verben, wirkungsvolle Adjektive, Vergleiche verstärken die Wirksamkeit des Dargestellten.
Als Zeitform ist das Präteritum zu wählen, wobei bei der Ausformulierung des Höhepunktes das Präsens möglich ist.

Grundlegendes zur Fantasieerzählung

Im Aufbau sind die gleichen Prinzipien wie bei der Erlebniserzählung gültig. Anlässe für fantasievolles Erzählen bilden Reiz- oder Schlagwörter, Bilder, Träume, Sehnsüchte oder Sciencefiction-Vorstellungen u. a. So unterscheidet man danach eine reine freie Fantasieerzählung, die fantastisch-unwirklich ist, aber für den Leser nachvollziehbar. Märchenhafte Elemente könnten dabei wirkungsvoll eingesetzt werden. Sucht man sich verschiedene Reizwörter, bringt sie in eine sinnvolle Reihenfolge, gestaltet diese vorgegebenen Begriffe glaubwürdig, logisch aus und verbindet alles zu einem Ganzen, hat man eine andere Möglichkeit der Fantasieerzählung. Das Gleiche ist machbar nach vorgegebenen oder ausgedachten Bildfolgen. Außerdem besteht die Möglichkeit, einen Erzählanfang glaubwürdig fortzusetzen.

Meistens enthalten Themen dieser Art eine zusätzliche Arbeitsanweisung, die unbedingt zu beachten ist.

2. Hinweise für das Schreiben

Einige **Fragen** können beim Verfassen einer Geschichte/Erzählung hilfreich sein:

- Woran denke ich, woran erinnere ich mich, wenn ich das Thema lese? (z. B. eine bestimmte Situation, ein nachhaltiges Erlebnis, eine gehörte/gelesene Geschichte, ein Film, eindrucksvolle Bilder usw.) – Stichpunkte notieren!
- Welchen Handlungsablauf kann ich meiner Geschichte zugrunde legen? (W-Fragen: Wo, wann war was? Wer spielte die Hauptrolle? Wer Nebenrollen? Wie erzeuge ich Spannung, die zum Höhepunkt der Handlung führt? Wie endet meine Geschichte?) – Stichpunkte notieren!
- Habe ich mich für eine Erlebnis- oder eine Fantasieerzählung entschieden?
- Welchen Erzähler wähle ich? (Ich-Erzähler oder Erzähler in der 3. Person?)
- Sind Sinneswahrnehmungen (Sehen, Hören, Fühlen), evtl. die wörtliche Rede, anschauliche sprachliche Mittel (bildhafte Sprache, Symbole, entsprechende Verben, Adjektive usw.) und die richtige Zeitform gewählt worden?
- Wenn das Thema eine Wertung erfordert, ist diese in die Darstellung eingeflossen?

Genauere Hinweise in Bezug auf die Vorarbeiten und das Abfassen einer Geschichte/ Erzählung können nicht gegeben werden, da es sich um eine subjektive Schreibform handelt. Entscheidend für das Gelingen ist die eigene schöpferische Arbeit, gepaart mit viel Fantasie, mit Spaß am „Fabulieren".

3. Problematik der Aufsatzart

Das Schema des Aufbaus einer spannenden Geschichte (grafische Darstellung) und die Anforderungen an die sprachliche Gestaltung kannst du dir einprägen. Wählen solltest du eine solche Aufgabe aber nur, wenn du dir sicher bist, die Anforderungen erfüllen zu können.

Zu dieser Aufsatzart können Lösungsvorschläge nur andeutungsweise angeboten werden, da sehr viel subjektives Können des Schreibers gefordert ist.

Grafische Darstellung

Aufbau einer Erzählung

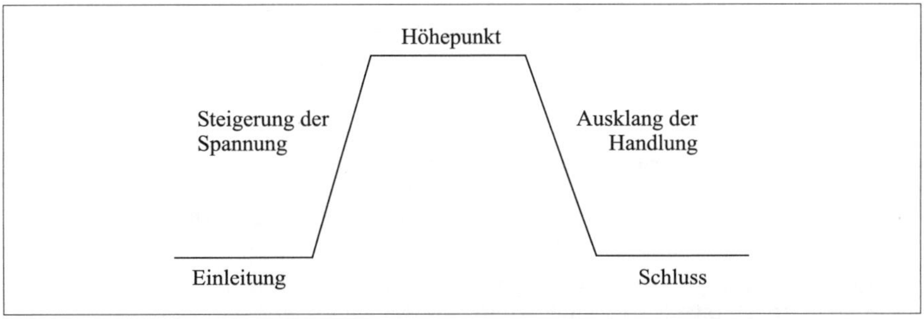

E. Umgang mit Texten

1. Beschreibung der Aufsatzform

In zunehmendem Maße werden Sachtexte (pragmatische Texte) und verschiedene andere Informationsquellen wie Tabellen, Schemata, Diagramme etc. als Grundlage für Prüfungsaufgaben genutzt. Dabei geht es um das Erschließen, um die analytische Auseinandersetzung mit Informationswert und -absicht und um die weitere Verarbeitung der gewonnenen Informationen in einer zusammenhängenden Darstellung.

Voraussetzung für die erfolgreiche Lösung einer solchen Aufgabe ist zu wissen, welche Techniken und Methoden sich einsetzen lassen, um Informationen optimal zu sichten, auszuwerten, festzuhalten und darzustellen bzw. aufzubereiten.

2. Informationserfassung, -speicherung und -darstellung bzw. -aufbereitung

2.1 Sachtexte – Merkmale und Arten

Wir unterscheiden zwischen **literarischen Texten** (dichterisch, fiktional) und **Sachtexten** (sachbezogen, pragmatisch). Für den Umgang mit Beispielen beider Gruppen und deren Beurteilung ist es notwendig, bestimmte Merkmale erkennen und zuordnen zu können. Literarische Texte und ihre Zugehörigkeit zu den drei traditionellen Gattungen der Literatur – Epik, Lyrik, Dramatik – stehen im Mittelpunkt des Kapitels B.

Sachtexte (pragmatische Texte)

- beschäftigen sich mit Personen, Handlungen und Sachverhalten mit Realitätsbezug,
- sind an einen bestimmten Zweck gebunden, ihre Sprache ist sach- und fachbezogen,
- sind in Bezug auf den Inhalt zumeist eindeutig und nicht auslegungsbedürftig.

Für eine Unterteilung der Sachtexte gibt es vielerlei Ansätze, u. a. nach der Funktion der Sprache: **Darstellung, Appell, Ausdruck**.

Sachtexte (pragmatische Texte)

Informierende Texte / Darstellungstexte	**Appellative Texte / Aufforderungstexte**	**Expressive Texte / Ausdruckstexte**
• überwiegend sachliche Information über einen Gegenstand, einen Sachverhalt oder eine Person • sach- und fachbezogene Sprache	• Appell an den Leser / Hörer; Ziel: ihn von etwas zu überzeugen, ihn zu etwas zu bewegen oder einen Befehl auszusprechen • oft Verwendung des Imperativs: „Lassen Sie sich …“	• Mittelpunkt der Texte sind Meinungen und Gefühle des Schreibers / Sprechers • Autor meist namentlich genannt • oft Formulierungen wie „Ich bin der Auffassung, dass …“
Bericht, Nachricht, Lexikon-Artikel, Inhaltsangabe, Beschreibung, Gebrauchsanweisung, Referat, Reportage, …	Arbeitsanweisung, Verordnung, Werbetext, Befehl, Aufruf, Plakat, politische Rede, Flugblatt, …	Kommentar, Gespräch, Interview, Glosse, Karikatur, privater Brief, Tagebucheintrag, …

In fast jeder Mitteilung sind alle drei Sprachfunktionen enthalten, deshalb lassen sich viele Texte nicht eindeutig zuordnen, z. B. der Leserbrief. Dieser enthält informative, appellative und expressive Elemente.

2.2 Lesetechniken zur Informationserfassung

Überfliegendes / orientierendes Lesen

- einen Text rasch überfliegen,
- sich einen Überblick über Inhalt und Aufbau verschaffen,
- die Eignung des Textes / Buches als Informationsquelle feststellen.

Es gibt verschiedene Techniken des orientierenden Lesens:

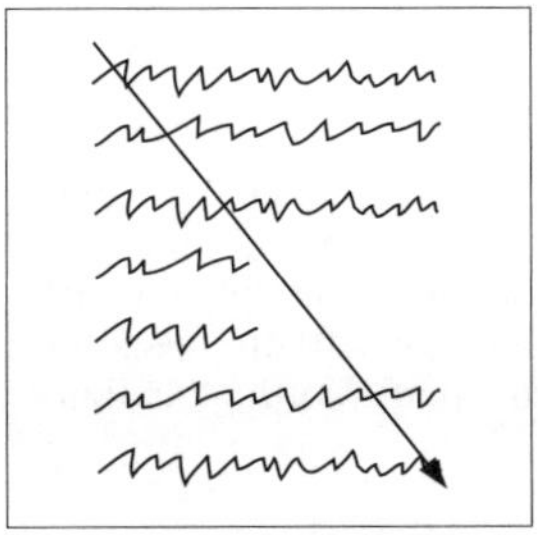

Diagonallesen

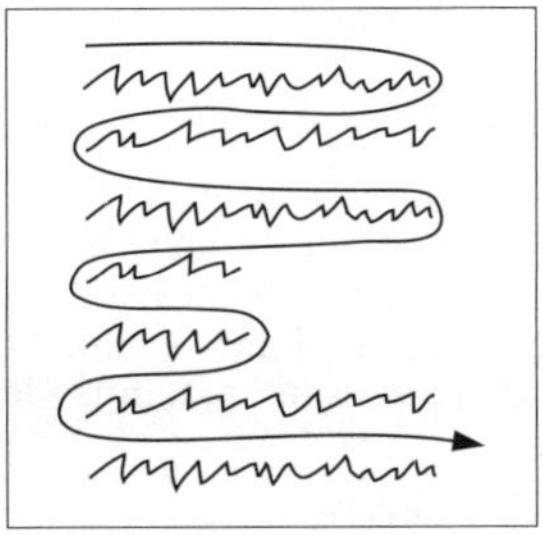

Schlängellesen

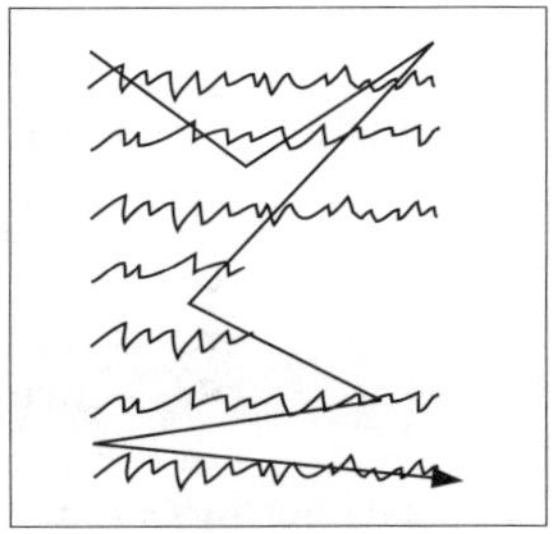

Zickzacklesen

Kursorisches / selektives Lesen

- Textpassagen mit unterschiedlicher Intensität lesen,
- gezielt Fragen stellen,
- bestimmte Informationen heraussuchen (Begriffe, Antworten zu Fragen …).

Totales / gründliches Lesen

- Satz für Satz lesen, Gedankengang des Autors nachvollziehen,
- den gesamten Inhalt erfassen,
- Markierungen vornehmen.

Systematisches Lesen oder 5-Schritt-Lesemethode

(nach: H. Klippert, Methodentraining, Beltz Verlag, Weinheim und Basel, 1998, S. 97)

1. Schritt

Überfliegen

- auf Überschriften, Fettgedrucktes, sonstige Hervorhebungen, Bilder, Anfänge einzelner Abschnitte achten (bei Büchern auf Inhaltsverzeichnis),
- grundsätzliches Ziel: Gewinnen einer groben Übersicht über Inhalt und Aufbau des Textes.

2. Schritt

Fragen

- Überlegen, um welche Aussagen es geht,
- Überlegen, auf welche Fragen der Text Antwort gibt,
- Aufschreiben der entsprechenden Fragen (evtl. auf Extrablatt).

3. Schritt **Lesen**

- gründliches Lesen des Textes,
- Beachten deiner Fragen und deiner Leseabsicht,
- beim Lesen kurze „Sekundenpausen“ einlegen, damit sich das Gelesene besser einprägt.

4. Schritt **Zusammenfassen**

- nach jedem Sinnabschnitt überlegen, was gelesen wurde und ob alles klar/verständlich ist,
- wichtige Stellen unterstreichen (Wörter, Satzteile, ganze Sätze),
- jeden gelesenen Sinnabschnitt mit eigenen Worten zusammenfassen, gedanklich oder schriftlich (als Stichpunkte, Einzelsätze oder als kurzen zusammenfassenden Text).

5. Schritt **Wiederholen**

- Wiederholen der wichtigsten Aussagen/Informationen des Textes,
- Berücksichtigen der anfangs formulierten Fragen und Unterstreichungen, die du evtl. während der Textarbeit vorgenommen hast,
- die Wiederholung kann gedanklich oder schriftlich ausgeführt werden; du kannst dir auch in Gedanken einen „Vortrag“ halten.

2.3 Texte markieren und strukturieren

Vorgehen

- absatzweises Durchlesen, Klären unbekannter Wörter (durch mehrmaliges Lesen der betreffenden Stelle oder mithilfe des Kontextes oder durch Auflösen komplizierter Satzstrukturen oder durch Nutzen eines Nachschlagewerkes),
- Markieren der Kernaussage und Schlüsselbegriffe (einzelne Wörter, bei Definitionen evtl. Sätze),
- Beachten möglicher Fragestellungen beim Markieren:
  - Welches sind die Absichten des Verfassers?
  - Was sind Kernaussagen, was sind Randbereiche?
  - Was sind Meinungen, was Argumente?
  - Welche Struktur (Aufbau) liegt dem Text zugrunde?
  - Stimmt das Gelesene mit den bereits vorhandenen Erkenntnissen überein?
- durchgängig gleiche Markierungsmethode nutzen:
  - Unterstreichungen sparsam und gezielt, auch mit unterschiedlichen Farben,
  - Verwendung von Abkürzungen/Symbolen/Zeichen (eigenes System entwickeln), z. B.

z. B.	!	→ wichtig, Besonderheit
	?	→ fraglich, unklar
	W	→ widersprüchlich
	1 … 2 …	→ Reihenfolge
	Def.	→ Definition
	Bsp.	→ Beispiel
	Zus.	→ Zusammenfassung

Vorteile des Markierens

- Wesentliches wird gekennzeichnet,
- Text wird dabei strukturiert,
- Zusammenhänge werden sichtbar.

2.4 Informationen speichern und auswerten

Informationen lassen sich – je nach Zweck – auf unterschiedliche Weise festhalten.

Die Hauptaussage eines Textes erfassen

- Fragen stellen:
  - Wovon handelt der Text?
    Mit welchem Problem/Sachverhalt setzt sich der Autor auseinander?
  - Welche Absicht verfolgt der Verfasser mit dem Text?
  - In welcher Weise wird das Thema behandelt?
  - Welche wichtigen Informationen werden zum Thema gegeben?
- Lesen, Markieren und Herausschreiben von Stichpunkten zu diesen Fragen,
- zum Schluss Hauptaussage des Textes mithilfe der Stichpunkte formulieren.

Einen Text zusammenfassen

Wichtig ist die Konzentration auf die Hauptaussage. Zuerst wird das Thema fixiert, danach fasst man den Inhalt des Textes zusammen.

- Techniken des Zusammenfassens:
  - Weglassen unwichtiger Informationen,
  - Zusammenfassen mehrerer Einzelaussagen zu einer komplexen Information,
  - Verallgemeinern von Einzelaussagen.
- Formen des Zusammenfassens:

Konspektieren (Konspekt)	**Exzerpieren (Exzerpt)**
Ziele	
Erfassen der Hauptinformation eines Textes in sprachlich verdichteter und geordneter Form: • in der Regel durch Notieren von Stichpunkten, nur wörtliche Übernahme wichtiger Textstellen; • genaue Quellenangabe ist notwendig.	Informationsentnahme aus einem Text unter einer bestimmten Fragestellung: • sinngemäßes, häufig auch wörtliches Festhalten von Informationen (Zitate); • die genaue Quellenangabe ist von Nutzen für das schnelle Wiederauffinden von Textstellen.
Arbeitsschritte	
• Lesen des Textes und Ermitteln der Struktur (an Teilüberschriften, Absätzen orientieren), • abschnittweises Durcharbeiten des Textes und Erfassen der wesentlichen Informationen, • Verdichten der Hauptgedanken zu Stichpunkten, • Notieren der Stichpunkte in übersichtlicher Form.	• Bestimmen der Fragestellung, unter der der Text durchgearbeitet werden soll, • kursorisches Lesen des Textes und Kennzeichnen der Textstellen, die Informationen zu der bestimmten Fragestellung enthalten, • gründliches Lesen der Textstellen, • Herausschreiben der wesentlichen Informationen.
Wichtige Aussagen (z. B. Definitionen, Kernaussagen) werden **wörtlich** übernommen und als **Zitate** gekennzeichnet.	

Zitieren

Unter „Zitieren" versteht man die wörtliche oder sinngemäße Wiedergabe mündlicher oder schriftlicher Äußerungen anderer. Zitate müssen mit **Quellenangaben** (Verfasser, Titel, Erscheinungsort, Verlag, Erscheinungsjahr, Seite) kenntlich gemacht werden (z. B. als Fußnote oder im Anschluss an den jeweiligen Text).

Wörtliche (direkte) Zitate

- Anwendung bei Definitionen oder bei Stellungnahmen,
- Anfang und Ende durch Anführungszeichen kennzeichnen,
- Übereinstimmung mit dem Originaltext, Auslassungen kenntlich machen (…).

Sinngemäße (indirekte) Zitate

- nicht wörtliche Übernahme fremder Äußerungen,
- inhaltliches Entsprechen der Äußerungen,
- in der Quellenangabe mit dem Zusatz „vgl." verdeutlichen.

2.5 Anfertigen einer Inhaltsangabe

Einen Sachtext kann man durch eine Inhaltsangabe wiedergeben. Darunter ist eine **knappe und sachliche Information über den Inhalt** eines umfangreichen Textes zu verstehen.

Eine Inhaltsangabe
- enthält **Titel, Autor und Thema** des Textes,
- bedeutet die Wiedergabe des Inhalts in knapper Form **mit eigenen Worten**,
- kann Hinweise auf Auffassungen des Verfassers enthalten,
- kann sinngemäße oder wörtliche Zitate verwenden,
- steht meist im Präsens,
- kann anhand einer **Strukturskizze** vorbereitet werden; diese Skizze veranschaulicht als **optisch-schematische Textaufbereitung** den Inhalt bzw. die Gedankenfolge des Textes (eine wertvolle Hilfe beim mündlichen, aber auch schriftlichen Darstellen bzw. Weitergeben von Informationen).

Beispiel

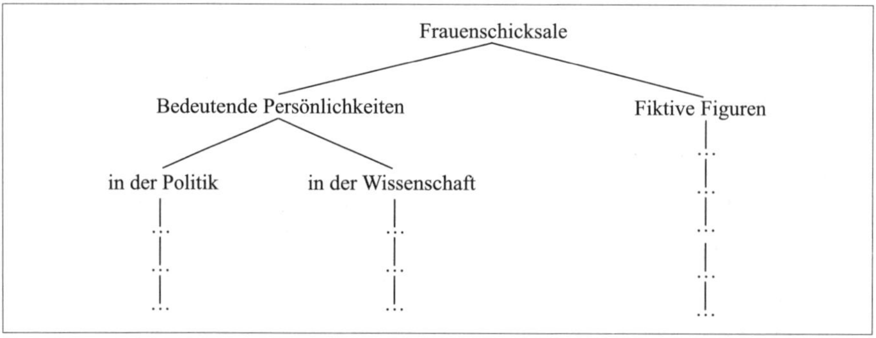

2.6 Grafisch veranschaulichte Informationen

Jede Information wird einprägsamer und leichter fassbar, wenn sie durch bildliche Darstellungen unterstützt oder sogar als Bild vermittelt wird. Es gibt verschiedene Möglichkeiten der Veranschaulichung von Informationen (bekannt aus anderen Unterrichtsfächern): Diagramme, Tabellen, Skizzen und Mind Maps.

Kurvendiagramm

Prozent-Interesse für Computer (Bsp.)

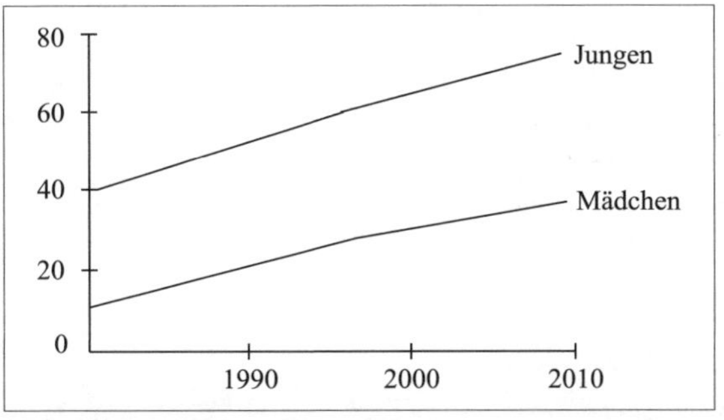

Verwendung / Einsatzbereich

- Veranschaulichung von Zahlen
- Abhängigkeiten zwischen Größen
- Entwicklungsverläufe
- Prozesse
- Vergleichende Darstellung

Kreisdiagramm

Bestand der Schulbibliothek (Bsp.)

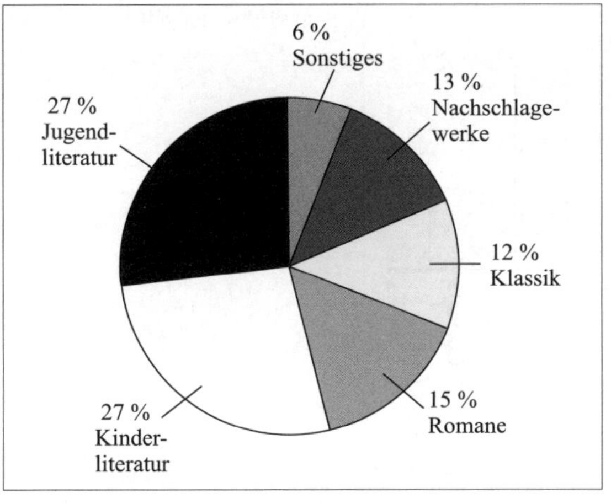

Verwendung / Einsatzbereich

- Einfache deutliche Aussage über Größenverhältnisse
- Gesamtüberblick
- Darstellung des Gesamten und seiner einzelnen Teile
- Momentaufnahme

Balkendiagramm
Umfrage: Freizeitinteressen (Bsp.)

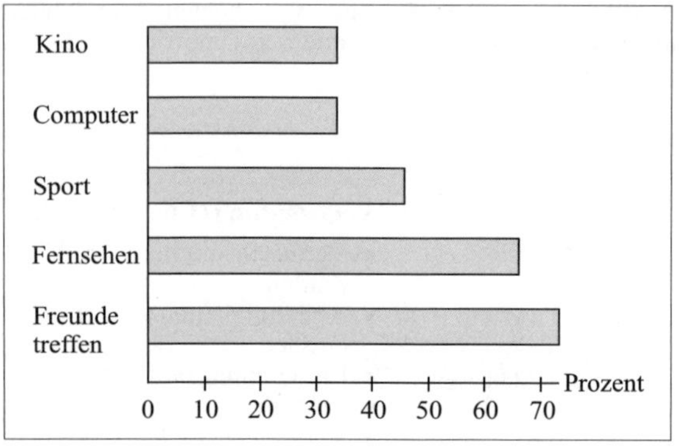

Verwendung / Einsatzbereich

- Große Anschaulichkeit
- Rangfolgenvergleich
- Zeitreihenvergleich
- Vergleich zweier oder mehrerer Größen

Säulendiagramm
Umfrage: Leseinteressen (Bsp.)

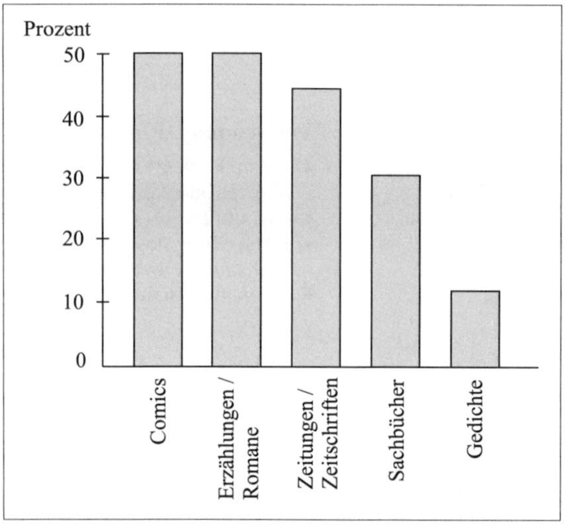

Verwendung / Einsatzbereich

- Momentaner Stand, kein Verlauf
- Gegenüberstellung von Werten, Größen

Organigramm (Blockdiagramm)
(Bsp.)

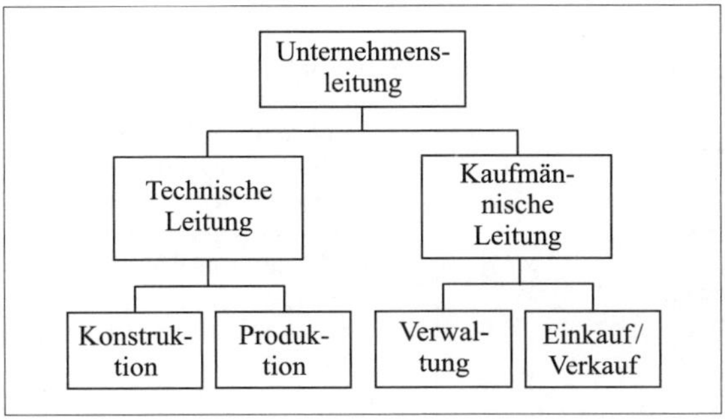

Verwendung/Einsatzbereich

- Verdeutlichen von Strukturen und Abhängigkeiten
- Linien kennzeichnen Beziehungen bzw. Verknüpfungen
- Abbildung von Hierarchien
- keine genormten Symbole, jedoch einfache und wiederholende Symbole (Quadrate, Kreise, Pfeile, Linien, Rechtecke)

Aufbaudiagramm
(Bsp.)

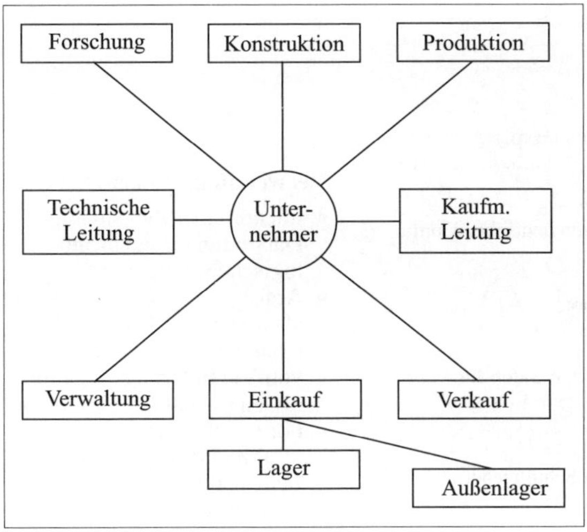

Verwendung/Einsatzbereich
(siehe oben: Organigramm)

Flussdiagramm
Projektarbeit (Bsp.)

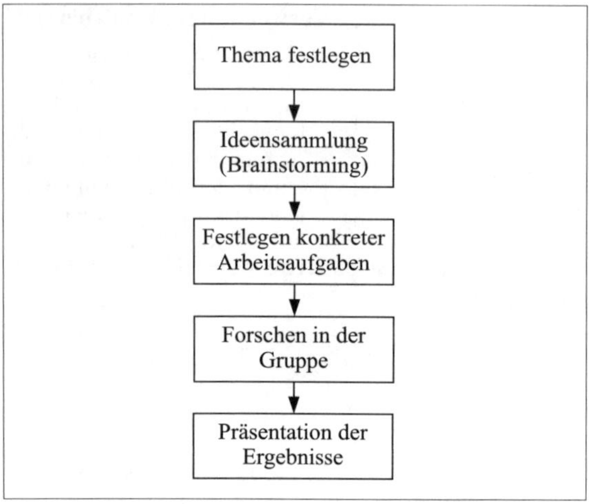

Verwendung/Einsatzbereich

- bildhafte Darstellung mit einheitlichen Symbolen von Prozessschritten, Verhaltensregeln
- Struktur eines Vorganges
- Flusslinien geben Richtung an, Linien mit Pfeilspitzen
- Vorzüge:
  Prozessablauf als „Ganzes" abgebildet, leichter Vergleich mit tatsächlichem Verlauf

Zeitleiste (Bsp.)
Entwicklung des deutschen Comics (Bsp.)

Verwendung/Einsatzbereich

- lineare, überblicksmäßige Darstellung von chronologischen Abläufen
- Abfolge von Geschehnissen als nicht umkehrbare Aufeinanderfolge sowie Dauer von Veränderungen/Ereignissen in Natur u. Geschichte
- Form: senkrecht oder waagrecht; Verbindung von Jahreszahl/Zeitangabe mit Ereignis durch Punkte, Striche, Pfeile, Balken usw.

Tabellen

Auswertung verschiedener Texte (Bsp.)

Wirkung des Fernsehens

Vorteile	Nachteile
– aktuelle Informationen	– gesundheitliche Schäden
– …	– …
– …	– …

Verwendung / Einsatzbereich

- Messwerte und Zahlengrößen vergleichen
- Unterschiede / Gemeinsamkeiten beim Vergleichen von Texten / Gegenständen / Vorgängen
- Übersichten erstellen

Skizzen

Kabale und Liebe – Konflikt (I. Akt) (Bsp.)

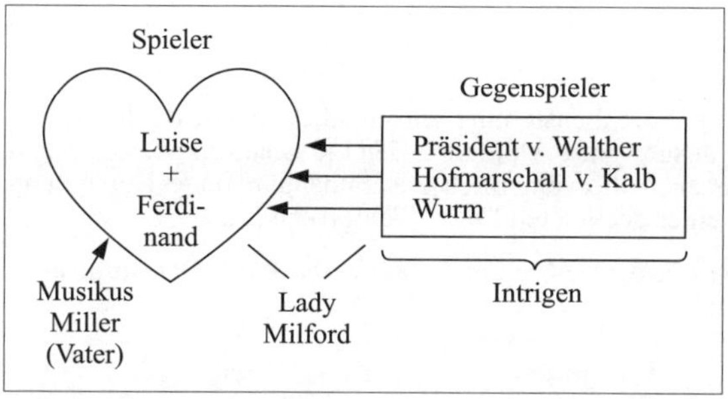

Verwendung / Einsatzbereich

- Verdeutlichen von Situationen, Größenverhältnissen
- vereinfachte Form einer Textübersicht / Textstruktur
- optisch-schematische Darstellung mit Linien, Pfeilen, Symbolen und mit Wörtern

Mind Map

(Bsp.)

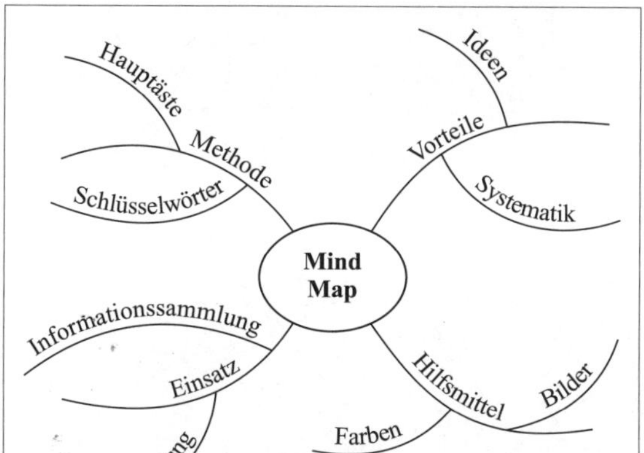

Verwendung / Einsatzbereich

- Gedankenkarte
- bildhafte Darstellung von Gedankengängen
- grafische Strukturierung von Sachverhalten, Ideen, Denkprozessen
- innere Ordnung: vom Abstrakten zum Konkreten, vom Allgemeinen zum Speziellen
- vielseitig verwendbar, kreative Form

Folgende Regeln solltest du beim **Mind Mapping** beachten:

- großflächig anlegen,
- kurze Formulierungen verwenden,
- Begriffe auf Linien in Block- oder Druckschrift schreiben,
- eingekreistes Thema (Kernproblem, Schlüsselbegriff) in die Mitte platzieren, Hauptäste vom Thema in beliebiger Reihenfolge nach außen zeichnen, Verzweigungen von den Hauptästen veranschaulichen weitere Differenzierungen.

Anwendung:

- bei der Analyse von Texten,
- am Anfang eines Strukturierungsprozesses (Ideensammlung, Vorbereitung),
- am Ende eines Strukturierungsprozesses,
- bei der Wissensaneignung,
- als Hilfe beim kreativen Lösen von Aufgaben,
- als Veranschaulichung von komplexen Sachverhalten.

3. Hinweise zum Schreiben

Wenn du dich für eine so komplexe Aufgabenstellung entscheidest, musst du den Nachweis erbringen, dass du nicht nur ausgewählte Methoden der Informationserfassung und -speicherung beherrschst, sondern auch die sprachlich zusammenhängende Darstellung der gewonnenen Informationen in einer geeigneten Form (Textproduktion).

Einige der Textproduktionen setzen Kreativität beim Schreiben voraus. Das solltest du bei der Wahl der Aufgabe beachten.

Realschulabschluss Deutsch in Thüringen
Übungsaufgabe 1: Mind Map

Lehren und Lernen

Sie beginnt beim Säugling und begleitet den Menschen bis ans Lebensende – die Bildung. Babys lernen in rasendem Tempo, junge Menschen suchen Erprobungen und formen ihren Charakter. Viele Berufstätige wollen oder müssen immer weiter lernen, Neues wagen. Ältere zieht es an die Universitäten oder zumindest vor den Fernseher zur Millionärsshow.

Bildung boomt, ihre herausragende Bedeutung im 21. Jahrhundert ist unbestritten. Kein Politiker betont das nicht in seinen Reden. Für Eltern gibt es kaum etwas Wichtigeres als die gute (Aus-)Bildung ihrer Kinder, denn über sie eröffnen sich Lebenschancen.

Längst wird Bildung nicht mehr nur als Ansammlung von Wissen und Erlernen von Fertigkeiten angesehen. Bildung ist vielschichtig, sie hat zu tun mit dem Kopf und dem Körper, der Seele und der Persönlichkeit. […]

Das geht nicht ohne Blick auf die Wirklichkeit, die oft sehr ernüchternd ist und zeigt, dass Bildung von der Politik nicht das Gewicht bekommt, das ihr zusteht: Erzieherinnen an Kindergärten müssen bei geringem Gehalt Außerordentliches leisten, um alle neuen Anforderungen von der Sprachförderung bis zu den Bildungsplänen zu erfüllen.

Schulleiter ringen um Unterrichtsgerät und Lehrerstunden. […] Nicht nur Schüler und Lehrer geraten zunehmend unter Druck, sondern auch die Eltern. Die Folge: Nachhilfeinstitute boomen. […]

Bildung steckt im Spannungsfeld zwischen Alt und Neu, zwischen Bewahren und Vorantreiben. Manch altes Thema erweist sich als erstaunlich aktuell. So forderte der Kulturwissenschaftler Wilhelm von Humboldt schon im Jahr 1809 einen einheitlichen, allgemeinen Schulunterricht und lehnte die Aufteilung der Schüler ab – „da die Bestimmung eines Kindes oft sehr lange unentschlossen bleibt“. Auch bestehe das Risiko von „Verwechslungen“ und „Verbildungen“. Genau 200 Jahre später wird die Debatte über Schulstruktur und Selektion leidenschaftlicher denn je geführt.

Manch Neues wiederum überrascht, weil es Altes aufgreift und ihm eine zeitgemäße Wendung gibt. Heute sind Schüler begeistert, wenn sie im Unterricht Daniel Kehlmanns Buch „Die Vermessung der Welt“ lesen. Sie verschlingen den neuen Bildungsroman mit altem Thema. Aus ihrer Sicht läuft er Goethe und Schiller längst den Rang ab.

Wo Bildung nur konserviert wird und sich nicht verändern darf, erstarrt die Gesellschaft. Erziehung und Schule müssen heute mehr leisten als noch vor 30 oder 40 Jahren. Nicht alle Lehrer sind dafür gerüstet. […]

Eine Gesellschaft muss um Bildung für alle ringen. Wer gebildet ist, kann selbstbestimmt handeln, sagt der Sozialwissenschaftler Klaus Hurrelmann […]. Mit Bildung lassen sich Denkschablonen aufbrechen und Grenzen überschreiten, die eben nicht auf ewig festgelegt sind. Das mag manchmal anstrengend sein, aber es ist aller Mühe wert.

Patrick Guyton, Quelle: Schwäbische Post vom 25. 04. 2009, S. 3,
zu Übungszwecken gekürzt

Aufgabe:

Stellen Sie in knapper schriftlicher Form (Mind Map) Kernaussagen des Textes zum Thema „Lehren und Lernen“ dar!

Lösung

Lesetechniken

Voraussetzung für die Informationserfassung und -entnahme ist das Lesen eines Textes. Du solltest folgende Lesetechniken beherrschen:

1. Schritt:
Lies die Überschrift, den Text und betrachte evtl. vorhandene Bilder, Tabellen bzw. Diagramme (Informationsaufnahme).

2. Schritt:
Verschaffe dir durch kursorisches Lesen (diagonales Überfliegen) einen Gesamteindruck bzw. einen Inhaltsüberblick.

3. Schritt:
Lies den Text nun unter gegebenem Gesichtspunkt genauer (orientierendes Lesen) und streiche gezielt Fakten an. Wende hierbei deine eigenen Markierungshilfen (Unterstreichungen, Symbole, Abkürzungen, Randbemerkungen u. a.) an.

4. Schritt:
Schreibe die wesentlichen Informationen heraus. Das Ergebnis kann auf verschiedene Arten gespeichert und dargestellt werden: Stichpunkte, Mind Map, Tabelle, Illustration, Diagramm, Zeitstrahl, Flussdiagramm. In obiger Aufgabe wird ausdrücklich ein Mind Map verlangt.

Mind Map

Erklärung
- engl. „mind“: Geist, Denken; „map“: Landkarte
- Arbeitstechnik, um gefundene Informationen zu ordnen bzw. um sich Notizen für die Ausarbeitung zu machen
- Landkarte entspricht einer bildhaften Anordnung der Gedanken

Vorgehensweise
- Setze den **zentralen Begriff** oder die Kernaussage in Form eines Schlüsselwortes in die Mitte eines Blattes. Bei manchen Themen kann dies auch eine Abbildung oder Zeichnung sein.
- Ausgehend davon zeichnest du für jeden **Gedanken** zum Thema einen eigenen **Ast**. An dessen Ende notierst du jeweils den **Oberbegriff** dieses Gedankens.
- Um die **Übersicht** zu behalten, solltest du dich möglichst auf die **wesentlichen Gedanken** und **Begriffe** beschränken.
- An jeden Ast setzt du mehrere **Zweige** für untergeordnete Gedanken an. An ihre Enden schreibst du wiederum die zugehörigen **Unterbegriffe**.
- Günstig ist es, wenn du verschiedene Farben verwendest.

Ein **Mind Map zum Text** könnte beispielsweise so aussehen:

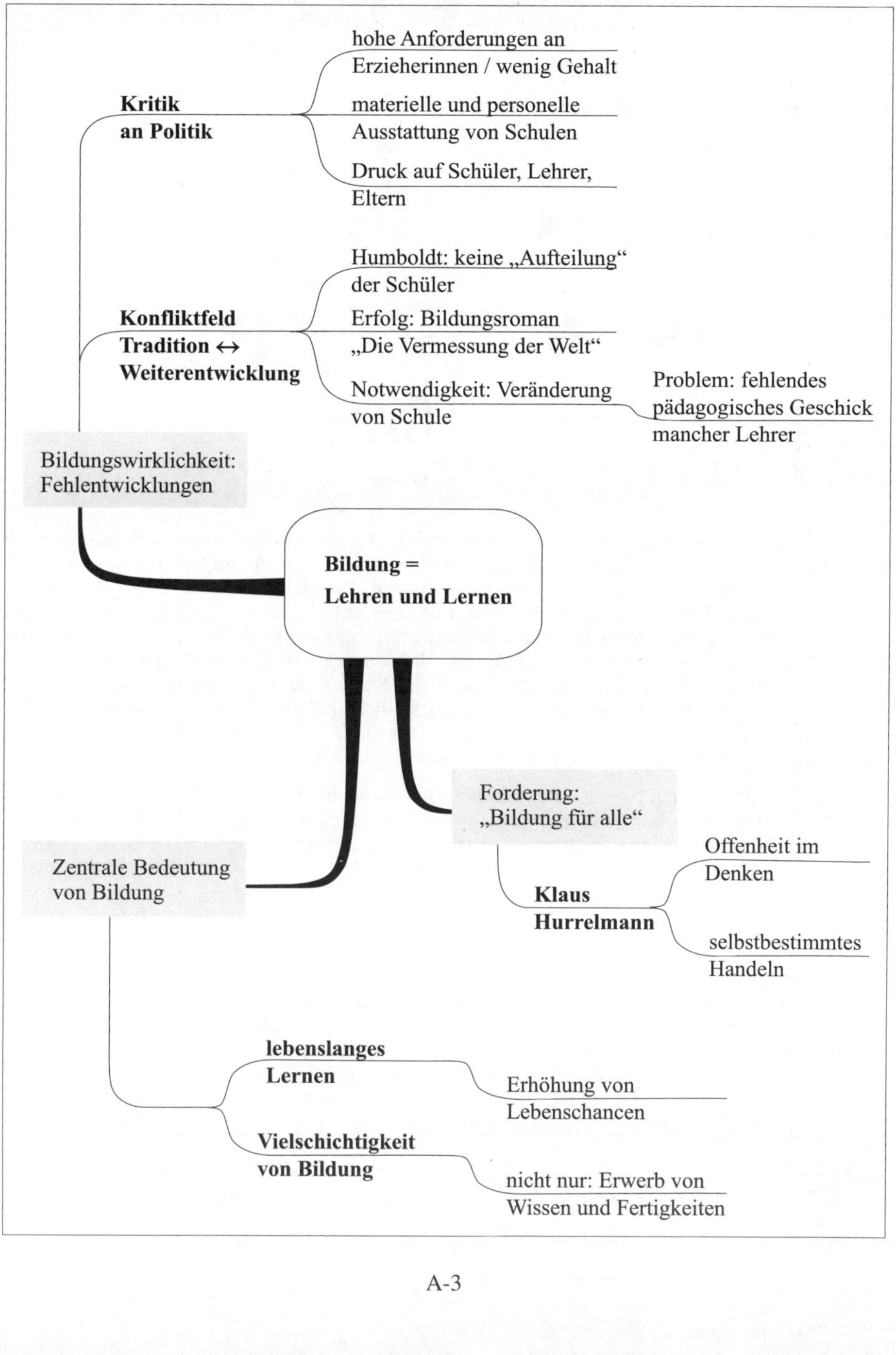

Ablauf einer Gerichtsverhandlung

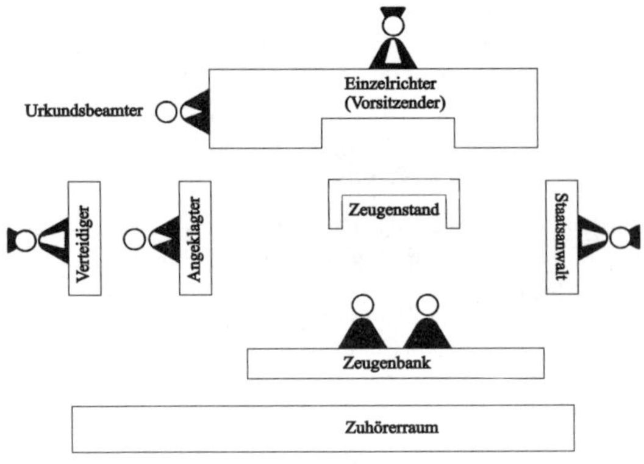

Die Hauptverhandlung beginnt mit dem Aufruf der Zeugen und deren Belehrung durch den Vorsitzenden des Gerichts. Belehrt werden sie über ihre Aussagepflicht und über die Bedeutung des Eides. Dann verlassen die Zeugen den Sitzungssaal; der Angeklagte tritt in den Mittelpunkt. Zunächst möchte sich das Gericht (Richter, eventuell auch Schöffen) ein Bild von der Persönlichkeit des Angeklagten machen. Deshalb wird der Angeklagte zunächst zur Person vernommen und muss über seine persönlichen Verhältnisse und seinen Werdegang berichten. Danach verliest der Staatsanwalt die Anklage. Anschließend hat der Angeklagte Gelegenheit, zu den gegen ihn erhobenen Beschuldigungen Stellung zu nehmen, d. h. er wird jetzt „zur Sache“ vernommen. Sollte er die Aussage verweigern, wozu er ein Recht hat, dann dürfen ihm daraus keine Nachteile erwachsen.

Das Gericht darf den Angeklagten nur verurteilen, wenn es ihm seine Straftat überzeugend nachweisen kann. Die Schuld oder Unschuld des Angeklagten soll durch die anschließende Beweisaufnahme festgestellt werden. Als Beweismittel gelten dabei vor Gericht: Zeugenaussagen, Sachverständigengutachten, Urkunden, Tatortbesichtigung und manches andere mehr.

Nach Abschluss der Beweisaufnahme hält zunächst der Staatsanwalt sein Plädoyer; dann folgt das Plädoyer des Verteidigers. Am Ende stellen beide ihre Anträge auf Bestrafung oder auf Freispruch des Angeklagten. Das letzte Wort hat der Angeklagte, sofern er noch etwas äußern möchte. Danach zieht sich das Gericht zur Urteilsfindung ins Beratungszimmer zurück. Bei seiner Urteilsfindung ist das Gericht vollkommen unabhängig und an den Antrag des Staatsanwaltes nicht gebunden. Es liegt im Ermessen des Gerichts, unter Berücksichtigung aller mildernden oder erschwerenden Umstände das Strafmaß zu bestimmen, und zwar innerhalb des im Strafgesetzbuch festgelegten Strafrahmens.

Heinz Klippert, Methoden-Training, Beltz-Verlag, Weinheim–Basel, [11]2000, S. 216

Aufgabe:
Fassen Sie die einzelnen Etappen der Gerichtsverhandlung in einem Flussdiagramm zusammen!

Lösung

Lesetechniken

Voraussetzung für die Informationserfassung und -entnahme ist das Lesen des Textes. Du solltest die Lesetechniken beherrschen, wie sie in der Übungsaufgabe 1 (Seite A-1) vorgestellt sind.

Flussdiagramm

Erklärung

- griech. „Diagramm“: Schaubild, in dem Informationen zeichnerisch dargestellt werden
- verschiedene Arten, z. B.
  - Kreisdiagramm (Ergebnisdarstellung)
  - Säulendiagramm (Möglichkeit der Mehrfachantworten)
  - Flussdiagramm (Darstellung von Informationen aus solchen Texten, die Sachverhalte, Prozesse oder Vorgänge in einer zeitlichen oder anderen Reihenfolge beschreiben)

Vorgehensweise

- Thema bzw. Aufgabenstellung erfassen
- Abfolge/Reihenfolge der wichtigsten Aussagen erkennen, z. B. zeitlich, ursächlich u. a.
- Wahl der Darstellungsform, z. B. Kästchen, Kreise, Ellipsen, Dreieck
- Untereinanderreihung, Nebeneinanderreihung; Verwenden zusätzlicher Mittel zur Visualisierung bzw. Unterstützung der Aussagen, z. B. Pfeile, Striche, Zahlen u. a.
- Nominalstil (Substantive, Substantivierungen) verwenden

Ein **Flussdiagramm zum obigen Text** könnte beispielsweise so aussehen:

A
Belehrung der Zeugen über
– Aussagepflicht
– Bedeutung des Eides

↓

B
Vernehmung des Angeklagten zu
– Person, persönlichen Verhältnissen
– Werdegang

↓

C
Verlesen der Anklage durch den Staatsanwalt

↓

D
Vernehmung des Angeklagten „zur Sache“

↓

E
Beweisaufnahme zur Klärung der Schuldfrage

↳

F
Plädoyer des Staatsanwalts
Stellen des Strafantrages

↓

G
Plädoyer des Verteidigers
Stellen seines Strafantrages

↓

H
Möglichkeit der letzten Stellungnahme des Angeklagten

↓

I
Urteilsfindung des Gerichts
Festlegen des Strafmaßes

Barbara Rhenius: Im letzten Augenblick

Es war wie ein Alptraum! Bahnübergang. Mein Auto bleibt auf den Gleisen stehen. Motor abgewürgt. Die Schranken gehen herunter. Eingesperrt. Ich schreie. Gaffende Menschen. Panische Angst. Aussteigen, schieben. Der Wagen rührt sich nicht von der Stelle.

Hilft mir denn keiner? Eine Frau, ein Mann – ich sehe nur ihre zupackenden Hände. Zwei Arme heben den schweren rotweißen Balken an. Der Zug rast vorbei. Zitternd stehe ich neben mir. Ich sehe in lachende Gesichter.

Aus: Treffpunkte 9, Schroedel Schulbuchverlag, 1991, S. 62 (leicht gekürzt)

Aufgabe:
Formulieren Sie zum Geschehen einen Bericht für die Lokalpresse!
Entwickeln Sie einen Dialog zwischen zwei Augenzeugen des Vorfalls!

Lösung

Teilaufgabe 1

Durch die Analyse der Aufgabenstellung findest du folgende Schwerpunkte:
- Bericht für die Lokalpresse (pragmatischer Text)
- Geschehen des literarischen Textes „Im letzten Augenblick“
- formulieren / schreiben

Auf diese Weise ist das Grundgerüst für deine Stoffsammlung entstanden.

Der Zeitungsbericht

- Informationsbeschaffung für den Bericht:
  - Fragen stellen: Wer? Was? Wann? Wo? Wie? Warum? Welche Folgen?
  - Orts-, Zeit-, Personenangaben kann man sich auch ausdenken.
  - Ordnen der Informationen nach zeitlichem Ablauf
  - Hauptgeschehen in einem einleitenden Satz zusammenfassen
- Beachten der Merkmale des Berichts:
  - sachlich berichten, auf das Wesentliche beschränken
  - Zeitform: Präteritum
  - keine Meinung des Verfassers einbringen
  - Wahrheitsgehalt einhalten; Benennen der Quelle
  - schlagkräftige Überschrift formulieren
  - Aufbau: Schlagzeile (Überschrift, fett dargestellt)
    Vorspann (Lead): das Wichtigste (ein Satz)
    Nachrichtenkörper (Body)
- Beachten des Adressatenbezugs: Bericht für die Ortspresse – Bekanntheitsgrad!

Der literarische Text „Im letzten Augenblick“ von B. Rhenius

- Bemerkungen zum Text:
  - Kürzestgeschichte, vollständiges Geschehen
  - Augenblicksdarstellung aus der Sicht der Hauptperson/des Erzählers: das Wichtigste
  - wie innerer Monolog
  - Sprache der Handlung angepasst – Wörter, Wortgruppen, Ellipsen, etwas längere Sätze – je nach Stimmungslage der Hauptperson

- Inhalt:
  Auf den Gleisen eines beschrankten Bahnübergangs bleibt aufgrund des Versagens des Motors ein Auto stehen. Die Situation erfährt durch das augenblickliche Schließen der Schranken eine Zuspitzung. Der in Panik geratenen Person wird Hilfe durch eine Frau und einen Mann zuteil. Der Zug rast vorbei, alle lachen befreit.

Schreiben des Berichts für die Lokalpresse

(Hinweis: Hier ist Kreativität gefragt! Folgende Angaben sind ortsorientiert und dienen als Beispiel.)

- Zusammentragen der notwendigen Informationen durch Konkretisierung der Angaben unter Beachtung des Adressatenbezugs
- Ort/Zeit: 25. Mai, gegen 19.00 Uhr, beschrankter Bahnübergang in Zwötzen
- Personen: eine 35-jährige Fahrerin eines Opel Corsa, älteres Ehepaar aus der Umgebung
- Geschehen in Stichpunkten:
  - ungenügende Fahrpraxis
  - falschen Gang eingelegt, Motor abgewürgt
  - Schranken schlossen sich, Schieben des Autos erfolglos
  - Interregio Erfurt–Dresden auf Durchfahrt erwartet
  - unerwartete Hilfe durch älteres Ehepaar
  - Mann hob unter großen Anstrengungen Schranke hoch
  - Rettung im letzten Augenblick
  - der Zug raste durch
  - befreites Lachen der Beteiligten
  - Verursacherin kam mit Schrecken davon
- weitere notwendige Angaben zum Bericht:
  - Quelle: OTZ (Gera)
  - Aufbau:
    Schlagzeile: Im letzten Augenblick
    Vorspann: ein Satz mit den wichtigsten Angaben zum Geschehen (s. Ergebnisformulierung)
    Nachrichtenkörper (s. Ergebnisformulierung)
- Ergebnisformulierung (Beispiel):

„Im letzten Augenblick“

OTZ (Gera). Am 25. Mai gegen 19.00 Uhr blieb eine 35-jährige Frau mit ihrem Opel Corsa mitten auf den Gleisen am Bahnübergang Zwötzen stehen, konnte jedoch mithilfe eines älteren Ehepaares vor dem herannahenden Interregio Erfurt–Dresden in Sicherheit gebracht werden.
Durch Einlegen des falschen Ganges hatte die junge Frau, die wenig Fahrpraxis aufwies, den Motor abgewürgt. Das Auto blieb demzufolge auf den Gleisen stehen. Da der Zug in wenigen Augenblicken sich nähern würde, wurden die Schranken geschlossen. Da geriet sie in Panik und …

Führe die Berichterstattung zu Ende!

Teilaufgabe 2

Folgende Anforderungen sind zu bearbeiten:
- Entwickeln eines Dialogs
- vorgegeben: zwei Augenzeugen des Vorfalls

Bemerkungen zum Dialog:
- Rede – Gegenrede / direkte Rede
- Ausdruck der Gedanken der Gesprächspartner
- Wissen zum Geschehen vorhanden
- Vermutung über Vorgeschichte / Ursachen und Folgen

Bemerkungen zu Vorfall und Personen:
- Vorfall ist bekannt (s. Teilaufgabe 1)
- Augenzeugen nach eigenen Vorstellungen festlegen: Alter, Geschlecht, vielleicht berufliche Tätigkeit u. a.
- Wahl der Personen bestimmt Inhalt / Verlauf und Sprachstil des Dialogs

Beispiele für die Wahl der Augenzeugen des Vorfalls:
- Zwei erfahrene Autofahrer üben Kritik am Fahrverhalten der jungen Frau.
- Das ältere Ehepaar stellt die Hilfeleistung in den Mittelpunkt des Gesprächs.
- Zwei andere Bürger bringen ihre Erleichterung über den positiven Ausgang des Geschehens zum Ausdruck.

Abschließende Bemerkung

Positiv ist es, wenn du ganz andere Vorstellungen hast. Schreibideen zu entwickeln, das ist Sinn und Zweck solcher Aufgaben.

Viel Freude und Spaß beim Üben!

Prüfungsaufgaben

Realschulabschluss Deutsch in Thüringen: Prüfungsaufgaben 2009
Aufgabe 1

Aufgabe:

1.1 Belegen Sie 11 der vorgegebenen 13 Begriffe mit einem treffenden Zitat aus dem Liedtext!
(z. B.: Käuflichkeit: „Ich biete jedem meine Freundschaft an, der Geld dafür hinlegt." oder „Ja, ich bin käuflich, …")
Die Darstellungsform ist frei wählbar.

1. Besitzdenken	6. Kaufzwang	10. Schnelllebigkeit
2. Bezahlbarkeit	7. Kreditangebot	11. Sonderangebot
3. Freiheitsgefühl	8. Langlebigkeit	12. Verfügbarkeit
4. Glücksbringer	9. Lebensgefühl	13. Zugehörigkeitsgefühl
5. Kaufverführung		

1.2 Werbung „trifft" Käufer
Die Werbung vermittelt häufig den Eindruck, dass sich in der Wirtschaft alles um das Wohl des Verbrauchers dreht.
Erörtern Sie diese Problematik umfassend!
Sie können dabei eigene Erfahrungen einbeziehen.

Hinweis: Beide Teilaufgaben 1.1 und 1.2 sind zu bearbeiten und gehen in die Bewertung ein: 1.1 (25 %) und 1.2 (75 %)

Die Toten Hosen: Kauf MICH!

Wenn du mich wirklich haben willst,
greif doch einfach zu!
Ich weiß genau, du denkst an mich,
ich lass dir keine Ruh.
Ich bin die Lottozahl,
die dir fehlt zu deinem Glück.
Ich gehör zu dir und du zu mir,
warum nimmst du mich nicht mit?

Mich kann man kaufen
und es gibt mich im Sonderangebot,
ja, ich bin käuflich, und zwar täglich,
rund um die Uhr.
Also kauf MICH!

Ich bin dein neues Auto,
dein sexy Körperspray.
Deine Alltags-Happy-Pille,
wenn du mich hast, bist du OK.
Ich bin dein frischer Atem,
bin 100 Prozent Geschmack.
Ich bin die große Freiheit im
Spar-Fix-Power-Pack.

Mich kann man kaufen
und es gibt mich im Sonderangebot,
ja, ich bin käuflich, und zwar täglich,
rund um die Uhr.
Also kauf MICH! Bitte kauf MICH!

Ich bin's, der im Schlussverkauf
auf dem Wühltisch liegt,
ohne Haltbarkeitsdatum,
lebenslänglich frisch.
Wenn du mich benutzt hast,
schmeiß mich einfach weg,
geh nicht an mir vorüber,
vielleicht kommen wir ins Geschäft.
Ich biete jedem meine Freundschaft an,
der Geld dafür hinlegt.

Mich kann man kaufen
und es gibt mich im Sonderangebot.
Ja, ich bin käuflich, und zwar täglich,
rund um die Uhr.
Kauf mich jetzt, bezahle später,
im Ratenangebot.
Du bist das Opfer, ich bin Täter,
rund um die Uhr.
Denn du kaufst MICH!
Ich weiß, du kaufst MICH,
also kauf MICH! Bitte kauf MICH!

Lösung

Teilaufgabe 1.1

Hinweis: Zunächst solltest du dir die 13 vorgegebenen Begriffe genau anschauen und deren Bedeutung durchdenken. Wenn du dich nun dem Liedtext zuwendest, weißt du bereits, nach welchen Inhalten du Ausschau halten sollst. Schon beim ersten Lesen kannst du an den entsprechenden Versenden die jeweiligen Nummern der Begriffe notieren. Durch mehrfaches gründliches Lesen wird es dir nicht schwerfallen, Schritt für Schritt die geforderten 11 Begriffe mit Zitaten zu belegen.
Beginne nun mit deinen Aufzeichnungen. Die Darstellungsform kannst du frei wählen, jedoch erscheinen Zeitstrahl und Flussdiagramm wenig geeignet, da die Begriffe untereinander nicht in einen Zusammenhang zu bringen sind. Möglich ist hier eine übersichtliche tabellarische Auflistung mit den vorgegebenen Begriffen auf der einen und den gefundenen Zitaten auf der anderen Seite. Einerseits kannst du während der Textuntersuchung durchaus für einen Begriff mehrere Zitate finden. Andererseits sind auch mehrere Begriffe einem Zitat zuzuordnen. Die nachfolgende Auflistung macht dies deutlich.
Achte beim Zitieren darauf,
- *dass alle Zitate in Anführungszeichen gesetzt werden,*
- *dass der Text wortwörtlich übernommen wird,*
- *dass das Zitat mit drei Punkten beginnt, wenn der Satzanfang nicht übernommen wird,*
- *dass das Zitat mit drei Punkten endet, wenn nur der Satzanfang übernommen wird,*
- *dass nach jedem Zitat die Verszeile in Klammern angegeben wird.*

Besitzdenken:	„Wenn du mich wirklich haben willst, / greif doch einfach zu!“ (V. 1 f.)
Bezahlbarkeit:	„Mich kann man kaufen / und es gibt mich im Sonderangebot, […]“ (V. 9 f., 22 f., 37 f.)
Freiheitsgefühl:	„Ich bin die große Freiheit im / Spar-Fix-Power-Pack.“ (V. 20 f.)
Glücksbringer:	„Ich bin die Lottozahl, / die dir fehlt zu deinem Glück.“ (V. 5 f.)
Kaufverführung:	„Ich bin dein neues Auto, / dein sexy Körperspray.“ (V. 14 f.)
	„Ich bin die Lottozahl, / die dir fehlt zu deinem Glück.“ (V. 5 f.)
	„Ich gehör zu dir und du zu mir, / warum nimmst du mich nicht mit?“ (V. 7 f.)
Kaufzwang:	„Deine Alltags-Happy-Pille, / wenn du mich hast, bist du OK.“ (V. 16 f.)
Kreditangebot:	„Kauf mich jetzt, bezahle später, / im Ratenangebot.“ (V. 41 f.)
Langlebigkeit:	„[…] ohne Haltbarkeitsdatum, / lebenslänglich frisch.“ (V. 29 f.)
Lebensgefühl:	„Ich bin die große Freiheit im / Spar-Fix-Power-Pack.“ (V. 20 f.)
Schnelllebigkeit:	„Wenn du mich benutzt hast, / schmeiß mich einfach weg, […]“ (V. 31 f.)
Sonderangebot:	„Mich kann man kaufen / und es gibt mich im Sonderangebot, […]“ (V. 9 f., 22 f., 37 f.)
Verfügbarkeit:	„[…] ja, ich bin käuflich, und zwar täglich, / rund um die Uhr.“ (V. 11 f., 24 f., 39 f.)
Zugehörigkeitsgefühl:	„Ich gehör zu dir und du zu mir, / warum nimmst du mich nicht mit?“ (V. 7 f.)

Teilaufgabe 1.2

Hinweis: Die Erörterungsaufgabe bietet dir zwei Thesen an. Die Aussage „Werbung ‚trifft' Käufer" *wird präzisiert durch die Behauptung* „Die Werbung vermittelt häufig den Eindruck, dass sich in der Wirtschaft alles um das Wohl des Verbrauchers dreht".
Was du beim Erörtern zu beachten hast, darüber kannst du dich in Kapitel A informieren. Führe zunächst eine gründliche Thesenanalyse durch. Untersuche die Schlüsselbegriffe und setze sie untereinander in Beziehung, um der Thesenaussage auf den Grund zu kommen.

Thesenanalyse

Werbung reagiert auf Bedürfnisse des Käufers

treffen im Sinne von „zusammentreffen"

Käufer nimmt Werbung aktiv wahr / beeinflusst die Werbung durch seine Kaufentscheidungen

Werbung „trifft" Käufer

Werbung „bombardiert" den Käufer mit Produktanpreisungen; Wecken von Kaufbedürfnissen

treffen im Sinne von „jmd. mit etwas treffen, auf jmd. zielen"

Ziel, dass der Verbraucher das Produkt erwirbt; Käufer als passives „Opfer"

Konkretisierung der These

Produktanpreisung weckt Vorstellungen beim Verbraucher

Die Werbung vermittelt häufig den Eindruck, dass sich in der Wirtschaft alles um das Wohl des Verbrauchers dreht.

Ziel / Anliegen

- Produkte auf den Markt bringen, die benötigt werden
- optimale Gewinne bei kostengünstiger Produktion
- konkurrenzfähig bleiben

Bedürfnisbefriedigung

Alle 13 Begriffe der Aufgabe 1.1 wären hier einzuordnen.

Hinweis: Überlege dir genau, was die eigentliche Fragestellung ist, die sich aus den Thesen ableiten lässt und die du erörtern sollst. Grundsätzlich sind zwei Erörterungsfragen möglich. Die erste lautet: Vermittelt die Werbung wirklich den Eindruck, dass sich in der Wirtschaft alles um das Wohl des Verbrauchers dreht? Diese Frage scheint auf den ersten Blick klar beantwortbar zu sein: Die Rolle der Werbung ist für uns recht eindeutig, geht es doch um möglichst geschickte Produktanpreisung und das Wecken von Kauflust. Die Auseinandersetzung mit der Thematik könnte somit linear erfolgen: Ja, die Werbung vermittelt den Eindruck, dass sich in der Wirtschaft alles um das Wohl des Verbrauchers dreht.
Die zweite mögliche Erörterungsfrage richtet den Fokus auf die Ziele und tatsächlichen Absichten der Wirtschaft. Sie lautet: Stimmt der Eindruck, den die Werbung erweckt? Dreht sich in der Wirtschaft wirklich alles um das Wohl des Verbrauchers? Diese Fragestellung erfordert eine kontroverse Erörterung. Bedenke, dass dir die zweite Erörterungsfrage den größeren Spielraum für Argumente und Beispiele lässt. Vergiss hier allerdings nicht, immer auch mitzudiskutieren, wie die Werbung die Ziele der Wirtschaft unterstützt.

Möglichkeit einer linearen Diskussion

Ja, die Werbung vermittelt den Eindruck, dass sich in der Wirtschaft alles um das Wohl des Verbrauchers dreht.

- jedes Produkt wird unkritisch angepriesen
- das Produkt wird stets als unverzichtbar für das Lebensglück dargestellt
- vermittelt den Eindruck, dass alles für jeden erschwinglich ist

Möglichkeit einer Pro-Kontra-Diskussion

Ja, der Eindruck, den die Werbung vermittelt, ist richtig: Der Wirtschaft geht es in erster Linie um das Wohl des Verbrauchers.	**Die Werbung vermittelt zwar den Eindruck, dass sich in der Wirtschaft alles um das Wohl des Verbrauchers dreht, aber ich weiß, worauf es der Wirtschaft wirklich ankommt:**
– Wirtschaft richtet ihre Produkte an Bedürfnissen der Kunden aus – Verbraucher bestimmt mit seinen Kaufentscheidungen den Erfolg eines Produkts → Wirtschaft muss sich an Interessen der Kunden orientieren – es gibt Firmen, für die der Gewinn nicht im Vordergrund steht	– Wirtschaft ist bemüht, kostengünstig zu produzieren → Produkte somit oft in Qualität gemindert – Wirtschaft geht es nur um Umsatzzahlen (Profitstreben) – Konkurrenzkampf in der Wirtschaft bestimmt alle Branchen → es geht um das Überleben und Marktbeherrschung

Stichpunktartige Stoffsammlung und Gliederung

Einleitung:

- Hinführen zum Thema durch persönliche Erfahrung mit Werbung im Alltag
  oder:
- Beschreiben herkömmlicher Meinungen zu Werbung
  oder:
- Beschreiben eines aktuellen Beispiels einer speziellen Werbekampagne

Hauptteil:

Hinweis: Die oben schematisch dargestellte Thesenanalyse solltest du zu Beginn des Hauptteils in Textform wiedergeben. Du musst klären, womit du dich konkret im Aufsatz auseinandersetzt. Somit garantierst du, dass du dem Problem der Aufgabenstellung gerecht wirst.

kontroverse Argumentation

- Situation der Wirtschaft als Ausgangspunkt der Betrachtung
- Kontra-Argument
  1. Beispiel – wirtschaftliche Interessen beeinträchtigen Produktqualität, und Werbung überspielt dies
- Kontra-Argument
  2. Beispiel – unzulängliche bzw. unwahre Produktbeschreibungen in der Werbung steigern wirtschaftlichen Profit
- Pro-Argument
  3. Beispiel – Ausnahmen in der Wirtschaft, die doch zum Wohl des Verbrauchers Produkte herstellen

Schluss:

- Fazit – eigenen Standpunkt präzisieren bzw. Ausführungen zusammenfassen
- Wertung der Thematik

Aufsatzbeispiel

Einleitung

Werbung. Überall sieht man Werbung. Ob ich gerade fernsehe, im Internet surfe, im Klassenraum sitze oder einfach nur durch die Stadt laufe, permanent strahlt einem ein neues Produkt auf einem Werbeplakat oder ein Markenlogo von einem T-Shirt entgegen. Heute erreicht die Werbung jeden Menschen, da sie in allen Arten von Medien stark vertreten ist. Sie vermittelt häufig den Eindruck, dass sich in der Wirtschaft alles um das Wohl des Konsumenten dreht. Doch ich frage mich – stimmt das? Oder dreht sich in der Wirtschaft vielleicht doch alles nur ums Geldverdienen? Mit dieser Problematik möchte ich mich im Folgenden erörternd auseinandersetzen.

Hauptteil

Bevor ich jedoch mit meiner eigentlichen Argumentation beginne, möchte ich zwei Begriffe eindeutig erklären, um Missverständnisse zu vermeiden.
Was ist Werbung? Werbung ist, wenn eine Firma, ein Privatunternehmen oder irgendein anderer Produzent ein Produkt anpreist und dem Konsumenten schmackhaft machen will. Durch das Hervorheben der Vorteile sollen Käufer angelockt werden. Im engeren Sinne meine ich mit Werbung Werbespots aus dem Fernsehen, Internet oder dem Radio. Das führt mich zum Begriff Verbraucher bzw. Konsument. Ein Verbraucher ist, wie der Begriff schon sagt, ein Mensch, der täglich Produkte verbraucht, welche er zum Leben benötigt. Das sind z. B. Lebensmittel oder Konsumartikel, also Waren des täglichen Bedarfs. Da jeder diese Dinge zum Leben braucht, ist jeder Mensch ein Konsument.
Heute ist auch in der Wirtschaft alles mit Leistungsdruck verbunden. Man muss möglichst effektiv produzieren, um entsprechend billig verkaufen zu können. Nur so kann ein Unternehmen auf dem Markt erfolgreich sein. Jedoch wird ein Produkt häufig qualitativ minderwertig, wenn man es billig produziert. Ich habe mir zum Beispiel vor zwei Jahren ein Paar Sportschuhe von Victory gekauft, eine Firma, welche ihre Produktideen teilweise von anderen Firmen übernimmt und ihre Artikel sehr günstig anbietet. Die gleichen Schuhe gab es von

Puma für den dreifachen Preis. Ich kaufte das Produkt von Victory, da es in der Werbung als „Gute Qualität zum niedrigen Preis“ gelobt wurde, doch schon nach weniger als drei Monaten löste sich die Sohle des einen Schuhs, und die Nähte des anderen Schuhs rissen. Das zeigt, dass Victory durch das minderwertige Produkt auf Kosten des Verbrauchers, welcher in dem Fall ich war, profitiert hat.

Ein anderes Argument dafür, dass sich in der Wirtschaft nicht alles um das Wohl des Verbrauchers dreht, ist die unzulängliche bzw. unwahre Produktbeschreibung in der Werbung. Ein gutes Beispiel hierfür sind einige Genussmittel, wie zum Beispiel Chips. Viele Chips werden, da es mehr und mehr in Mode kommt, sich gesund zu ernähren und fit zu halten, mit bis zu 60 % weniger Fettsäuren produziert. In der Werbung wird natürlich vermittelt, wie gesund diese sogenannten „Light-Chips“ sind. Jedoch wird dabei gern vergessen zu sagen, dass durch die fehlenden gesättigten Fettsäuren ein viel geringeres Sättigungsgefühl entsteht, welches man automatisch durch einen höheren Verzehr ausgleicht. Außerdem werden diese fehlenden Fettsäuren häufig durch Zuckerzusatz ersetzt, um den intensiven Geschmack beizubehalten. Durch diese zwei Tatsachen, welche vielen Menschen nicht bekannt sind, ist es fraglich, ob die „Light-Chips“ wirklich gesünder sind als herkömmliche Knabbereien. Klar ist jedoch, dass die Firmen, welche diese Produkte herstellen, einen Riesengewinn erzielen, indem sie oben genannte Informationen in ihrer Werbung nicht erwähnen.

Nun könnte man denken, dass in der Wirtschaft, was den Verbraucher betrifft, nur gelogen und betrogen wird, was wiederum auch nicht stimmt. Dadurch, dass die Wirtschaft heute sehr viel globaler strukturiert ist, lösen sich manche Probleme zugunsten des Konsumenten. Zum Beispiel konnten die Benzinpreise trotz der derzeitigen Wirtschaftskrise wieder gesenkt werden, was ja für den Normalverbraucher sehr angenehm ist.

Außerdem gibt es auch Firmen, welche offensichtlich für das Wohl des Konsumenten wirtschaften. Ein Paradebeispiel hierfür ist eine Sportartikelfirma in Mexiko, die sich „Sports national“ nennt. Diese Firma produziert qualitativ genauso hochwertige Schuhe wie die Sportgiganten Puma, Nike und Adidas und verkauft diese zu einem Mindestpreis, welcher die Produktionskosten gerade noch deckt. Das Ziel dieser Firma ist es, armen Kindern in Mittel- und Südamerika die Möglichkeit einzuräumen, auch ein paar coole Michael-Jordan-Schuhe beim Basketballspielen zu tragen. Doch wie schafft es diese Firma, gute Qualität zu einem Preis anzubieten, der sich kaum rentiert? Ganz einfach – sie verzichtet auf teure Werbung und kann dadurch viele Millionen Dollar sparen, die sie verwendet, um ihren guten Zweck zu erfüllen.

Schluss

Meine Meinung zu diesem Thema ist zweigeteilt. Natürlich muss jede Firma und jeder Produzent sehen, wie sie auf dem derzeit hart konkurrierenden Wirtschaftsmarkt ihre notwendigen Gewinne garantieren, aber leider hat mir meine Erfahrung gezeigt, dass viele Produkte in der Werbung zu häufig besser dargestellt werden, als sie tatsächlich sind. Daraus schlussfolgere ich, dass es sich in der Wirtschaft meist mehr ums große Geldverdienen dreht als um das wirkliche Wohl des Kunden, obwohl es zum Glück Ausnahmen gibt.

Realschulabschluss Deutsch in Thüringen: Prüfungsaufgaben 2009
Aufgabe 2

Aufgabe:
Interpretieren Sie die Kurzgeschichte!

Paul Watzlawick (1921–2007): Die Geschichte mit dem Hammer

Ein Mann will ein Bild aufhängen. Den Nagel hat er, nicht aber den Hammer. Der Nachbar hat einen. Also beschließt unser Mann hinüberzugehen und ihn auszuborgen. Doch da kommt ihm ein Zweifel: Was, wenn der Nachbar mir den Hammer nicht leihen will? Gestern schon grüßte er mich nur so flüchtig. Vielleicht war er in Eile. Aber vielleicht war die Eile nur vorgeschützt und er hat etwas gegen mich. Und was? Ich habe ihm nichts angetan; der bildet sich da etwas ein. Wenn jemand von mir ein Werkzeug borgen wollte, *ich* gäbe es ihm sofort. Und warum er nicht? Wie kann man einem Mitmenschen einen so einfachen Gefallen abschlagen? Leute wie dieser Kerl vergiften einem das Leben. Und dann bildet er sich noch ein, ich sei auf ihn angewiesen. Bloß weil er einen Hammer hat. Jetzt reicht's mir wirklich. – Und so stürmt er hinüber, läutet, der Nachbar öffnet, doch noch bevor er „guten Tag" sagen kann, schreit ihn unser Mann an: „Behalten Sie sich Ihren Hammer, Sie Rüpel!"

(Aus: Paul Watzlawick, Anleitung zum Unglücklichsein, Piper Verlag GmbH, München 2005)

Lösung

Hinweis: Eine Interpretation basiert auf einer sehr gründlichen Textuntersuchung, d. h. einer Textanalyse. Du solltest beim Lesen den Text in Sinneinheiten unterteilen, um den Überblick beim Betrachten nicht zu verlieren. Da es gilt, Inhalt, Form und Sprache in ihrer Wechselwirkung zu erfassen, ist das Anlegen einer tabellarischen Stoffsammlung empfehlenswert. Eine solche Tabelle ermöglicht dir ein strukturiertes Vorgehen, und die Deutungsmöglichkeiten des Textes können sich stärker herauskristallisieren. Die tabellarische Stoffsammlung wird somit die wesentliche Voraussetzung für das Verfassen des Hauptteils. Allgemeine Hinweise zum Interpretieren findest du im Kapitel B.
Leider ist die Aufgabenstellung nicht ganz korrekt, da es sich bei dem zu interpretierenden Text nicht um eine Kurzgeschichte handelt, sondern um eine Parabel. Als Schüler stellt man die Richtigkeit der Aufgabenstellung eher nicht infrage. Deshalb verzichtet der folgende Lösungsvorschlag auf die Untersuchung der Textsortenmerkmale.

Anmerkung zum Autor Paul Watzlawick

Am 25. Juli 1921 wurde Paul Watzlawick in Villach/Kärnten (Österreich) geboren. Er studierte Philosophie und Sprachen in Venedig und promovierte 1949 im Fach Philosophie. Watzlawick schloss mit einem Analytikerdiplom eine Ausbildung für Psychotherapie in der Schweiz ab und erhielt 1957 eine Professur für Psychotherapie in San Salvador. Mit seiner revolutionären Kommunikationstheorie erlangte er Weltruhm. „Man kann nicht nicht kommunizieren" lautet einer seiner Leitsätze. Sein Buch „Anleitung zum Unglücklichsein", das 1983

erschien, wurde ein Bestseller und wahres Kultbuch. Der Titel des Buches nimmt ironisch Bezug auf die damals hoch populären Ratgeberbücher.
Paul Watzlawick selbst wird als ein bedeutender Vertreter des Konstruktivismus gesehen. Das heißt, er vertrat die Meinung, dass es keine objektiv erkennbare Wirklichkeit gibt, sondern dass sich jeder Mensch seine eigene Realität „konstruiert".
In seiner Wahlheimat Kalifornien, in der er seit 1960 lebte und arbeitete, verstarb er 2007 im Alter von 85 Jahren. Heute wird in Österreich für herausragende Leistungen auf dem Gebiet der Kommunikation der Paul-Watzlawick-Preis verliehen.

Merkmale einer Parabel

Eine Parabel ist ein kurzer Prosatext (Erzählung). Die Ursprünge liegen in der antiken Dichtung und im Neuen Testament (Gleichnisse Jesu). Der Inhalt der Parabel wird dem Leser als Bild (Metapher) dargeboten, welches es zu entschlüsseln gilt. Dem Leser muss es gelingen, den Inhalt von der Bildebene auf die Sachebene zu übertragen. Dabei können die Deutungsmöglichkeiten sehr vielfältig sein. Im Mittelpunkt stehen Moral- und Wertauffassungen der menschlichen Gesellschaft. Parabeln können auch Beispiele aufzeigen, die gegenläufige Denkweisen vermitteln. Somit wird der Leser zum kritischen Hinterfragen aufgefordert. Die Parabel hat wie die Fabel Lehrstückcharakter.

Tabellarische Stoffsammlung

Inhalt	Form	Sprache	Wirkung/Deutung
1. Sinneinheit: (Z. 1–2) **Situationsbeschreibung** Vorhaben eines Mannes → Bild aufhängen, aber Hammer fehlt Nachbar hat Hammer Ort: bei dem Mann zu Hause Zeit: unbekannt Personen: Mann, Nachbar	– unvermittelter Einstieg – wenig handelnde Figuren – Situation aus dem Alltag – auktorialer (allwissender) Erzähler – Bezug zur Überschrift geklärt	– kurze Sätze – keine Adjektive – Präsens – Satzstellung im 2. Satz ungewöhnlich	sachliche Darstellung der Situation → nüchterne Außensicht auf den Mann Betonung auf „nicht" (Z. 1) → Fehlen des Hammers erhält besondere Bedeutung → Spannungsaufbau
2. Sinneinheit: (Z. 2–10) **Aufbau von Vorurteilen** Hauptfigur baut Zweifel und Vorurteile gegenüber dem Nachbarn auf	– innerer Monolog – auktorialer Erzähler tritt in den Hintergrund	– Sätze werden länger	Sicht auf Hauptfigur verändert sich → distanzierte Lesehaltung zur Hauptfigur Konstruktion eines realitätsfernen Bildes vom Nachbarn

stetige Steigerung → bringt sich selbst in Rage		– Fragen – Nebensätze stehen allein: „Bloß weil er einen Hammer hat.“ (Z. 9 f.) – umgangssprachliche Wendungen „Leute“, „Kerl“ (Z. 8)	Selbstüberschätzung Hineinsteigern in ein Feindbild → Wut → Spannungsaufbau
3. Sinneinheit: (Z. 10–12) **Die Beleidigung** Mann rennt zum ahnungslosen Nachbarn und beschimpft diesen → soll Hammer behalten	– auktorialer Erzähler beschreibt Geschehen – unerwartetes, abruptes Ende	– lange Aufzählung kurzer Hauptsätze – wörtliche Rede – Aufforderungssatz mit ungewöhnlicher Platzierung des Wortes „sich“ (Z. 12) → zugleich Schlusssatz	Bewegung kommt in äußere Handlung → große Erregtheit deutlich → unterstreicht Unsachlichkeit, wirkt absurd offenes Ende: Leser fragt sich: Wie wird wohl der Nachbar reagieren? Was hat der Mann mit seiner Aktion erreicht?

Gliederung

Einleitung:
Übersichtssatz (Titel, Genre, Autor, evtl. historische Einordnung, Thema)

Hauptteil:

a) Inhaltsangabe (vgl. Kapitel B)
b) Textanalyse (auf der Grundlage der tabellarischen Stoffsammlung)
c) Lesewirkung, Autorintention

Schluss:

- persönliche Wertung
- Aktualität des Themas bzw. der zentralen Aussage

Aufsatzbeispiel

Einleitung

„Die Geschichte mit dem Hammer“ ist eine von Paul Watzlawick geschriebene kurze Geschichte, die 2005 in dem Buch „Anleitung zum Unglücklichsein“ erschienen ist. Paul Watzlawick lebte von 1921 bis 2007. In der Geschichte geht es um menschliche Verhaltensweisen, die Vorurteile entstehen lassen.

Hauptteil

Die Geschichte handelt im Wesentlichen davon, dass ein Mann ein Bild aufhängen will, ihm aber der Hammer dazu fehlt. Er überlegt also, ob er sich den Hammer des Nachbarn leiht. Jedoch entstehen in ihm ernsthafte Zweifel, ob ihm der Nachbar den Hammer leihen würde. Realitätsfern entwickelt der Mann Vorurteile gegenüber seinem Nachbarn, indem er gleichzeitig ein sehr positives Selbstbild entwirft.

Nach dem ersten Lesen war ich sehr beeindruckt und verwirrt, da ich mich gefragt habe, wie ein Mensch so negativ über einen anderen Menschen denken kann. Außerdem fällt mir auf, dass ein Großteil der Handlung nur fiktiv abläuft, nämlich in den Gedanken des Mannes.

„Die Geschichte mit dem Hammer" weist einige besondere formale Merkmale auf. Das sind vor allem der unvermittelte Einstieg, ohne genaue Beschreibung von Ort, Zeit und handelnden Personen, das überwiegende Schreiben im Präsens und die drastische Wendung zum Ende der Geschichte. Weiterhin fällt auf, dass die Geschichte sehr zeitlos geschrieben ist, sich also auf ähnliche Situationen übertragen lassen kann. Auch der Ort wird nicht festgelegt. Gegeben sind lediglich ein Haus, in dem ein Mann wohnt und in dessen Nähe auch ein Nachbar zu finden ist. Hauptfiguren der Geschichte sind somit der Mann und der Nachbar.

Ich habe die Geschichte für mich in drei Sinneinheiten unterteilt, um eine strukturierte Interpretation des Inhalts durchführen zu können. Die erste Sinneinheit (Z. 1–2) beschreibt die Situation, in der sich der Mann befindet, und nennt das Problem, dass dem Mann der Hammer zum Aufhängen des Bildes fehlt und er sich den des Nachbarn borgen möchte. Es spricht ein allwissender Erzähler. Die Überschrift wird bereits im zweiten Satz wieder aufgegriffen, in dem zum ersten Mal der Hammer eine Rolle spielt. In diesem ersten Abschnitt beschreibt der Erzähler in sehr kurzen Sätzen das Geschehen. Auf die Verwendung von Adjektiven verzichtet er ganz. Dadurch bekommt der Text einen sehr sachlichen Charakter, und der Leser entwickelt noch keine Emotionen für das Geschehen. Allerdings ermöglichen es Verben wie „hinüberzugehen" oder „auszuborgen" (Z. 2) dem Leser, sich ein Bild von der Situation zu erstellen. Auch ein weiterer Satz ist besonders auffällig: „Den Nagel hat er, nicht aber den Hammer." (Z. 2) Hier verzichtet der Erzähler auf den normalen Satzbau, indem er das „nicht" voranstellt. Ich denke, dass er damit besonders auf das Fehlen des Hammers hinweisen möchte, da dieser Fakt sehr relevant für den restlichen Verlauf der Handlung ist.

Die zweite Sinneinheit (Z. 2–10) umfasst den wichtigsten Teil der Geschichte, nämlich die Gedankengänge des Mannes. Der Mann bekommt plötzlich Zweifel, ob ihm der Nachbar seinen Hammer überhaupt leihen würde: „Doch da kommt ihm ein Zweifel […]" (Z. 2 f.). Ab diesem Punkt werden die Gedanken des Mannes in Form eines inneren Monologes wiedergegeben, und der Erzähler tritt dabei selbst in den Hintergrund. Der Monolog beginnt damit, dass sich der Mann an eine vergangene Situation erinnert: „Gestern schon grüßte er mich nur so flüchtig." (Z. 4) Diese Situation erscheint ziemlich harmlos, doch der Mann denkt sofort weiter und entwickelt ein eigenes Bild von seinem Nachbarn, das sehr negativ ist. Er sieht nämlich das flüchtige Grüßen als Unfreundlichkeit an und meint, dass der Nachbar absichtlich so unhöflich war. Der Mann schlussfolgert, dass der Nachbar nur vorgetäuscht hatte, dass er in Eile wäre, damit er den Mann nicht freundlich grüßen müsse. Dies verdeutlichen die Zeilen 4 f.: „Aber vielleicht war die Eile nur vorgeschützt und er hat etwas gegen mich." Bereits durch diesen kurzen Abschnitt verändert sich die Sicht des Lesers auf die Hauptfigur. Man bekommt direkte Einsicht in die Gedanken des Mannes, sodass man ihn nun besser einschätzen kann. Dadurch kommt es schon hier zu einer gewissen Wende in der Geschichte. Der eingangs wertfreien Darstellung schließt sich nun eine emotions- und spannungsgeladene Innensicht an. Ab hier gestalten erstmals längere Sätze den inneren Monolog. Durch die aufgeworfenen Fragen wird der Leser direkt angesprochen und kann sich eine eigene Meinung zu den Gedanken des Mannes bilden. Ich hatte zu diesem Zeitpunkt bereits ein sehr schlechtes Bild von dem Mann, da es mir unklar war, wie man so negativ denken kann. Der Mann steigert sich nun mehr und mehr in seiner Wut auf den Nachbarn. „Wenn jemand von mir ein Werkzeug borgen wollte, *ich* gäbe es ihm sofort." (Z. 6 f.) Dieser Satz verdeutlicht besonders gut, wie er die Entwicklung seiner Vorurteile gleichzeitig nutzt, um sein Selbstbild als herausragend darzustellen. Das macht ihn überheblich und unglaubwürdig. Das „ich“ ist in diesem Fall kursiv geschrieben und hebt somit hervor, wie toll sich der Mann selbst einschätzt. Die Frage, „Und warum er nicht?“ (Z. 7), die direkt darauf folgt, bestätigt, dass der Mann davon ausgeht, dass sein Nachbar auf keinen Fall seine Werkzeuge verborgen würde. Abschließend behauptet der Mann auch noch, dass der Nachbar eingebildet ist und angeblich denkt, dass alle auf ihn angewiesen sind, nur weil er einen Hammer hat (vgl. Z. 9 f.). So bringt der Mann das Fass zum Überlaufen, was er sich auch selbst bestätigt: „Jetzt reicht's mir wirklich.“ (Z. 10) Damit enden die Gedankengänge des Mannes. In diesem Abschnitt der Geschichte gibt es weitere auffällige Besonderheiten. Zum einen ist das der weiter fortschreitende Spannungsaufbau. Eigentlich könnte man durch die absurden Gedanken des Mannes jetzt schon denken, dass der Höhepunkt erreicht ist. Zum anderen fällt bei der Sprache auf, dass für den inneren Monolog auch umgangssprachliche Wendungen gewählt wurden, wie z. B. „Leute“ (Z. 8) und „reicht's“ (Z. 10). Ich denke, dass dadurch die Ekstase des Mannes besonders gut zum Tragen kommt. Jeder weiß, dass man nicht mehr so sehr auf die sprachliche Korrektheit achtet, wenn man zum Beispiel wütend ist. Wieder scheint der Mann mit seinen Fragen direkt den Leser anzusprechen, z. B.: „Wie kann man einem Mitmenschen einen so einfachen Gefallen abschlagen?“ (Z. 7 f.) Der letzte Satz dieser Sinneinheit, „Jetzt reicht's mir wirklich.“ (Z. 10), weist jedoch eindeutig darauf hin, dass dieser ganze Gedankenvorgang eher einem Selbstgespräch ähnelt und die Frage nicht bewusst an den Leser gerichtet ist.

In der letzten Sinneinheit (Z. 10–12) merkt der Leser schnell, dass der Höhepunkt der Geschichte doch erst in diesem Abschnitt erreicht wird. Der auktoriale Erzähler übernimmt wieder die Darstellung des Geschehens. Durch die Aneinanderreihung vieler sehr kurzer Hauptsätze werden Hektik und Aufgeregtheit spürbar. Alles steht im extremen Gegensatz zur sachlich gestalteten Einleitung. Bewegung kommt ins Geschehen, indem der Erzähler Verben wie „stürmt“ (Z. 10) oder „schreit“ (Z. 11) benutzt. Der Mann rennt zum Nachbarn hinüber und schreit ihm die Wörter ins Gesicht: „Behalten Sie sich Ihren Hammer, Sie Rüpel!“ (Z. 11 f.) Mit diesem Aufforderungssatz ist der Höhepunkt endgültig erreicht. Der Mann hat also seine Gedanken in die Realität umgesetzt; die Situation erscheint absurd. Innerhalb der wörtlichen Rede sagt der Mann: „Behalten Sie sich [...]“. Das an ungewöhnlicher Stelle eingeschobene „sich“ (Z. 12) unterstreicht die Unsachlichkeit und Unangemessenheit der Situation. Der Mann hat die Situation nicht mehr unter Kontrolle. Wut und Aufgebrachtheit scheinen ihm den Verstand zu rauben. In dieser prekären Situation bricht die Geschichte abrupt ab. Sie schließt durch dieses unerwartete Ende mit einer Pointe. Völlig offen bleibt, wie der ahnungslose Nachbar mit dieser Konfrontation zurechtkommt. Fest steht, der Mann wird sein eigentliches Vorhaben, sein Bild aufzuhängen, nur schwerlich umsetzen können. Auf Hilfe kann er wohl kaum hoffen.

Insgesamt lässt sich über die Geschichte sagen, dass sie in einer extremen Weise zeigt, wie schnell ein Mensch doch von Vorurteilen befallen sein kann. Dabei scheut sich Watzlawick nicht vor Übertreibungen. Ihm gelingt es durch seine verdichtete Sprache und knappe, präzise Darstellung, den Leser zu fesseln. Andererseits schockiert das selbstgefällige Denken und Handeln des Mannes und regt zur kritischen Auseinandersetzung mit dem Textinhalt an.

Schluss

Am Ende meiner Untersuchung stelle ich fest, dass sich mein erster Leseeindruck nicht wesentlich verändert hat. Ich bin irritiert bezüglich des Verhaltens der Hauptfigur, und es macht mir Angst, wie rasch sich Feindbilder aufbauen lassen. Die kurze Geschichte ist ein abschreckendes Beispiel dafür, was passieren kann, wenn wir unsere Beziehungen zu unseren Mitmenschen durch Vorurteile belasten. Auch die Einsamkeit des modernen Menschen wird durch diese Verhaltensweisen weiter zunehmen. Ich denke, dass vor allem die Menschen in Deutschland aufgrund ihrer Geschichte besonders sensibel mit dem Thema „Entwicklung von Feindbildern“ umgehen sollten. Somit besitzt die Thematik große Bedeutung und Aktualität.

Lebensweisheit

„Manche Menschen glauben an das Schicksal, andere nicht.
Ich glaube daran und auch wieder nicht.
Manchmal hat man das Gefühl, wie Marionetten von unsichtbaren Händen bewegt zu werden. Dazu sind wir aber sicherlich nicht geboren. Wir können die Fäden selbst in die Hand nehmen und die Richtung unseres Weges an jedem Scheideweg selbst bestimmen oder wenigstens jede Spur, einem unbekannten Ziel entgegen, verfolgen."

Thor Heyerdahl (1914–2002) (norwegischer Anthropologe, Zoologe, Geologe, Ethnologe, Botaniker und Abenteurer)

Vielleicht haben Sie ähnliche Erfahrungen in Ihrem Leben gemacht.

Schildern Sie ausführlich eine solche Situation!

oder

Schreiben Sie einen inneren Monolog zu Heyerdahls „Lebensweisheit", der Ihre persönliche Lebenseinstellung zum Ausdruck bringt!

Lösung

Hinweis: Bei dieser Aufgabe sollst du über Erfahrungen in deinem Leben schreiben, die du mit dem Begriff „Schicksal" in Verbindung bringst. Das vorgegebene Zitat von Thor Heyerdahl führt dich in die Thematik ein und macht gleichzeitig die Schwierigkeit im Umgang mit dem Begriff deutlich. Es ist deshalb besonders wichtig, dass du dich mit Heyerdahls Lebensweisheit gründlich auseinandersetzt. Du musst sowohl die Vielschichtigkeit des Begriffes erkennen und die Autorenansicht herausarbeiten als auch deinen eigenen Standpunkt finden.
Du hast die Wahl, die gewonnenen Erkenntnisse sowie deine persönlichen Gedanken dazu entweder in eine Schilderung oder in einen inneren Monolog münden zu lassen. Denke daran, dass laut Aufgabenstellung bei der Schilderung das Beschreiben und das Ausschmücken einer bestimmten Situation im Vordergrund stehen sollen, beim inneren Monolog hingegen soll vor allem deine allgemeine Lebenseinstellung zum Thema Schicksal zum Ausdruck kommen.
Für beide Aufsatzformen sind neben Kreativität Sachkenntnisse unerlässlich. Beachte, dass der innere Monolog die gedachten, in Wirklichkeit unausgesprochenen Gedanken einer Person in direkter Rede, in der Ich-Form und im Präsens wiedergibt. Es werden aber keine Anführungszeichen gesetzt. Auch die Darstellung der Schilderung erfolgt in Anlehnung an die Aufgabenstellung in der Ich-Form, mögliche Zeitformen sind Präsens und Präteritum.
Da beide Aufsatzformen subjektiv orientiert sind, stehen deine Gedanken und Gefühle im Vordergrund. Damit dein Text persönlich und ausdrucksstark wirkt, musst du entsprechende sprachliche Mittel wie Metaphern, Vergleiche, Fragen, aussagekräftige Verben, Adjektive und Substantive wirkungsvoll einsetzen. Formuliere eine ansprechende Überschrift. Der Aufbau muss nicht streng in Einleitung, Hauptteil und Schluss gegliedert sein, denn sowohl Schilderung als auch innerer Monolog führen den Leser oft unvermittelt in eine Situation hinein und brechen meist auch plötzlich ab. Trotzdem darfst du deine Ideen nicht wahllos aneinanderreihen. Es ist ratsam, die Vorüberlegungen in einer gegliederten Stoffsammlung festzuhalten.

Analyse und Eingrenzen des Themas

Heyerdahls Lebensweisheit = Beschäftigung mit dem Schicksalsbegriff

1. Glaube an das Schicksal

↙ ↘

berechtigt? unberechtigt?

2. Abhängigkeit vom Schicksal oder Selbstbestimmung?

3. Beeinflussbarkeit des Schicksals?

↓

eigene Positionierung
persönliche Lebenseinstellung

Klärung des Schlüsselbegriffes

Schicksal:

- nicht das eigene Tun hat den entscheidenden Einfluss auf das Leben eines Menschen, sondern eine höhere Macht
- gilt in vielen Kulturen als unausweichliche Bestimmung
- unterschiedliche **Einstellungen** gegenüber dem Schicksal

↙ ↓ ↘

Ergebenheit Beeinflussbarkeit Überwindbarkeit

Stichpunktartige Stoffsammlung und Gliederung

Hinweis: Die nachfolgenden Beispiele für die Schilderung und den inneren Monolog sind aufgrund der subjektiven Darstellungsformen als Vorschläge zu betrachten.

Schilderung

Thema: Beginn einer Liebe

1. Schilderung des Moments des Verliebens

↙ ↘

Zufall oder Schicksal

↘ ↙

Umstände, die dazu führen;
Gedanken und Gefühle,
die dabei entstehen

↙ ↘

beeinflussbar oder nicht beeinflussbar?

2. Lasse ich das Schicksal hier gern zu oder greife ich bewusst in den Prozess ein?
3. Aufgreifen des Marionetten-Bildes aus dem Zitat von Thor Heyerdahl
4. Verbinden des äußeren Bildes (Entfalten eines Sommertages) mit dem inneren Bild (Entfalten einer Liebesbeziehung)

Innerer Monolog

1. Schaffen einer Situation, die die Auseinandersetzung mit dem Schicksal zulässt

↓

Absage für einen Ausbildungsplatz

↙ ↘

sich dem „Schicksal“ ergeben — weiterkämpfen

2. Glaube an das Schicksal oder selbstbestimmtes Leben

↓

3. persönliche Lebenseinstellung

↓

4. Bezug zur Ausgangssituation (Ausbildungsplatz)

Aufsatzbeispiel (Schilderung)

Puppenspiel der Liebe

Meine Augen sind geschlossen. Ruhig, ganz ruhig liege ich da. Mein Herz puckert leise und sanft. Ich fühle seinen seichten Schlag gegen meine Brust, höre das undeutliche Pochen. Der Wind umweht mich, streicht mir über die Wange und rauft, zerzaust, zerwühlt mein Haar. Der Duft von frischem Gras und Morgentau zieht mir in die Nase. Ich sauge ihn tief ein, koste ihn einen Moment aus und entlasse ihn schließlich mit einem Seufzer wieder in die warme Luft. Eine Weile noch umschwebt er mich, dann, allmählich, ganz langsam wird der Geruch schwächer. Sonnenstrahlen kitzeln mein Gesicht und meine Arme. Zart und jung, so früh am Morgen, tippen sie meine Nasenspitze. Ein Guten-Morgen-Kuss der Sonne? Ich öffne leicht die Augen und blinzele sie an. Mein Blick schweift von der glänzenden Sonne weiter zu den Blumen, die sich gen Himmel recken und langsam ihre Blütenblätter entfalten. In leuchtenden Farben stehen sie da, wiegen in unhörbarer Musik sanft hin und her und räkeln sich in ihrer Schönheit. Die Wiese, auf der die Blumen stehen, verwandelt sich im Zug des Windes mehr und mehr in einen grünen See. Wellen aus Gras schwappen umher, bewegen sich unruhig, türmen sich auf und scheinen den Wegrand überschwemmen zu wollen. Von einem magischen Band geführt, zieht es meine Augen weiter – über hohe Baumriesen zu freudig jauchzenden Kindern und besorgt rufenden Müttern, bis sie bei ihm stehen bleiben. War es Zufall oder Schicksal, dass er ausgerechnet heute hier auftauchen würde? Sein Blick trifft meinen, und

unsicher, wie ein kleiner Schuljunge, hebt er die Hand und winkt mir zu. Ohne mich dagegen wehren zu können, formen meine Lippen sich zu einem verzagten Lächeln. Arme und Beine wollen mir nicht länger gehorchen. Wie von unsichtbaren Fäden geführt, erhebe ich mich, und von ebenso unsichtbaren Händen werde ich auch zu ihm bewegt. In dem Augenblick, da er zu mir kam, ich ihn erblickte, setzte mein Herz aus. Verfangen in seinem Blick stehe ich da. Eine kleine Unendlichkeit vergeht oder doch nur ein paar endlos lange Sekunden? Ich vermag es nicht zu sagen. Meine Welt steht still, alles um mich her verblasst. Was nun? Wie weiter? Selbst handeln, die Fäden zerreißen und die weiteren Schritte in die eigene Hand nehmen? Oder es doch dem Puppenspieler und somit dem Schicksal überlassen?
Er blickt mir weiterhin entgegen, seine Augen verlegen lächelnd. Die Fäden ziehen mich zu ihm hin, reißen an meinen Armen, während der Wind mir von hinten in den Rücken bläst. Langsam, als wäre auch die seine an einem nicht zu sehenden Band befestigt, streckt er die Hand aus und greift nach der meinen. Ich fühle die Rauheit seiner Haut und den kreisenden Daumen, welcher liebevoll meine Finger streichelt. Die Luft um uns rauscht und bauscht die Wolken am Himmel zu unwirklichen Gebilden auf.
Wer ist es, der meinen und seinen Körper an Bändern wie Marionetten führt? Sind wir es am Ende doch selbst? Haben wir den Weg der Liebe in unserer eigenen Hand?
Er zieht mich zu sich, drückt mich, bis mir die Luft wegbleibt. Von der Unendlichkeit umschlungen, scheinen wir vereint zu fliegen und zu fallen. Die Sonne greift nach meinem Haar und verfängt sich darin. Die Bäume ringsum beginnen sich zu drehen und das grüne Wiesenmeer scheint uns verschlucken zu wollen.
Ich lausche auf den Rhythmus seines Herzens, bis dieser sich meinem anpasst und beide Klänge zu einer Melodie werden. Sein Atem vermischt sich mit dem des Windes und umspielt mein Gesicht, streicht und liebkost es immer und immer wieder.
Er hält mich, hält meine Seele und mein Herz, umschließt sie mit seinen langen Armen und seinen rauen, aber behutsamen Händen. Ich atme und verschließe seinen Geruch mit meinen Lungen, lasse ihn nicht mehr los, halte ihn fest, bis er alles in mir ausfüllt, jeden noch so verborgenen Winkel. Sein und mein Herz hämmern laut in meinen Ohren, verstopfen sie und machen sie unzugänglich für jedes andere Geräusch.
Was hat der, der dieses Puppenspiel der Liebe leitet, wohl als Nächstes vor? Wird er weiter unsere Fäden führen, oder müssen wir das allein schaffen?
Während die Sonne weiter auf unsere Köpfe brennt, schießen meine Gedanken von einem Punkt zum nächsten – verbinden sich miteinander, verhaken, verkeilen und umschlingen sich. Lassen voneinander ab, um sich im nächsten Augenblick zu einem gesamten Gedankenwirrwarr zusammenzutun. Mein Blick sucht den seinen, findet und hält ihn. An seinem Ausdruck lese ich, dass auch sein Kopf voll von verwirrenden Empfindungen ist. Er legt seine Wange wieder an meine, und ich spüre das Kitzeln seiner Wärme. Noch einmal holt uns die Ewigkeit des Momentes ein, während die laue Luft zwischen unsere Umarmung fährt und uns doch in der gleichen Zeit wieder aneinanderdrückt.
Jener, der uns mit seinen Händen in eine Richtung schubste, hat ganz offensichtlich die Bänder gekappt. Mit meinem eigenen Willen hebe ich meine Arme und lege sie um ihn.
Die Blüten zeigen ihre Blätter nun in voller Pracht und glitzern im Schein der vollen Sonnenstrahlen. Auch die glücklichen Kinderstimmen dringen leise wieder an mein Ohr.
Vielleicht war es doch nicht alles nur Schicksal? Vielleicht gehen bei der Liebe Puppe und Puppenspieler Hand in Hand? Ein Lächeln umspielt meine Lippen, wandelt sich zu einem Glucksen und steigt schließlich perlend in den unendlich blauen Himmel hinauf.

Aufsatzbeispiel (Innerer Monolog)

Schicksal?!

Auf dem Bett in meinem Zimmer liegend höre ich das Wort „Schicksal“ aus seinem Mund noch jetzt ganz deutlich und sehe ihn mit den Achseln zucken, als er die zwanzigste Absage auf meine Bewerbungsschreiben gelesen hatte. Schicksal? Wie kommt mein Bruder nur darauf? Nein, daran kann und will ich nicht glauben! Obwohl vieles dadurch einfacher wäre, vor allem für mich im Moment. Ich müsste mich nicht schuldig fühlen oder als Versager, weil keine meiner Bewerbungen für einen Ausbildungsplatz geklappt hat. Es liegt doch nun aber wirklich nicht an mir, oder? Die Bewerbungsunterlagen sind tadellos, na gut, die Noten auf dem Zeugnis könnten etwas besser sein, aber … War es nicht wirklich Schicksal, dass ausgerechnet unsere Klasse in der 10. den strengen Mathematiklehrer bekam? Schicksal hin oder her, die Ausrede nützt mir jetzt auch nichts mehr, das interessiert keinen der Ausbildungsbetriebe. Es hilft mir ebenso wenig, mich nun meinem Schicksal zu ergeben. Dazu bin ich auch nicht der Typ. Ich bin eine Kämpferin und weiß, dass ich meinen Weg selbst bestimmen, zumindest beeinflussen kann. Komisch, warum fällt mir gerade meine Ethiklehrerin ein, die ich nie sonderlich mochte? Ach ja, ich erinnere mich, wir führten über den Schicksalsbegriff eine hitzige Debatte. Sie hatte eine Marionette mit, und wir suchten Beispiele, bei denen wir das Gefühl gehabt hatten, von unsichtbarer Hand bewegt zu werden. Damals fiel mir nichts ein, aber im Moment fühle ich mich genau so – ohnmächtig und hilflos. Ich merke, wie die Hilflosigkeit in mir hinaufkriecht, mein Herz verkrampfen lässt und einen dicken Kloß in meinem Hals bildet. Mensch, Tini, was ist los mit dir? Wo ist die Kämpferin? Du wirst dich doch wohl nicht deinem sogenannten Schicksal ergeben?

Schicksal – S-C-H-I-C-K-S-A-L – wie ich diesen Begriff hasse, weil er für mich so schwer zu greifen ist. Schicksal ist ein so großes Wort. Ob es wirklich eine höhere Macht gibt, die unser Leben, mein Leben beeinflusst? Sind wir die Marionetten im großen Welttheater? Wer hält die Fäden in der Hand, wer bewegt uns? Aber führen nicht auch manchmal Marionetten andere Bewegungen aus, als sie der Puppenspieler will? Wie war das mit Pinocchio? Er wollte ein Mensch werden, denken, lernen und menschlich fühlen. Er hat seine Fäden selbst in die Hand genommen. Dieser Weg ist nicht leicht, ich weiß das im Moment sehr genau, denn ich muss gerade jetzt Verantwortung für mein eigenes Handeln übernehmen. Es geht um meine Zukunft, die ich mitbestimmen möchte, auch wenn äußere Umstände Hindernisse in meinen Weg legen. Ich will mein Leben nicht dem Schicksal überlassen. Würde mich denn das zufrieden machen? Nein, sicher nicht. Ich will keine Marionette sein und mir meine Freiheit zu denken und zu handeln und zu entscheiden nehmen lassen! Auch für meine Fehler kann ich nicht das Schicksal verantwortlich machen, obwohl das sehr bequem wäre. Ich hätte praktisch eine Entschuldigung für alles. Ich müsste einfach nur immer sagen: „Oh, das ist Schicksal!“ Dieser Gedanke lässt mich nicht los. Ich gerate in Versuchung, dem Schicksal in dieser Beziehung zu erliegen. Eine schlechte Note – „Schicksal“, ich beginne Streit mit einem Freund – „Schicksal“, ich vergesse wichtige Termine – „Schicksal“ … Stopp, Tini, bist du verrückt? Hast du einmal daran gedacht, wenn jeder Mensch so leben würde? Ich überlege, was wäre, wenn mir jemand meinen Freund ausspannt und sagt: „Es ist Schicksal.“ Nein, weiter möchte ich nicht denken.

Wenn es das Schicksal gäbe, würde ich von etwas Höherem bestimmt. Ich hätte keine Macht über mich selbst. Wenn das Leben so wäre, dann müsste ich mir keine Gedanken darüber machen, weil alles vorbestimmt ist. Ich mache mir aber Gedanken über mich und mein Leben! Ich glaube nicht, dass ich bestimmt werde, ich bin keine Marionette. Ich kann eigene Entscheidungen treffen. Ich kann mir aussuchen, welchen Partner, welchen Wohnort und welchen Beruf ich wähle. Mein Leben wird nicht von einer unsichtbaren Hand gelenkt.

Auf meinem Schreibtisch liegen noch einige unbearbeitete Zeitungsannoncen, der Termin beim Arbeitsamt leuchtet mir rot von meinem Kalender entgegen. Ich weiß, was zu tun ist.

Aufgabe:
Interpretieren Sie das Gedicht!

Hans Wallhof: Brücke

Freundschaft ist eine Brücke.
Zwei getrennte Ufer
schließen Brücken zusammen.
Sie verbinden.
Sie überspannen
Schluchten und Tiefen
und machen den Lauf des Weges
einfach und unbeschwerlich.
Von Brücken lässt es sich leicht
auf das fließende Wasser
herabschauen.
Die Liebe zweier Freunde
ist eine Brücke.
Alles, was verbinden
und einen kann,
ist eine Brücke:
Das Verstehen. Das Dienen.
Der Humor. Das Lachen.
Die Gastfreundschaft. Der Gruß.
Das freundliche Wort.
Die Anerkennung. Das Verzeihen.
Das Opfer. Das Gebet.
Die Treue. Das Spiel.
Die Zärtlichkeit. Die Ekstase.
Mit dir, zwei Worte
schlagen
den Brückenbogen
vom Ich zum Du,
vom Du zum Ich,
und tragen
die lebendige Kraft
der Herzen.

(Aus: Hans Wallhof: Bei dir Zuhause. Lob der Freundschaft. 1976.
© Walter Duesseldorf)

Lösung

Hinweis: Allgemeine Hinweise zum Interpretieren eines Gedichtes findest du in Kapitel B. Da dir keine Lebensdaten des Autors vorliegen, kannst du das Werk zeitlich nur grob einordnen: Die offene Form, d. h. das Fehlen eines einheitlichen Strophenbaus, Reimschemas, Metrums etc., weist darauf hin, dass es sich um ein modernes Gedicht handelt. Die nachfolgenden Anmerkungen zum Autor sollen dir lediglich einen kurzen Einblick in sein Leben und Schaffen geben.
Hilfreich für die Analysearbeit ist es, wenn du Auffälligkeiten und Eigenheiten des Gedichtes während des Lesens sofort markierst sowie Fragen an das Gedicht oder persönliche Kommentare unmittelbar am Textrand notierst. Formuliere im Anschluss das Thema, z. B.: Das Gedicht thematisiert das im Leben der Menschen Verbindende – wie Freundschaft oder Liebe – mithilfe des Bildes einer Brücke. Unterteile das Gedicht beim nochmaligen Lesen in Sinneinheiten und fasse den jeweiligen Inhalt knapp zusammen. Markiere Form- und Sprachauffälligkeiten andersfarbig. Es ist ratsam, die Beobachtungen in eine tabellarische Stoffsammlung fließen zu lassen. Diese strukturierte Übersicht bietet dir die Möglichkeit, dass du Inhalt, Form und Sprache in ihrer Wechselwirkung wahrnimmst, das Gesagte deuten kannst und dir der Wirkung bewusst wirst. Die Tabelle bildet die Grundlage für das Ausformulieren des Hauptteils deiner Interpretation.

Anmerkungen zum Autor Hans Wallhof

Pater Hans Wallhof wurde 1930 in Schlesien geboren. Nachdem er den Beruf eines Gärtners in Vallendar erlernt hatte, wechselte er an das Bischof-Kolleg, um ein Theologiestudium aufzunehmen. Seine Freude an der Dichtung veranlasste ihn, sich zum Redakteur ausbilden zu lassen. Er war Mitarbeiter und Redakteur verschiedener Zeitschriften und publizierte zahlreiche, vor allem lyrische Werke. Seine Themen gewann er auch aus seinem zeitweisen Wirken als Schiffsgeistlicher, da Wallhof bei dieser Tätigkeit viele Länder und verschiedene Menschen kennenlernte. Mit seiner lyrischen Sprache und der Vermittlung seines Glaubens wollte er die Herzen der Menschen erreichen und ihnen helfen, das Leben zu lieben und zu gestalten. Hans Wallhof verstarb 2004.

Begriffsklärung

Ekstase (V. 24): Begeisterung, Rausch; keine Kontrolle durch das Bewusstsein

Stichpunktartige Stoffsammlung und Gliederung

Einleitung:

Hinweis: Für den Einleitungsteil stehen dir nach dem Formulieren des Übersichtssatzes (Nennung des Titels, des Autors, des Erscheinungsortes und -jahres sowie des Themas, Einordnung in die Ideen- und Gedankenlyrik) verschiedene Möglichkeiten zur Verfügung:

- Formulieren des ersten Leseeindruckes
- Anführen eines persönlichen Beispiels zum Thema des Gedichtes
- Erschließen des Titels „Brücke“ in Bezug auf das Thema des Gedichtes

Hauptteil:

1. Sinneinheit (V. 1–11)

Inhalt	**Funktionen der Brücke:** Veranschaulichen des Wesens und der Einzigartigkeit der Freundschaft; Brücken vereinen, überwinden Hindernisse, schützen vor Gefahren	
Form	– keine Strophen, kein Reim, kein Metrum, freier Rhythmus – Enjambement (Zeilensprung): setzt sich im gesamten Gedicht fort – fünf Aussagesätze über elf Verse hinweg – lyrisches Subjekt	
Sprache und ihre Wirkung	– Präsens (im gesamten Gedicht)	→ verdeutlicht Gegenwärtigkeit und Zeitlosigkeit der Thematik
	– V. 1: Behauptung in Form eines Hauptsatzes: „Freundschaft ist eine Brücke."	→ sachlicher Stil, Unmissverständlichkeit wird dargestellt
	– „Brücke" als Symbol	→ Funktionen der Brücke auf Freundschaft übertragbar: wahre Freundschaft verbindet
	V. 5/6: „[…] überspannen Schluchten und Tiefen" = sprachliches Bild	→ Schwierigkeiten und Probleme, Höhen und Tiefen im menschlichen Leben werden überwunden
	V. 7/8: „[…] machen den Lauf des Weges einfach und unbeschwerlich."	→ Gefühl der Freiheit und Sicherheit wird vermittelt
	– ausdrucksstarke Verben „verbinden" (V. 4) oder „überspannen" (V. 5) und positive Adjektive „einfach […] unbeschwerlich" (V. 8) oder „leicht" (V. 9)	→ Bedeutsamkeit der Freundschaft wird erhöht, die ihr zustehende Wertschätzung dadurch hervorgehoben
	– „fließende[s] Wasser" (V. 10) als Metapher für das vorbeiziehende Leben und die Zukunft, auch für Veränderung	→ das „[H]erabschauen" (V. 11) ermöglicht eine neue Sicht/andere Perspektive auf das Leben

2. Sinneinheit (V. 12–24)

Inhalt	**Brücken für menschliches Tun:** Verdeutlichen des menschlichen Tuns, welches verbindet und eint	
Form	zweifache Wiederholung: „ist eine Brücke" (V. 13, 16)	
Sprache und ihre Wirkung	– V. 12/13: 2. Behauptung: Steigerung von Freundschaft zur Liebe – V. 14–16: 3. Behauptung: erneute Steigerung zum alles Verbindenden und Einenden	→ „Brücke" erhält einen erweiterten Sinn → betonend, einprägend, vertiefend → nochmalige Verstärkung

	– Belege in Form von Ellipsen: Aufzählungen, bestehend aus: 1. Artikel + Substantiv, z. B. V. 18: „Der Humor.“, V. 23: „Die Treue. Das Spiel.“ 2. Substantivierungen, z. B. V. 17: „Das Verstehen.“ V. 18: „Das Lachen.“, V. 21: „Das Verzeihen.“	→ verdeutlichen, was das Verbindende und Einende auszeichnet und ermöglicht → hohe Vielfalt hebt die Besonderheit hervor, obwohl es sich auf den ersten Blick „nur“ um einfache Dinge aus dem alltäglichen Leben handelt
	3. Substantiven/Substantivierungen aus dem religiösen Bereich, z. B. V. 17: „Das Dienen.“, V. 22: „Das Opfer. Das Gebet.“	→ der Aspekt der menschlichen Verbindung kann auf die Beziehung zu Gott übertragen werden
	– Satzzeichen (Punkt) nach jedem Begriff	→ jeder Begriff hat eine eigenständige Bedeutung; jedem Beispiel wird seine Wichtigkeit beigemessen

3. Sinneinheit (V. 25–32)

Inhalt	**Brücken schlagen:** Entstehen und Erhalten von Freundschaften durch eigenes Tun bzw. Handeln	
Form	lyrisches Subjekt wird zum lyrischen Ich, tritt in Dialog mit einem lyrischen Du	
Sprache und ihre Wirkung	– V. 25: „Mit dir, […]“	→ lyrisches Du wird direkt angesprochen, zum gemeinsamen Handeln aufgefordert
	– V. 28/29: „vom Ich zum Du,/vom Du zum Ich,“	→ Hervorhebung der Gemeinsamkeit durch Umkehrung der Wortstellung → unmissverständliche Botschaft: Perspektivenwechsel ist notwendig
	– V. 25–32: „[…] zwei Worte/ schlagen/den Brückenbogen/ […] und tragen die lebendige Kraft/der Herzen.“: Personifizierung	→ Leser wird an das Verbindende durch den Brückenbogen erinnert → Bindungen funktionieren nur, wenn sie von Herzen kommen
	– bewegte Verben/Adjektive: V. 26: „schlagen“, V. 30: „tragen“, V. 31: „lebendig“	→ ohne eigenes Tun (Bewegen) gibt es keine Freundschaft/Liebe

Schluss:

- Zusammenfassen der Analyseergebnisse
- Äußern der eigenen Wertschätzung oder persönlichen Sichtweise
- Darstellen der Aktualität der Thematik und/oder Zeitlosigkeit des Gedichtes

Aufsatzbeispiel

Einleitung

Das Gedicht „Brücke“ von Hans Wallhof, entnommen aus „Bei dir Zuhause. Lob der Freundschaft“ von 1976, thematisiert das im Leben der Menschen Verbindende – wie Freundschaft oder Liebe – mithilfe des Bildes der Brücke. Es ist der Gedanken- und Ideenlyrik zuzuordnen. Bereits während des ersten Lesens erinnerte ich mich an ein Kindheitserlebnis. Meine Freundin und ich liebten es, am Bach unseres Dorfes zu spielen. Wie oft bauten wir „Brücken“ aus Holz oder Stein, jeder an seinem Ufer beginnend, um das Hindernis Wasser zu überwinden und zum Gegenüber zu gelangen.

Dass der Autor den Zauber und die Einzigartigkeit einer Freundschaft mit einem Bauwerk vergleicht, hat mich fasziniert und ermutigt, mich mit dem lyrischen Text genauer auseinanderzusetzen.

Hauptteil

Auch wenn das Gedicht „Brücke“ nicht in Strophen unterteilt ist, kann man den Text in drei Sinneinheiten zu elf, dreizehn und acht Versen einteilen. In der ersten Sinneinheit (V. 1–11) werden anhand der Funktionen einer Brücke das Wesen und die Einzigartigkeit der Freundschaft dargestellt. Im zweiten Abschnitt (V. 12–24) wird das menschliche Tun, welches verbindet und eint, beschrieben. Die letzte Sinneinheit (V. 25–32) weist darauf hin, dass menschliche Verbindungen nur durch eigenes Handeln entstehen und erhalten bleiben können.

Bereits im ersten Vers wird der Leser mit einer Behauptung konfrontiert: „Freundschaft ist eine Brücke.“ Dieser knappe Hauptsatz wirkt sachlich und lässt an seiner Richtigkeit auch deshalb keine Zweifel aufkommen, weil in den nachfolgenden zehn Versen unmissverständlich formuliert ist, dass sich das Bild der Brücke auf die Freundschaft zweier Menschen übertragen lässt.

Ungereimt und in freiem Versmaß und Rhythmus fährt das lyrische Subjekt fort, das Wesen der Brücke „Freundschaft“ zu beschreiben, die „getrennte Ufer“ (V. 2), das heißt einzelne Individuen verbindet, auch wenn zwischen ihnen „Schluchten und Tiefen“ (V. 6) bestehen. Dieses sprachliche Bild steht für die Probleme und Schwierigkeiten, die im menschlichen Leben durch gemeinsames Handeln leichter überwunden werden können.

Da Freundschaft nichts Materielles ist, wählt der Sprecher eine symbolkräftige und bildliche Sprache. Dadurch wird dem Leser das Thema direkt greifbar vor Augen gebracht und verständlicher gemacht. Die durchgängig vorhandene Zeitform des Präsens verdeutlicht zudem die Gegenwärtigkeit und Zeitlosigkeit der Thematik. Neben den oben genannten ist das Enjambement ein besonders auffälliges formales Merkmal, so erstrecken sich drei der fünf Aussagesätze der ersten Sinneinheit über neun Verse. Diese Zeilensprünge, die sich durch das gesamte Gedicht ziehen, machen das lyrische Werk aber nicht unübersichtlich, sondern helfen vielmehr, die sinntragenden, kurzen Verse miteinander zu verbinden. Diese wiederum lenken die Aufmerksamkeit auf die ausdrucksstarken Verben „verbinden“ (V. 4) oder „überspannen“ (V. 5) sowie auf die positiven Adjektive „einfach […] unbeschwerlich“ (V. 8) oder „leicht“ (V. 9). Der Sprecher im Gedicht möchte dem Leser zeigen, wie sehr eine tiefe Freundschaft den Lebensweg der beiden Freunde zum Positiven wenden kann. Vieles wird „einfach und unbeschwerlich“ (V. 8), und gemeinsam hat man weniger Angst vor Schwierigkeiten im Jetzt oder in der Zukunft, was durch die Metapher „fließende[s] Wasser“ (V. 10) verbildlicht wird. Das gemeinsame „[H]erabschauen“ (V. 11) auf den „Lebensstrom“ erleichtert das Beseitigen von Hindernissen. Darüber hinaus ermöglicht ein Partner eine veränderte Sicht auf Probleme und bietet eine andere Perspektive auf das Leben. So lässt sich aus der gemeinsamen Freundschaft Kraft schöpfen für alles Bevorstehende. Es ließe sich vermuten, dass der Autor hier aus eigener Lebenserfahrung spricht.

Die zweite Sinneinheit (V. 12–24) beginnt wie die erste mit einer Behauptung. Allerdings erhält diese eine Steigerung von der Freundschaft zur Liebe (vgl. V. 12/13). Die „Brücke der

Freundschaft" bekommt somit einen erweiterten Sinn, ihre Wertschätzung wird betont, denn Liebe ist etwas Mächtiges. Tiefe Gefühle „zweier Freunde" (V. 12) bilden nun die Brücke. Eine nochmalige Verstärkung des Brückenbildes wird durch die dritte Behauptung erreicht: „Alles, was verbinden/und einen kann,/ist eine Brücke" (V. 14–16). Die nachfolgenden Aufzählungen (V. 17–24) verdeutlichen, was das Verbindende und Einende einerseits auszeichnet und andererseits ermöglicht. Es ist das menschliche Tun, welches das lyrische Subjekt auf besondere Art beschreibt. Die verwendeten Ellipsen, bestehend aus Artikel und Substantiv, z. B. „Der Humor." (V. 18) und „Die Treue. Das Spiel." (V. 23), oder Substantivierungen, z. B. „Das Verstehen." (V. 17), „Das Lachen." (V. 18) und „Das Verzeihen." (V. 21), umschreiben die Bausteine, die das Fundament der Brücke der Freundschaft und Liebe bilden. Indem der Sprecher im Gedicht hintereinander Dinge aus den verschiedensten Bereichen des Lebens aufzählt, merkt der Leser, wie vielfältig die Möglichkeiten der freundschaftlichen Handlungen sind und gleichzeitig, wie viele Sachen man mit einem guten Freund teilen kann. Substantive und Substantivierungen aus dem religiösen Bereich, z. B. „Das Dienen." (V. 17) und „Das Opfer. Das Gebet." (V. 22), verweisen zusätzlich auf den Aspekt, dass die menschliche Verbindung auch auf die Beziehung zu Gott übertragen werden kann. Die hohe Vielfalt der Taten der Liebe hebt deren Besonderheit hervor, obwohl es sich auf den ersten Blick „nur" um einfache Dinge aus dem alltäglichen Leben handelt. Dass jeder Begriff eine eigenständige Bedeutung hat und ihm seine Wichtigkeit beigemessen wird, ist zusätzlich an der Zeichensetzung zu erkennen. Nach jedem Beispiel steht ein Punkt.
Die dritte Sinneinheit (V. 25–32) enthält die wichtigste Botschaft an den Leser: Es geht um das aktive Schlagen von Brückenbogen (vgl. V. 26/27) oder darum, dass Freundschaft nur durch eigenes Wirken entstehen und erhalten bleiben kann. Die Dringlichkeit der Aussage wird dadurch unterstützt, dass das lyrische Subjekt zum lyrischen Ich wird und mit einem lyrischen Du in den Dialog tritt. Mit den Worten „Mit dir [...]" (V. 25) wird das Gegenüber direkt angesprochen und zum gemeinsamen Handeln aufgefordert. Für eine tiefe Freundschaft ist eine neue Einstellung, ein Perspektivenwechsel nötig – und zwar „vom Ich zum Du,/vom Du zum Ich" (V. 28/29). Gleichzeitig wird dabei durch die Umkehrung der Wortstellung in Vers 29 die Gemeinsamkeit deutlich hervorgehoben. Eine wahre Gemeinschaft setzt voraus, dass eine Gleichwertigkeit zwischen den Freunden herrscht. Letztlich geht der Sprecher im Gedicht noch einen Schritt weiter, denn Freundschaft ist nicht „nur noch" Verbindung, sondern Austausch „d[er] lebendige[n] Kraft der Herzen" (V. 31/32), der durch die personifizierten „zwei Worte" (V. 25) gelingt, die den Brückenbogen „schlagen" (V. 26) und die Kraft der Herzen „tragen" (V. 30). Diese bewegten Verben und das Adjektiv „lebendig" (V. 31) veranschaulichen die Bedeutung, die das eigene Handeln (Bewegen) für Freundschaft und Liebe hat. In diesem dritten Abschnitt wird der Leser durch das Bild des Brückenbogens noch einmal an das Verbindende im Leben erinnert und daran, dass Bindungen nur funktionieren, wenn sie echt sind und von Herzen kommen. Die Einzigartigkeit einer Freundschaftsverbindung tritt stark hervor und zeigt die Intention des Autors auf: Er möchte uns für den Wert der Freundschaft öffnen, ihre Besonderheit in unserem Leben verdeutlichen und darauf hinweisen, dass es ohne eigenes Tun keine Freundschaft und Liebe gibt.

Schluss

Ich finde, es tut gut, ein Gedicht zu lesen, in dem die wahre Freundschaft so gewürdigt wird. In unserer Gesellschaft sollte diese Wertschätzung viel mehr Beachtung finden, denn sie weist einen Weg aus der Ich-Bezogenheit, in der viele Menschen leben. Freundschaft ist eine nicht einfache Herausforderung, gilt es doch, den Egoismus zu überwinden. Nach der Betrachtung des Gedichtes scheint es jedoch, dass es sich lohnt, sich darauf einzulassen.

Realschulabschluss Deutsch in Thüringen: Prüfungsaufgaben 2010
Aufgabe 1

Aufgaben:

1.1 Stellen Sie mindestens 20 der im Text 1 enthaltenen Informationen zu Leben und Werk Bertolt Brechts in geeigneter Form dar!

1.2 Erörtern Sie diese Parabel (Text 2)!

Hinweis: Beide Teilaufgaben 1.1 und 1.2 sind zu bearbeiten und gehen in die Bewertung ein: 1.1 (25 %) und 1.2 (75 %)

Text 1: Bertolt Brecht

Bertolt Brecht wurde am 10. 02. 1898 in Augsburg geboren und zählt zu den bedeutendsten Schriftstellern und Regisseuren des 20. Jahrhunderts. Er studierte seit 1917 Naturwissenschaften und Medizin in München, doch in erster Linie arbeitete er literarisch. Ende des Ersten Weltkrieges (1918) wurde er als Sanitäter im Militärlazarett eingezogen. Sein Stück „Trommeln in der Nacht“ wurde 1922 in München uraufgeführt. Die Buchausgabe seines ersten Dramas „Baal“ erschien 1920, nachdem es bereits zwei Jahre im Verlag vorlag, doch wegen der Befürchtung eines Verbotes nicht gedruckt wurde.

1924 siedelte Brecht nach Berlin über, wo er zusammen mit Carl Zuckmayer als Dramaturg für Max Reinhardt am Deutschen Theater tätig wurde. In so genannten Lehrstücken erläuterte Brecht ab 1926 auf der Grundlage des Marxismus gesellschaftliche Missstände. 1928 wurde die „Dreigroschenoper“ im Theater am Schiffbauerdamm in Berlin mit großem Erfolg uraufgeführt. Sie kann als erstes Stück des so genannten epischen Theaters angesehen werden. Brecht strebte nicht mehr die Identifikation der Zuschauer mit seinen Protagonisten an, sondern eine kritische Distanz, die er durch Verfremdung erzielte.

Ab 1926 bis 1932, vor Beginn der nationalsozialistischen Herrschaft, entstanden Brechts „Keuner-Geschichten“, die er 1953, als er in der ehemaligen DDR lebte, fortsetzte. Am 28. Februar 1933, einen Tag nach dem Reichstagsbrand, verließ Brecht mit seiner Familie Deutschland und begab sich über Prag nach Wien, in die Schweiz und schließlich nach Dänemark. Während des Exils entstanden viele seiner Gedichte, die fast ausschließlich dem antifaschistischen Kampf gewidmet waren. 1935 wurde Brecht die deutsche Staatsbürgerschaft aberkannt. Er flüchtete schließlich wegen des Einmarsches der deutschen Truppen in Dänemark über Schweden nach Finnland und emigrierte 1941 in die USA.

Nach Abwurf der Atombombe über Hiroshima und Nagasaki 1945 änderte Brecht die Konzeption für „Galileo Galilei“. In der ersten, dänischen Fassung stellte Galilei den unabhängigen Wissenschaftler dar. In der zweiten, amerikanischen Fassung wurde Galileis Forschertum durch politisches Versagen zu einem rücksichtslosen Laster, das nur den Machthabern diente. In der dritten, der Berliner Fassung (1956) beklagt Galilei seine Verantwortungslosigkeit. Nach der amerikanischen Uraufführung in Beverly Hills 1947 wurde Brecht vor das Komitee für unamerikanische Tätigkeit in Washington gerufen. Daraufhin reiste er sofort aus den USA in die Schweiz ab.

Am 11. Januar 1949 fand die Premiere einer überarbeiteten Version von „Mutter Courage und ihre Kinder“ in Berlin statt, in der Hauptrolle Helene Weigel, mit der Brecht seit 1929 verheiratet war. Brecht engagierte Schauspieler für ein eigenes Ensemble und siedelte nach Ost-Berlin über. Das „Berliner Ensemble“ trat mit „Herr Puntila und sein Knecht Matti“ erstmals in die Öffentlichkeit.
Bertolt Brecht wurde für seine Arbeit öffentlich ausgezeichnet.
Infolge eines Herzinfarktes starb Brecht 1956 in Ost-Berlin.

(Aus: Praxis Schule 5–10, Heft 6/2007, Westermann Verlag, Braunschweig, S. 47; Autorin: Birgit Luick)

Text 2: Bertolt Brecht: Maßnahmen gegen die Gewalt

Als Herr Keuner, der Denkende, sich in einem Saale vor vielen gegen die Gewalt aussprach, merkte er, wie die Leute vor ihm zurückwichen und weggingen. Er blickte sich um und sah hinter sich stehen – die Gewalt. „Was sagtest du?“ fragte ihn die Gewalt. „Ich sprach mich für die Gewalt aus“, antwortete Herr Keuner.

Als Herr Keuner weggegangen war, fragten ihn seine Schüler nach seinem Rückgrat. Herr Keuner antwortete: „Ich habe kein Rückgrat zum Zerschlagen. Gerade ich muss länger leben als die Gewalt.“

Und Herr Keuner erzählte folgende Geschichte:
In die Wohnung des Herrn Egge, der gelernt hatte, nein zu sagen, kam eines Tages in der Zeit der Illegalität ein Agent, der zeigte einen Schein vor, welcher ausgestellt war im Namen derer, die die Stadt beherrschten, und auf dem stand, dass ihm gehören solle jede Wohnung, in die er seinen Fuß setzte; ebenso sollte ihm auch jedes Essen gehören, das er verlange; ebenso sollte ihm auch jeder Mann dienen, den er sähe.

Der Agent setzte sich in einen Stuhl, verlangte Essen, wusch sich, legte sich nieder und fragte mit dem Gesicht zur Wand vor dem Einschlafen: „Wirst du mir dienen?“

Herr Egge deckte ihn mit einer Decke zu, vertrieb die Fliegen, bewachte seinen Schlaf, und wie an diesem Tage gehorchte er ihm sieben Jahre lang. Aber was immer er für ihn tat, eines zu tun hütete er sich wohl: das war, ein Wort zu sagen. Als nun die sieben Jahre herum waren und der Agent dick geworden war vom vielen Essen, Schlafen und Befehlen, starb der Agent. Da wickelte ihn Herr Egge in die verdorbene Decke, schleifte ihn aus dem Haus, wusch das Lager, tünchte die Wände, atmete auf und antwortete: „Nein.“

(Aus: Bertolt Brecht, Werke. Große kommentierte Berliner und Frankfurter Ausgabe, Band 18, Prosa 3, Suhrkamp Verlag, Frankfurt am Main 1995)

Lösung

Teilaufgabe 1.1

Hinweis: Die Teilaufgabe verlangt von dir, dass du 20 Informationen aus dem Sachtext zu Bertolt Brechts Leben und Werk in geeigneter Form zusammenträgst. Über die Darstellungsform entscheidest du selbst. Um die Informationen des Textes exakt und vollständig zu erfassen, musst du den Text gründlich lesen. Hier eignet sich die Methode des totalen/gründlichen Lesens, die in Kapitel E dieses Buches beschrieben wird. Markiere beim Lesen jeden relevanten Fakt, damit du die benötigten 20 Informationen findest.
Als Darstellungsform eignet sich eine Mind-Map, welche dir helfen kann, die Sachverhalte der Textvorlage zum Lebens- und Schaffensprozess Brechts anschaulich zu strukturieren. Aber auch der Zeitstrahl wäre möglich, da er die chronologischen Abläufe des schriftstellerischen Schaffens anschaulich festhält. Achte jedoch darauf, dass die Zeitangaben als Hauptorientierungspunkte hervorgehoben und die Ereignisse diesen entsprechend zugeordnet werden. Im Text gibt es hin und wieder zeitliche Sprünge.
Zu den Darstellungsformen kannst du dich ebenfalls in Kapitel E informieren.
Achte beim Zusammentragen deiner Informationen auf das Formulieren von Stichpunkten, die du im Nominalstil verfassen solltest.

Leben und Werk Bertolt Brechts

Mind-Map

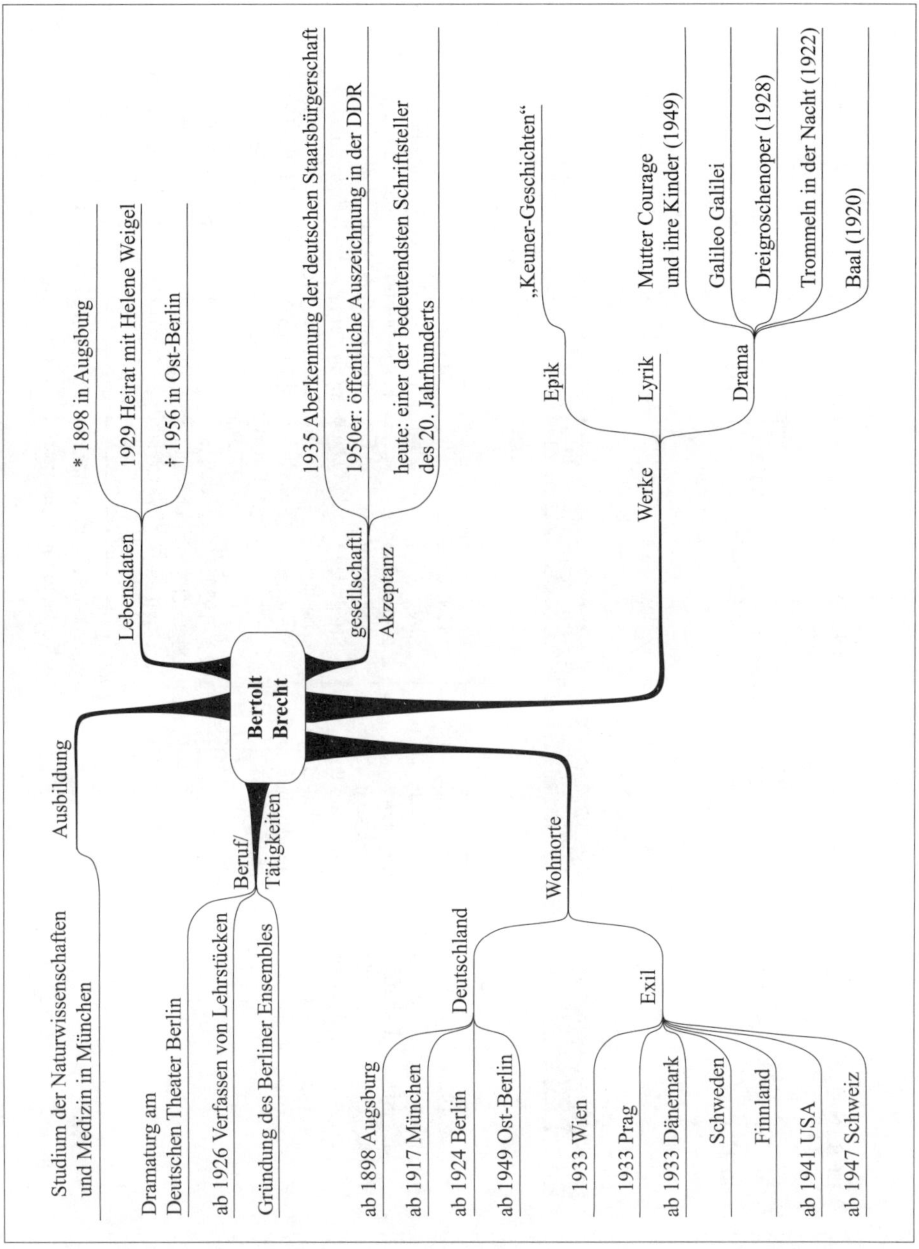

Zeitstrahl

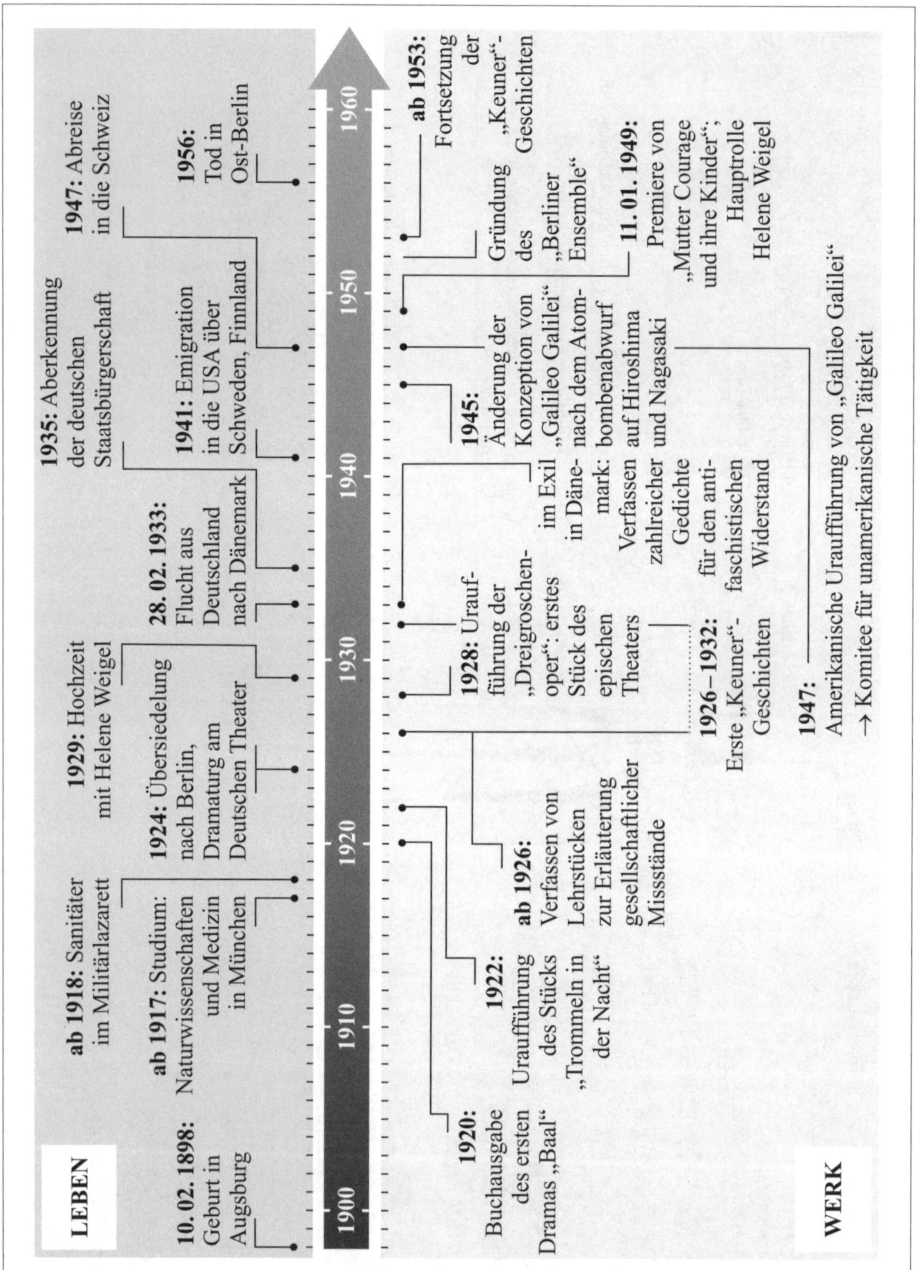
LEBEN
10. 02. 1898: Geburt in Augsburg
ab 1917: Studium: Naturwissenschaften und Medizin in München
ab 1918: Sanitäter im Militärlazarett
1924: Übersiedelung nach Berlin, Dramaturg am Deutschen Theater
1929: Hochzeit mit Helene Weigel
28. 02. 1933: Flucht aus Deutschland nach Dänemark
1935: Aberkennung der deutschen Staatsbürgerschaft
1941: Emigration in die USA über Schweden, Finnland
1947: Abreise in die Schweiz
1956: Tod in Ost-Berlin
1900
1910
1920
1930
1940
1950
1960
WERK
1920: Buchausgabe des ersten Dramas „Baal“
1922: Uraufführung des Stücks „Trommeln in der Nacht“
ab 1926: Verfassen von Lehrstücken zur Erläuterung gesellschaftlicher Missstände
1926–1932: Erste „Keuner“-Geschichten
1928: Uraufführung der „Dreigroschenoper“: erstes Stück des epischen Theaters
im Exil in Dänemark: Verfassen zahlreicher Gedichte für den antifaschistischen Widerstand
1945: Änderung der Konzeption von „Galileo Galilei“ nach dem Atombombenabwurf auf Hiroshima und Nagasaki
1947: Amerikanische Uraufführung von „Galileo Galilei“ → Komitee für unamerikanische Tätigkeit
11. 01. 1949: Premiere von „Mutter Courage und ihre Kinder“; Hauptrolle Helene Weigel
Gründung des „Berliner Ensemble“
ab 1953: Fortsetzung der „Keuner“-Geschichten

Teilaufgabe 1.2

Hinweis: Nun sollst du dich mit der Parabel „Maßnahmen gegen die Gewalt“ von Bertolt Brecht erörternd auseinandersetzen. Da die Aufgabe nicht festlegt, nach welchen Aspekten du deine Überlegungen ausrichten sollst, musst du dir selbst einen Untersuchungsschwerpunkt aus dem Text herausarbeiten. Untersuchungswürdig wären beispielweise die Erscheinungsformen der Gewalt, der Umgang mit der Gewalt, Formen des Widerstandes oder die gesellschaftliche Verantwortung des Menschen. Du könntest aber auch darüber nachdenken, inwieweit die Form der Parabel ein geeignetes Gestaltungsmittel ist, um die Botschaft des Textes anschaulich zu vermitteln. Um einen diskussionswürdigen Untersuchungsschwerpunkt zu finden, musst du dir zunächst die Parabel analytisch erschließen. Dafür ist es notwendig, den Text mehrmals gründlich zu lesen. Beim ersten Lesen machst du dich mit dem Inhalt der Parabel vertraut und markierst Textstellen, die dir wichtig erscheinen oder Irritationen hervorrufen. Halte deine Entdeckungen und Fragen als Randnotizen fest. Für eine gründliche Analysearbeit erweist es sich als sinnvoll, den Text in überschaubare Sinneinheiten zu gliedern und den Inhalt jeweils knapp zusammenzufassen. Form- und Sprachauffälligkeiten solltest du andersfarbig markieren.
Eine literarische Erörterung verlangt zwei Arbeitsschwerpunkte, zum einen die Textanalyse und zum anderen die Erörterung der Problemstellung. Die Beobachtungen deiner Textarbeit kannst du in einer Tabelle festhalten, die dir als Stoffsammlung für den Analyseteil dient.

Merkmale einer Parabel

Eine Parabel ist ein kurzer Prosatext (Erzählung). Die Ursprünge liegen in der antiken Dichtung und im Neuen Testament (Gleichnisse Jesu). Der Inhalt der Parabel wird dem Leser als Bild (Metapher) dargeboten, welches es zu entschlüsseln gilt. Dem Leser muss es gelingen, den Inhalt von der Bildebene auf die Sachebene zu übertragen. Dabei können die Deutungsmöglichkeiten sehr vielfältig sein. Im Mittelpunkt stehen Moral- und Wertauffassungen der menschlichen Gesellschaft. Parabeln können auch Beispiele aufzeigen, die gegenläufige Denkweisen vermitteln. Somit wird der Leser zum kritischen Hinterfragen aufgefordert. Die Parabel hat wie die Fabel Lehrstückcharakter.

Tabellarische Stoffsammlung für den Analyseteil

1. Parabelteil: (Z. 1–8)

	Herr Keuner, der Denkende	
Inhalt und Deutung	**Bildebene:**	**Sachebene:** Möglichkeiten, sich mit der Gewalt auseinanderzusetzen:
	– Keuner hält Vortrag gegen Gewalt	– offene Konfrontation
	– Zuhörer weichen vor ihm zurück, als die Gewalt erscheint	– Flucht/Rückzug
	– beim Anblick der Gewalt leugnet Keuner seinen Standpunkt	– Lüge und Anpassung
	– rechtfertigt sein Verhalten vor seinen Schülern damit, dass er kein „Rückgrat zum Zerschlagen“ (Z. 6) habe →Keuner erzählt zur Begründung eine Geschichte	– innere Emigration; er kann zum gegebenen Zeitpunkt nichts Wirksames gegen Gewalt tun

Form	– unvermittelter Einstieg – auktorialer (allwissender) Er-Erzähler – Rahmenhandlung – Bezug zur Überschrift vorhanden – wenige handelnde Figuren – Thema: Moral- und Wertauffassungen (konkret: Frage nach dem eigenen Rückgrat) → **Parabel**	
Sprache	– überschaubare, verständliche Satzkonstruktionen – Präteritum – Dialog (wörtliche Rede)	– knapp, die wesentliche Aussage wird in der Binnengeschichte veranschaulicht – wirkt authentisch, nicht erfunden; Gewalt dadurch noch greifbarer

2. Parabelteil: (Z. 9–21)

	Herr Egge, der gelernt hat, nein zu sagen	
Inhalt und Deutung	– Herr Egge muss einem Agenten im Auftrag der Herrschenden sieben Jahre dienen – auf die Frage des Agenten, ob Egge ihm dienen will, antwortet Egge nach dem Tod des Agenten mit „Nein“ (Z. 21)	– veranschaulicht Form des Widerstandes → Egge dient körperlich, aber bewahrt seine innere Gesinnung → Leser vergleicht Egges Handeln mit dem von Keuner
Form	– ähnlich eines biblischen Gleichnisses – Erzähler = Keuner → **Binnenhandlung** (Geschichte in der Geschichte)	
Sprache und ihre Wirkung	– Präteritum	– Distanz zum Geschehen, betont, dass es sich um eine erfundene Geschichte handelt
	– lange Satzkonstruktionen	– anschaulich
	– viele Verben, die Egges Tun beschreiben	– genaue Darstellung des Geschehens → wirkt erdrückend
	– wenig wörtliche Rede: „Wirst du mir dienen?“ (Z. 15) „Nein“ (Z. 21) → ein Dialog von zwei Sätzen, der innerhalb von sieben Jahren geführt wird	– verdeutlicht die Beziehung bzw. das Verhältnis der Hauptfiguren zueinander

Gemeinsame Botschaften der Teilgeschichten:
beide (Keuner und Egge) schätzen die Situation genau ein → haben eigene Lösungen, mit Gewalt umzugehen → bekämpfen Gewalt jedoch nicht direkt → überleben und haben nach dem Untergang der Gewalt die Möglichkeit, gegen neu aufkommendes Unrecht vorzugehen → damit Verbindung zur Überschrift deutlich

Stoffsammlung für den Erörterungsteil

Nach der Textanalyse wird u. a. die Frage aufgeworfen, wie sich der Mensch in Zeiten der Bedrohung durch staatliche Gewalt, bzw. Gewalt überhaupt, verhalten soll. Dieser Frage könntest du dich nun erörternd zuwenden. Für das Sammeln deiner Vorüberlegungen wäre die Darstellungsform des Clusters geeignet:

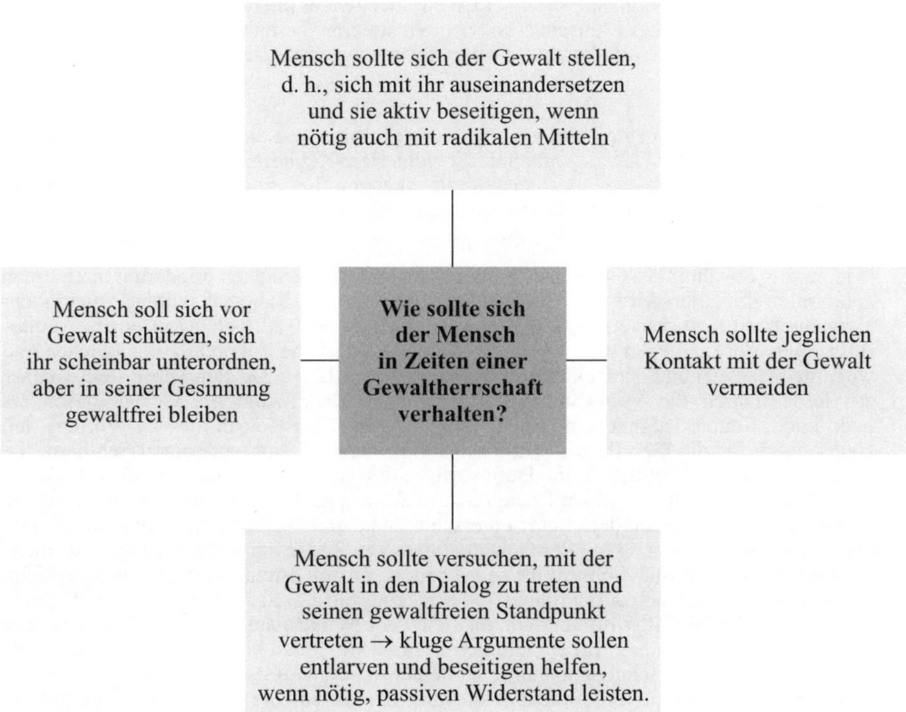

Gliederung

Einleitung

Übersichtssatz (Titel, Genre, Autor, Thema)
Erstleseeindruck
evtl. Epocheneinordnung

Hauptteil

a) Inhaltsangabe (vgl. Kapitel B)
b) Textanalyse (Grundlage tabellarische Stoffsammlung)
c) Erörterung der selbst festgelegten Problemstellung (vgl. Cluster) mit Belegen aus der Textvorlage und über den Text hinausgehendem Wissen

Schluss

Zusammenfassung/Fazit
persönliche Wertung
Aktualität des Themas

Aufsatzbeispiel

Einleitung

Die Parabel „Maßnahmen gegen die Gewalt“ ist eine der zahlreichen „Keuner-Geschichten“ Bertolt Brechts. Diese Geschichten verfasste er während der Zeit der Weimarer Republik und ab 1953 als Autor der DDR. In der vorliegenden Parabel geht es um den Widerspruch zwischen der inneren Einstellung eines Menschen und seinem äußeren Verhalten, welcher besonders in Zeiten der Gewalt mit Unterdrückung und Menschenrechtsverletzungen zum Tragen kommt.

Hauptteil

a) Die Parabel enthält zwei Geschichten, die davon erzählen, wie die Hauptfiguren sich in der Konfrontation mit der Gewalt verhalten. Sowohl Herr Keuner als auch Herr Egge lassen ihre kritische Haltung gegenüber der Gewalt erkennen, liefern sich dieser aber nicht bedingungslos aus. Somit können sie die Gewalt überleben.

b) Analyseteil
Wie bereits erwähnt, lässt sich die Parabel in zwei Teilgeschichten gliedern. Durch einen auktorialen Erzähler wird der Leser unvermittelt in die Rahmenhandlung, die in der Vergangenheit liegt, versetzt. „Herr Keuner, der Denkende“ (Z. 1) hält vor einem Auditorium einen Vortrag gegen die Gewalt. Bald spürt er, dass die Zuhörer „zurückwichen und weggingen“ (Z. 2) und entdeckt hinter sich die personifizierte Gewalt. Diese stellt Keuner zur Rede. Durch die Verwendung der wörtlichen Rede wirkt die Gewalt besonders bedrohlich. Keuner leugnet seine Einstellung gegenüber der Gewalt mit den Worten: „Ich sprach mich für die Gewalt aus“ (Z. 3 f.). Somit macht er sich vor seinen Schülern, die seinen Vortrag verfolgt haben, unglaubwürdig. Sie fragen „nach seinem Rückgrat“ (Z. 5). Doch er antwortet, dass er „kein Rückgrat zum Zerschlagen“ (Z. 6) habe. In dieser kurzen Rahmenhandlung werden dem Leser unterschiedliche und zugleich widersprüchliche Verhaltensweisen im Umgang mit der Gewalt aufgezeigt. Zu Beginn scheint Keuner als mutiger Redner die Konfrontation mit ihr zu suchen, da er sich öffentlich gegen sie ausspricht. Die Zuhörer bringen sich durch Flucht und Rückzug selbst in Sicherheit. In der Begegnung Keuners mit der Gewalt wird deutlich, dass sich der Mensch aus Angst durch Lügen oder Anpassung oft unterordnet. Im Handlungsverlauf wird jedoch klar, dass diese Anpassung im Falle Keuners als Schutzmaßnahme zu deuten ist. Seine Gesinnung wird er nicht aufgeben. Seinen Schülern verdeutlicht er dies mit der Geschichte von Herrn Egge und begründet so zugleich sein scheinbar widersprüchliches Handeln. Diese Binnenerzählung ähnelt der Form eines Gleichnisses, wie es aus der Bibel bekannt ist: Auch Jesus erzählt Geschichten, um seine Botschaften zu veranschaulichen.
Es geht um „Herrn Egge, der gelernt hatte, nein zu sagen“ (Z. 9). Bei ihm nistet sich während der Zeit der Gesetzlosigkeit ein Agent ein, der mittels eines Schriftstückes der Herrschenden Herrn Egge zur bedingungslosen Unterwerfung zwingt. Auf die Frage des Agenten, ob Egge ihm dienen wolle, gibt er zunächst keine Antwort. Egge dient sieben Jahre wortlos, bis der Agent stirbt. Nachdem Egge alle Überreste des Verstorbenen beseitigt hat, antwortet er mit „Nein“ (Z. 21). Sein mechanisches Tun wird mit zahlreichen Verben für den Zuhörer anschaulich beschrieben, sodass die erdrückende Atmosphäre in Egges Wohnung gut nachvollziehbar wird. Auch die langen Satzkonstruktionen lassen die schwierige Situation der Hauptfigur spürbar werden. Am Ende wird klar, Egge dient dem Agenten nur körperlich, seine innere Gesinnung konnte er sich bewahren. An dieser Stelle werden die Parallelen zu Keuner sichtbar. Beide schätzen die Gefahren der Gewalt genau ein und bekämpfen sie deshalb nicht direkt. Ihr Ziel ist es, die Gewalt zu überleben und nicht zum Märtyrer zu werden: Auch wenn sie zur Notlüge greifen oder sich scheinbar anpassen, bleiben sie doch ihren Prinzipien treu. In gerechteren Zeiten können sie dann dafür sorgen, dass die Gewalt nicht mehr mächtig wird. Hier wird der Bezug zur Überschrift deutlich:

Die Handlungsweisen der Personen können als verschiedene Maßnahmen im Angesicht der und gegen die Gewalt betrachtet werden. Die Wirkungsweise bei Keuner und Egge ist nicht sofort erkennbar, aber sie überzeugt am Ende. Das Handeln der Figuren erscheint wohl überlegt und regt den Leser zum Nachdenken an.
Beide Geschichten sind Beispiele, um menschliches Handeln zu veranschaulichen. Moral- und Wertauffassungen prägen die Handlungsweisen der Hauptfiguren. Somit werden beide Textteile den Merkmalen einer Parabel gerecht.

c) Erörterungsteil
Tatsächlich ist es eine schwer zu beantwortende Frage, wie sich der Mensch in Zeiten einer Gewaltherrschaft oder überhaupt im Angesicht der Gewalt verhalten sollte. Brechts Antwort, die in der Parabel steckt, spricht sich klar für den Weg der inneren Emigration aus. Aus der Vergangenheit wissen wir, dass in Zeiten der Diktatur viele Menschen ihr Leben lassen mussten, die mutig gegen die Ungerechtigkeiten vorgegangen sind. Oft erscheint ihr Tod sinnlos, da sie kaum eine unmittelbare Veränderung herbeiführen konnten. Im Gegenteil, sehr häufig haben die Gewalttaten der Herrschenden zugenommen und die Freiheiten der Menschen wurden weiter beschränkt. Brechts Parabelfiguren lehnen daher eigene gewaltsame Maßnahmen ab. Gerade in der jüngeren Geschichte wird deutlich, wie wichtig es ist, dass nach dem Untergang einer Diktatur Menschen durch verantwortungsvolles Handeln menschenwürdige Verhältnisse schaffen und diese garantieren. Dies gelingt dann am erfolgreichsten, wenn man die Vergangenheit begreift und sich bewusst mit ihr auseinandersetzt. Menschen, die Unrecht am eigenen Leib erfahren haben, so wie Egge, und ihrer Menschlichkeit treu geblieben sind, werden die überzeugendsten Argumente dafür finden, warum Gewalt in der Gesellschaft keinen Platz finden darf. Somit wäre Brechts Botschaft zuzustimmen, dass wirkungsvolle Maßnahmen gegen die Gewalt erst nach deren Untergang zum Tragen kommen.
Ich kann mir gut vorstellen, dass mancher Leser der Parabel für das Handeln der Figuren kein Verständnis hat. Keuner und Egge sind auf den ersten Blick Feiglinge, die keinen Mut haben, sich mit den Unterdrückern auseinanderzusetzen. So wird es möglich, dass die Machthaber die Bevölkerung immer unmündiger machen. Diese Ungerechtigkeit kann man nicht einfach so hinnehmen und auf bessere Zeiten warten. Die Konsequenz wäre dann jedoch, selbst Gewalt anzuwenden. In der Geschichte gibt es zahlreiche Beispiele dafür, dass man damit erfolgreich sein kann. Zumindest für eine gewisse Zeit können Veränderungen herbeigeführt werden. So gelang es beispielsweise in der Französischen Revolution den Vertretern des dritten Standes mit der Erstürmung der Bastille am 14. Juli 1789, die Selbstverwaltung der französischen Hauptstadt und vieler weiterer Städte im Land zu übernehmen. Das Zeitalter einer bürgerlichen Ordnung brach an. Die Erklärung der Menschen- und Bürgerrechte wurde im gleichen Jahr verabschiedet. Doch verselbstständigte sich schließlich die Gewaltherrschaft: Die französischen Bürger, noch unerfahren in der Handhabung ihrer neuen Ideen, versuchten diese bereits vier Jahre später gewaltsam durchzusetzen. Während der sogenannten Schreckensherrschaft wütete der Terror und Andersdenkende starben durch die Guillotine.
Auch in der Zeit des Nationalsozialismus in Deutschland, die Brecht miterlebt hat, gab es aktiven Widerstand. Dieser war zwar erfolglos im Hinblick auf eine Beendigung der Nazi-Herrschaft, aber für die spätere Entwicklung des Landes dennoch sehr bedeutsam: Er zeigt, dass nicht alle Deutschen Mitläufer in dieser Diktatur waren. Diesen Aspekt kann man in der Parabel Brechts nicht wiederfinden, in der allein die innere Emigration als idealer Weg genannt wird. Allerdings ist es sehr wahrscheinlich, dass der Text von Brecht vor der „Machtergreifung" durch die Nationalsozialisten und dem Anbruch der Gewaltherrschaft in Deutschland verfasst wurde.
Das ganz andere Extrem zum gewaltsamen Wiederstand wäre die absolute Passivität. Menschen, die sich überhaupt nicht um die Belange ihres Landes kümmern, um ihr eigenes privates Glück nicht zu stören, sind den Machthabern sehr dienlich. Ignoranz und gesell-

schaftliches Desinteresse sichern Diktatoren den Thron. In Brechts Parabel gibt es solche Menschen nicht, jedoch zeigt die Zuhörerschaft Keuners gewisse Tendenzen in diese Richtung: Immerhin hüllt sie sich in Schweigen und lässt den Redner im Stich. Nur die Schüler, Menschen, die auf der Suche nach der Wahrheit sind und die Gerechtigkeit schätzen, stellen Keuner zur Rede. Ob sie der Wahrheit durch Keuners Geschichte näher gekommen sind, bleibt offen. Auch sie sind zum eigenen Abwägen aufgerufen.
Für mich gibt es eine weitere Alternative, der Gewalt zu begegnen. Ich glaube an die Macht des Dialogs, der vom Willen der gegenseitigen Akzeptanz geprägt ist. D. h., ich nehme meine Gesprächspartner ernst und gehe auf ihre Argumente ein. Auch wenn dies zunächst nur einseitig geschieht, ist mein Gegenüber genötigt, seinen Standpunkt zu begründen. Willkürliches Handeln wird eingeschränkt. Auch diktatorisches Vorgehen könnte auf diese Weise entlarvt und seine Anhängerschaft zum Umdenken angeregt werden. Es wird deutlich, dass das Wissen voneinander und über die Hintergründe der Geschehnisse von zentraler Bedeutung ist. Eine gewissenhafte Vorbereitung auf die Gespräche ist unumgänglich. Dieses Vorgehen prägt gegenwärtig sehr oft die Außenpolitik demokratischer Staaten oder die Maßnahmen der Vereinten Nationen. Wenn Widerstand geleistet werden muss, dann in passiver Form, z. B. durch Boykotte.

Schluss

Gewalt zerstört das Zusammenleben der Menschen. Gewalt löst stets Angst aus. Das macht es schwer, ihr wirksam entgegenzutreten. Deshalb ist es wichtig, das eigene Handeln genau abzuwägen und die Folgen des eigenen Tuns zu durchdenken. Diese Überlegungen schützen vor Übermut oder Gleichgültigkeit. Brechts Parabel-Figuren ist dies sehr bewusst.
Unser Wissen über die Vergangenheit und über das Funktionieren gesellschaftlicher Verhältnisse ermöglicht uns, Konfrontationen einzudämmen und Dialogbereitschaft herzustellen. Deshalb braucht die Welt gebildete und aufgeschlossene Menschen, die helfen, die noch verbreitete Gewalt auf dieser Erde einzudämmen. Das fängt im Kleinen in der Familie an und setzt sich in der Weltpolitik fort.

Aufgabe:
Interpretieren Sie das Gedicht!

Mascha Kaléko (1907–1975): Weil du nicht da bist

Weil du nicht da bist, sitze ich und schreibe
All meine Einsamkeit auf dies Papier.
Ein Fliederzweig schlägt an die Fensterscheibe.
Die Maiennacht ruft laut. Doch nicht nach mir.

Weil du nicht da bist, ist der Bäume Blühen,
Der Rosen Duft vergebliches Bemühen,
Der Nachtigallen Liebesmelodie
Nur in Musik gesetzte Ironie.

Weil du nicht da bist, flücht ich mich ins Dunkel.
Aus fremden Augen starrt die Stadt mich an
Mit grellem Licht und lärmendem Gefunkel,
Dem ich nicht folgen, nicht entgehen kann.

Hier unterm Dach sitz ich beim Lampenschimmer,
Den Herbst im Herzen, Winter im Gemüt.
November singt in mir sein graues Lied.
„Weil du nicht da bist", flüstert es im Zimmer.

„Weil du nicht da bist", rufen Wand und Schränke,
Verstaubte Noten über dem Klavier.
Und wenn ich endlich nicht mehr an dich denke,
Die Dinge um mich reden nur von dir.

Weil du nicht da bist, blättre ich in Briefen
Und weck vergilbte Träume, die schon schliefen.
Mein Lachen, Liebster, ist dir nachgereist.
Weil du nicht da bist, ist mein Herz verwaist.

(Mascha Kaléko: Weil du nicht da bist. Aus: Verse für Zeitgenossen. Erschienen im Rowohlt Taschenbuch Verlag, Reinbek © 2015 dtv Verlagsgesellschaft, München.)

Lösung

Hinweis: Die Aufgabe verlangt, dass du dich mit dem Gedicht „Weil du nicht da bist“ von Mascha Kaléko interpretierend auseinandersetzt. Die Entstehungszeit des Gedichtes wird nicht bekannt gegeben. Im Quellennachweis erfährst du, dass die Werke Mascha Kalékos auch nach ihrem Tod veröffentlicht wurden, was auf eine öffentliche Wertschätzung der Autorin schließen lässt.
Zur Vorgehensweise des Interpretierens kannst du dich im Kapitel B dieses Buches genau informieren. Zunächst ist es wichtig, dass du das Gedicht mehrmals gründlich liest und alle Auffälligkeiten am Text markierst und kommentierst. Wähle dafür verschiedene Farben, mit denen du inhaltliche, formale und Sprachauffälligkeiten unterscheidest. Halte auch Fragen an das Gedicht fest oder die Gedanken, die du beim ersten Lesen hattest. Darauf kannst du im Verlauf deiner Untersuchung Bezug nehmen.
In der Einleitung ist es möglich, deinen Erstleseeindruck darzulegen oder deine persönlichen Erfahrungen zur Thematik kurz zu beschreiben. Auch die noch ungeklärten Fragen, die für dich im Text auftauchen, könntest du auflisten, um darauf eine Antwort während der Interpretation zu finden. Du siehst, die Einstiegsmöglichkeiten sind vielfältig.
Den Hauptteil beginnst du mit einer kurzen Inhaltsangabe (vgl. Kapitel B). Daran schließt sich die Textanalyse an, die den größten Umfang deiner Betrachtungen einnehmen wird. Mit der nachfolgenden tabellarischen Stoffsammlung kannst du diesen Aufsatzteil sorgfältig vorbereiten. Wie der Text auf dich wirkt und welche Autorenintentionen du durch diese Textuntersuchung vermutest, legst du am Ende des Hauptteils dar. Denke daran, alle Deutungen, die du formulierst, müssen für den Leser nachvollziehbar sein und am Text belegt werden!
In deinem Schlussteil kannst du persönlich Stellung zur Gedichtthematik nehmen. Auch wäre es wichtig, sich Gedanken über die Aktualität der Textaussagen zu machen. Wertschätzende Überlegungen schließen die Interpretation ab.

Anmerkung zur Autorin Mascha Kaléko
Mascha Kaléko wurde am 7. Juni 1907 in Galizien als Golda Malka Aufen geboren. Sie war Tochter eines jüdisch-russischen Vaters und einer jüdisch-österreichischen Mutter. Nach dem Ausbruch des Ersten Weltkrieges musste die Familie nach Frankfurt/Main und Marburg fliehen, um den Pogromen zu entkommen. Da der Vater russischer Staatsbürger war, wurde er als feindlicher Ausländer in einem Lager interniert. Erst nach Kriegsende kam es zu seiner Freilassung und zur Übersiedelung der Familie nach Berlin. Mascha Kaléko schloss mit 17 Jahren ihre Schulbildung ab. Sie übernahm eine Büroarbeit beim Arbeiterfürsorgeamt der jüdischen Organisation in Deutschland. Nebenbei absolvierte sie einen Abendkurs für Psychologie und Philosophie an der Berliner Humboldt-Universität. Sie heiratete 1928 den Sprachwissenschaftler Saul Aron Kaléko, von dem sie sich zehn Jahre später scheiden ließ. Mit 22 Jahren veröffentlichte sie ihre ersten Gedichte. Ihr erster Lyrikband wurde 1933 von den Nazis öffentlich verbrannt. 1938 emigrierte sie nach Amerika, lebte ab 1966 in Israel. Sie verlor nach schweren Schicksalsschlägen ihren Sohn und ihren zweiten Mann. 1974 kehrte sie nach Berlin zurück. Die Autorin starb 1975 an einer schweren Krankheit in Zürich.

Stoffsammlung

Inhalt	Form	Sprache	Wirkung/Deutung
Gemeinsamkeiten aller Strophen	durchgehend: – 4 Verse (Quartett) – Sprecher = lyrisches Ich	durchgehend: – Präsens – Anaphorischer Strophenbeginn, Ausnahme: 4. Strophe	– Überschrift und Wiederholungen von „Weil du nicht da bist“ fungieren als Leitmotiv
1. Strophe (V. 1–4) Einsamkeit des lyrischen Ichs → hält diese auf Papier fest → der Frühling kann sie nicht erreichen	– Wechselreim (Kreuzreim) → Reimschema: abab	– sinntragende Substantive (Einsamkeit, Papier, Fliederzweig, …) – Enjambement (V. 1/2) – Personifikationen „Maiennacht ruft laut“ (V. 4) und „Fliederzweig schlägt an die Fensterscheibe“ (V. 3)	– lyrisches Ich wirkt verzweifelt; gibt d. Liebsten Schuld am gegenwärtigen Zustand – Leser fühlt sich in das Geschehen direkt hineinversetzt – fließende Traurigkeit erzeugt Melancholie – Trennung von der Außenwelt wird deutlich
2. Strophe (V. 5–8) vergebliches Aufblühen der Natur → lyrisches Ich kann sich daran nicht erfreuen	– Paarreim → Reimschema: ccdd	– viele sinntragende Substantive aus dem Motivfeld „Frühling“ – ganze Strophe ein Satz – Alliteration „Bäume Blühen“ (V. 5)	– veranschaulicht Frühlingszauber, der auf lyrisches Ich wie „Ironie“ (V. 8) wirkt – Sinne werden angesprochen: „Blühen“ (V. 5), „Duft“ (V. 6), „Liebesmelodie“ (V. 7) → ruft Irritation hervor – Trennungsschmerz weiter verstärkt
3. Strophe (V. 9–12) Einsamkeit lässt lyrisches Ich in Dunkelheit flüchten; ist Licht und Lärm der Stadt ausgeliefert	– Wechselreim	– präzisierende, negative Attribute: „fremden“ (V. 10), „grellem“, „lärmendem“ (V. 11) – Personifikation „starrt die Stadt mich an“ (V. 10) – Enjambement (V. 11/12)	– lyrisches Ich wirkt verfolgt, gehetzt – kann mit Zivilisation nichts anfangen → Ablenkung und Unterhaltung bedrängen es – Kontrast zur Naturdarstellung in den ersten beiden Strophen

4. Strophe (V. 13–16) lyrisches Ich sitzt mit schwerem Gemüt „unterm Dach“ (V. 13) bei schwachem Licht und fühlt die grauen Jahreszeiten	– umarmender Reim – Strophenbeginn von 1–3 jetzt in letzten Vers versetzt	– Substantive, die graue Jahreszeit veranschaulichen: „Herbst im Herzen, Winter im Gemüt“ (V. 14), „November […] graues Lied“ (V. 15) – Leitmotiv „Weil du nicht da bist“ in der wörtlichen Rede – Personifikation „November singt“ (V. 15)	– Rückzug ins Private → schützt nicht vor Traurigkeit → spürt trotz Frühling die dunklen Monate in sich → wirkt sehr schwermütig und dem Schmerz ausgeliefert – Wiederholung der Strophenanfänge 1–3 → Einsamkeit scheint auch von außen einzudringen, spricht sie konkret an → beinahe bedrohlich
5. Strophe (V. 17–20) alle Wände und Gegenstände erinnern an den Liebsten und reden sogar von ihm	– Wechselreim	– wörtliche Rede – Personifikationen: „rufen Wand und Schränke“ (V. 17), „die Dinge […] reden nur von dir“ (V. 20)	– Gefühl des Ausgeliefertseins steigert sich → keine Ablenkung → in jedem Gegenstand steckt die Sehnsucht – Wirkung der Musik hat Bedeutung verloren: „verstaubte Noten über dem Klavier“ (V. 18) → erinnert nur noch an vergangene Tage
6. Strophe (V. 21–24) lyrisches Ich sucht Erinnerungen in Briefen; hat mit der Abreise des Liebsten auch das Lachen verloren	– Paarreim	– Personifikation: „vergilbte Träume, die schon schliefen“ (V. 22) – überschaubare Satzkonstruktion → kurze Teilsätze – Anrede „Liebster“ (V. 23)	– Leitmotiv drängt sich immer stärker in den Vordergrund → lyrisches Ich sehr verzweifelt – vom Lachen/von der Fröhlichkeit verlassen – es wird deutlich, dass eine Frau spricht

Aufsatzbeispiel

Einleitung

Das Gedicht „Weil du nicht da bist“ von Mascha Kaléko wurde 1975 in dem Gedichtband „Verse für Zeitgenossen“ veröffentlicht und ist der Liebeslyrik zuzuordnen. Das lyrische Ich beschreibt darin seine Verzweiflung über die Abwesenheit des Liebsten. Beim genaueren Betrachten fällt die traurige und sehnsuchtsvolle Grundstimmung auf, die sich durch das gesamte Gedicht zieht.

Hauptteil

Jede der sechs Strophen enthält den Titel des Gedichts „Weil du nicht da bist“, was als Grund für den bedrückten Seelenzustand des lyrischen Ichs zu erkennen ist. Somit wird dieser Versanfang zum Leitmotiv, welches sich durch das gesamte Gedicht zieht. In der ersten Strophe beschreibt die Sprecherin, dass sie ihre Einsamkeit, die sie mit der Abwesenheit ihres Liebsten begründet, auf Papier festhält. Dabei ist sie abgeschottet von der Außenwelt, die nicht zu ihr vordringen kann. Das Aufblühen der Natur bezeichnet das lyrische Ich in der zweiten Strophe daher als vergeblich und ironisch. In der dritten Strophe erklärt die Sprecherin, dass sie sich aus Einsamkeit in die Dunkelheit flüchtet und sie sich im Lärm und Licht der Stadt nicht zurechtfindet. Die folgende Strophe enthält eine Beschreibung der Lage des lyrischen Ichs: Es sitzt mit schwerem Gemüt unterm Dach bei schwachem Licht. Alle Wände und Gegenstände im Haus erinnern die Alleingelassene an ihren Liebsten. In der 6. Strophe schildert die Verlassene, wie sie in Briefen blättert und sich an vergangene Träume erinnert. Sie erklärt, dass ihr Lachen dem Liebsten nachgereist und sie darum so einsam sei. Erst in der letzten Strophe wird eindeutig, dass es sich beim Sprecher um eine Frau handeln muss, da sie von ihrem Partner als „Liebster“ (V. 23) spricht.

Das Gedicht hat einen sehr gleichmäßigen Aufbau. Es besteht aus sechs Quartetten, wobei jede Strophe ein bestimmtes Reimschema aufweist. Die erste, dritte und fünfte Strophe enthält jeweils Wechselreime, die zweite und sechste Strophe bestehen aus zwei Paarreimen und die vierte Strophe beinhaltet einen umarmenden Reim. So entsteht in den einzelnen Strophen eine gewisse Geschlossenheit, die entworfenen Bilder erhalten klare Konturen. Viele Enjambements geben dem Gedicht einen fließenden Charakter und sind typisch für die Gedankenlyrik, wie beispielsweise: „Weil du nicht da bist, sitze ich und schreibe/all meine Einsamkeit auf dies Papier.“ (V. 1–2). Auffällig ist, dass alle Strophen, außer der vierten, mit der Anapher „Weil du nicht da bist“ beginnen. Wie bereits erwähnt, wird damit einerseits der Grund für die Traurigkeit des lyrischen Ichs deutlich, andererseits verleiht die Wiederholung der Stärke dieses Gefühls Ausdruck. Die Einsamkeit der Sprecherin macht es ihr unmöglich, die Schönheit der Natur wahrzunehmen. Das tritt beispielsweise durch die Personifikation „Die Maiennacht ruft laut. Doch nicht nach mir.“ (V. 4) in der ersten Strophe zutage. Die Natur erfüllt hier einen wichtigeren Zweck als nur Kulisse zu sein, sie versucht wie eine Person mit ihrer Schönheit das lyrische Ich geradezu wachzurütteln („Ein Fliederzweig schlägt an die Fensterscheibe“, V. 3). Aus dieser Umgebung flüchtet sich das lyrische Ich in der 3. Strophe in eine andere, doch auch diese urbane Welt wird als unerträglich empfunden, wie weitere Personifikationen zeigen: „Aus fremden Augen starrt die Stadt mich an/ mit grellem Licht und lärmendem Gefunkel“ (V. 10–11). Negativ besetzte Attribute (z. B. „fremden“, V. 10; „grellem“, V. 11) verstärken diese Darstellung. Die Stadt ist hierbei ein Symbol für die menschliche Zivilisation und damit auch für die Mitmenschen, von welchen sich das lyrische Ich abwendet. Selbst in dem Haus, in das sich die Sprecherin zurückgezogen hat, fühlt sie sich nicht wohl, denn es „rufen Wand und Schränke“ (V. 17) nach ihrem Liebsten. Alles im Haus erinnert sie an seinen Verlust, im Gegensatz zur Natur können die Einflüsse dieses unbelebten Umfelds zur Sprecherin vordringen, da es sich um Erinnerungen an den Geliebten handelt. Die Personifikation „Mein Lachen, Liebster, ist dir nachgereist“ (V. 23) bringt zum Ausdruck, dass die Sprecherin nur noch ein Schatten ihrer selbst ist und sich unvollständig fühlt. Dass sie ihre verflossene Liebe

in dieser Zeile mit „Liebster“ anspricht, zeigt, dass sie ihn einerseits für ihr Unglück direkt verantwortlich macht, ihn andererseits aber noch liebt und sein Gehen daher bedauert.
Es wird immer wieder deutlich, dass sich das Gedicht besonders durch den Einsatz vieler bedeutungstragender und oftmals personifizierter Substantive auszeichnet. Das lyrische Ich verwendet in den ersten zwei Strophen zahlreiche Begriffe, die in Verbindung mit der Natur und dem Frühling stehen, zum Beispiel „Maiennacht“ (V. 4) oder „Rosen Duft“ (V. 6), welche eine Assoziation mit unbeschwerter Liebe hervorrufen. Diese positive Darstellung steht im Kontrast zur vierten Strophe, in welcher die Sprecherin ihre emotionale Lage mit „Herbst im Herzen, Winter im Gemüt“ (V. 14) beschreibt. Während draußen der Frühling Einkehr hält, ist das lyrische Ich in einem seelischen Herbst angekommen und empfindet es, als ob der „November [...] sein graues Lied“ (V. 15) singe. Auch die Gegenstände der Umgebung sind nun nicht mehr die blühende und lebende Natur, sondern „totes“ Mobiliar (V. 17: Wand, Schränke; V. 18: Klavier, V. 21: Briefe), das allein dem Zweck dient, Erinnerung an den Geliebten zu transportieren. Auch diese Erinnerung ist unwirklich und längst vergangen („vergilbte Träume“, V. 22). Die Sprecherin scheint in ihrer Liebesbeziehung sehr glücklich gewesen zu sein und sehnt sich nach dieser Zeit zurück. Die Verwendung vieler Wörter aus dem musischen Bereich, wie zum Beispiel „Liebesmelodie“ (V. 7) oder „Noten“ und „Klavier“ (V. 18), die für das lyrische Ich ihre ursprüngliche Funktion verloren haben, zeigen, wie viel sich seit der Trennung für die Verlassene verändert hat. Musik, als Symbol für Lebhaftigkeit und Unterhaltung, ist ihr fremd geworden und erinnert nur noch an vergangene Tage.
Betrachtet man abschließend den Satzbau des Gedichts, so dominiert die Einfachheit. Die Strukturen sind durchgängig schlicht und weisen viele Parallelen auf. Hier werden keine komplizierten Zusammenhänge erläutert, sondern unmittelbar Gefühle und Empfindungen wiedergegeben. Es ist zu spüren, wie schwer es sich für die Sprecherin ohne ihren Geliebten leben lässt. Für die schönen Dinge kann sie keinen Blick mehr entwickeln.

Schluss

Die Themen Liebe und Sehnsucht sind so alt wie die Menschheit. Die damit verbundenen Gefühle haben sich ganz sicher nicht verändert. Jeder Mensch, der Trennung und Liebesverlust schon durchleiden musste, kann die beschriebene Ausweglosigkeit der Sprecherin leicht nachvollziehen. Auch in hundert Jahren werden die Menschen den Schmerz, den das Gedicht in sich trägt, nachempfinden können.

Es ist Fünf vor Zwölf

„Wir haben doch nur einen Planeten. Wir verhalten uns aber so, als hätten wir einen zweiten im Keller.“ (Gregor, 20 Jahre).

Setzen Sie sich mit dem globalen Problem „Klimawandel“ auseinander und erläutern Sie Ihren Standpunkt.
Beziehen Sie dabei die Materialsammlung ① und ② mit ein!

①

Treibhausgase Emissionen in Deutschland in Mio. t		Maßnahmenkatalog der Bundesregierung *Reduktion bis 2020 in Mio. t*		
1990	1 228	54,4	→	Ausbau **erneuerbarer Energien bei der Stromerzeugung**
2006	1 005	36,4	→	Emissionsreduktion **Methan**, N_2O und **F-Gase** (FCKW)
2020	angestrebte Reduktion um rund 36 % *gegenüber 1990*	33,6	→	Steigerung der **Effizienz im Verkehr**
		31	→	**Gebäudesanierung**, effizientere Heizungen
		25,5	→	Stromeinsparung
		15	→	Erneuerung fossiler **Kraftwerke**
		14,3	→	Ausbau **Kraft-Wärme-Kopplung**
		9,2	→	Ausbau **erneuerbarer Energien im Wärmesektor**

Quelle: www.umweltbundesamt.de/uba-info-presse/hintergrund/meseberg.pdf (Redaktion Umweltbundesamt)

②

Die größten Energiesünden im Haushalt

Sünde Nr. 1:
Viele Stromfresser sind im Einsatz – alte Kühl- und Gefriergeräte (mit defekten Dichtungen), betagte Waschmaschinen und Geschirrspüler mit Energieeffizienzklasse D oder geringer.

Sünde Nr. 2:
Der Kühlschrank steht neben dem Herd und arbeitet wegen der hohen Umgebungstemperatur stärker als eigentlich nötig.

Sünde Nr. 3:
Die Warmwassertemperatur ist zu hoch (über 55 °C) eingestellt.

Sünde Nr. 4:
Geschirrspüler und Waschmaschinen gehen in Betrieb, obwohl sie nicht voll ausgelastet sind.

Sünde Nr. 5:
Gekocht wird ohne passenden Deckel auf dem Topf (das verbraucht dreimal so viel Energie) oder mit einem für die Herdplatte zu kleinen Topf.

Sünde Nr. 6:
Die Raumtemperatur im Schlafzimmer beträgt über 20 °C.

Sünde Nr. 7:
Statt Energiesparlampen sind konventionelle Glühlampen in Betrieb. Oft brennt volle Beleuchtung, obwohl der Raum nicht genutzt wird.

Sünde Nr. 8:
Elektrogeräte wie Fernseher, Videorekorder, Hifi-Anlage und PC laufen ständig im Stand-by-Betrieb.

(Aus: Sächsische Zeitung vom 27./28. Oktober 2007)

Lösung

Hinweis: Die Aufgabe setzt Verfahrenskenntnisse des freien Erörterns voraus. Hinweise zu dieser Aufsatzform findest du im Kapitel A dieses Buches. Die Überschrift „Es ist Fünf vor Zwölf" und das Zitat „‚Wir haben doch nur einen Planeten. Wir verhalten uns aber so, als hätten wir einen zweiten im Keller.' (Gregor, 20 Jahre)" führen dich in die Thematik ein und unterstreichen deren Wichtigkeit. Sie müssen in deinem Aufsatz jedoch keine Berücksichtigung finden. Bevor du mit dem Schreiben beginnst, sind folgende Arbeitsschritte zu bewältigen: Analysiere das Thema und grenze es ein. Bestimme den Darstellungstypus (linear oder Pro/Kontra). Kläre im Anschluss die zentralen Begriffe der Aufgabenstellung. Erschließe dir die Materialsammlung. Nimm nun die Schwerpunktsetzung in der Erörterung vor, indem du gezielte Fragen an das Thema stellst. Anschließend kannst du mit der Planung deines Aufsatzes beginnen. Erstelle dazu eine stichpunktartige Stoffsammlung, die du in eine dir sinnvoll erscheinende, geordnete Reihenfolge bringst. Das ist die Gliederung für deinen Aufsatz.

Analyse und Eingrenzen des Themas

das globale Problem Klimawandel

↓

Auseinandersetzen mit der Problematik

und

Erläutern des eigenen Standpunktes

unter

Einbeziehung der Materialsammlung

= kritische Auseinandersetzung in Form einer linearen Erörterung

Klärung der Begriffe
global: weltweit
Klimawandel: steht erstens für die **Klimaveränderung** = die Veränderung des Klimas im Allgemeinen und zweitens für die **globale Erwärmung** = die gegenwärtige Veränderung des Klimas

Klimaveränderung	globale Erwärmung
• Veränderung des Klimas auf der Erde (Abkühlung oder Erwärmung) über einen längeren Zeitraum (z. B. auch Eiszeiten) • Ursachen: 1. natürliche Faktoren, u. a.: – Sonnenaktivität – Einfluss des Mondes auf die Gezeiten – Meeresströmungen – Bewegung der Landmassen 2. durch den Menschen beeinflusst: – Treibhauseffekt	• äußert sich durch Anstieg der Durchschnittstemperatur der Luft und Meere • Ursache: Verstärkung des **Treibhauseffektes** u. a. durch: – Verbrennen fossiler Brennstoffe – Entwaldung – Land- und Forstwirtschaft Folge: Anreicherung von Treibhausgasen in der Atmosphäre → weniger Wärmestrahlung von der Erdoberfläche in das Weltall

Da die Aufgabenstellung vom „Problem des Klimawandels" spricht, ist wohl schwerpunktmäßig die gegenwärtige Klimaveränderung gemeint.

Erschließen der Materialsammlung

Hinweis: Der Aufgabensammlung ist eine Materialsammlung angefügt. Die darin enthaltenen Beispiele sollen in deine Ausführungen einfließen. Deshalb ist es wichtig, dass du dir diese zusätzlichen Informationen zunächst genau erschließt, um herauszufinden, an welche Stelle des Aufsatzes sie sinnbringend eingearbeitet werden können. Lies dir Material 1 und 2 sorgfältig durch. Da beide Quellen ihre Aussagen verkürzt enthalten, ist es ratsam, eigene Anmerkungen und Erläuterungen in Form von Stichpunkten an den Rand zu notieren. Diese Randbemerkungen könnten wie folgt aussehen:

Material 1

Thema der Tabelle: Gegenüberstellung des Treibhausgas-Ausstoßes in Deutschland von 1990 bis 2020 und des Maßnahmenkataloges der Bundesregierung zur angestrebten Reduzierung desselbigen

Quelle: Umweltbundesamt (UBA)

Klärung der Begriffe:
Emission: (lt. Duden, Technik): Ablassen von Gasen, Ruß u. Ä. in die Luft
Reduktion: Verringerung

linke Tabellenspalte: Treibhausgase	rechte Tabellenspalte: Maßnahmenkatalog
– Zeitraum > 30 Jahre (1990–2020) – Reduktion des Treibhausgas- Ausstoßes um ca. 36 %, d. h. von 1 228 Mio. t auf 786 Mio. t innerhalb dieses Zeitraumes	– Maßnahmen, geordnet nach den höchstmöglichen Einsparungen – Beispiele können für den gesamtgesellschaftlichen Bereich (Privat- und Industriehaushalte) stehen

Auffälligkeiten, die berücksichtigt werden müssen:

- Relevanz der Zahlen und Wirksamkeit der Maßnahmen können nicht eingeschätzt werden, da Informationen zu allgemein gehalten und Vergleichswerte fehlen
- Schlagwörter in Fettdruck → wenig aussagekräftig; Konkretisierung im Aufsatz notwendig, z. B.

Steigerung der **Effizienz im Verkehr**

Wirtschaft:

- Verlegen des Transportes auf die Schiene

Privatbereich:

- Car-Sharing
- Nutzen öffentlicher Transportmittel

Ausbau **erneuerbarer Energien bei der Stromversorgung**

- Solarenergie
- Wärmepumpen
- Wasserkraft
- Windenergie

Material 2

Thema: Benennung in der Überschrift → größte Energiesünden im Haushalt = Verbrauch unnötiger Energie im privaten Bereich

Quelle: Sächsische Zeitung vom 27./28. Oktober 2007

Zielpublikum: breite Leserschaft, daher Informationen auch verständlich formuliert

Auffälligkeiten, die berücksichtigt werden müssen:

- Nummerierung der Sünden, aber nicht eindeutig, ob Anordnung der Priorität nach erfolgte
- Maßnahmen zur Beseitigung der Sünden indirekt zu erschließen

Schwerpunkte der Erörterung

- Wodurch wird der Klimawandel verursacht?
- Welche Auswirkungen hat er auf Mensch und Natur?
- Welche Bedrohung geht von ihm aus?
- Welche Verantwortung trägt der einzelne Mensch?
- Welche Verantwortung trägt die Gesellschaft?
- Wie kann man dem Klimawandel entgegenwirken?
- Wie ist mein Standpunkt zu diesem Thema?

Stichpunktartige Stoffsammlung und Gliederung

Einleitung: Hinführung zum Thema anhand eines Beispiels

Hauptteil: Das globale Problem Klimawandel

- Existenz des Klimawandels nicht mehr zu leugnen
  - Nachrichten in den Medien: Wetterextreme
  - Erläuterungen zum Phänomen „Globale Erwärmung“

– widersprüchlicher Umgang mit diesem Problem (Verdeutlichung anhand des Zitates aus der Aufgabenstellung und des Films von Al Gore „Eine unbequeme Wahrheit“)

Übernahme von Verantwortung durch das Individuum und die Gesellschaft	**Verantwortungslosigkeit des Menschen als Verursacher**
– Verringerung der Treibhausgase am Beispiel des Politikers Al Gore – Reduktion der THG-Emissionen am Beispiel des Maßnahmenkatalogs der Bundesregierung (Material 1) • Nutzung erneuerbarer Energien • Erneuerung fossiler Kraftwerke • Effizienz im Straßenverkehr	– Verschwendung von Energie – Einbeziehen des Materials 2: Die größten Energiesünden im Haushalt • „Stromfresser“ • „energieunfreundliche“ Verhaltensweisen

– Darstellen des persönlichen Standpunktes
  - persönlicher Bezug
  - Wertigkeit des Problems im eigenen Leben
  - eigener Kenntnisstand
  - eigener Umgang an konkreten Beispielen in der Familie und in der Schule (Einbeziehen des Materials 2)

Schluss:
Appell an den Leser

Aufsatzbeispiel

Einleitung

„Wer hat die beste Klimaschutz-Idee? Jetzt Klima-Held werden und tolle Preise gewinnen!“ Mit diesem Radiospot wirbt seit einiger Zeit ein Thüringer Getränkehersteller für den Klimaschutz. Natürlich ist es fragwürdig, auf diese Art und Weise auf die Problematik hinzuweisen, aber der Appell an den Hörer ist eindeutig: Jeder Bürger wird angesprochen, sich im Kampf gegen den Klimawandel zu engagieren. Auch ich möchte mich in meiner nachfolgenden Erörterung mit diesem weltweiten Problem kritisch auseinandersetzen und meinen eigenen Standpunkt erläutern.

Hauptteil

Dass die Existenz des Klimawandels nicht mehr zu leugnen ist, zeigen uns tagtäglich Meldungen von Wetterextremen in den Medien. Der Einfluss der Menschheit auf die globale Erwärmung und die gegenwärtige Veränderung des Klimas wird nicht mehr abgestritten.
Die weltweite Erwärmung zeigt sich durch den Anstieg der Durchschnittstemperatur der Luft und der Weltmeere. Die Ursache liegt in der Verstärkung des Treibhauseffektes, der u. a. durch das Verbrennen fossiler Brennstoffe, die Entwaldung und die Land- und Forstwirtschaft zunimmt. Infolgedessen kommt es zur Anreicherung der Treibhausgase in der Atmosphäre. Diese klimaschädigenden Treibhausgase wie Kohlendioxid machen die äußere Atmosphärenschicht immer undurchlässiger und verhindern eine ausreichende Wärmestrahlung von der Erdoberfläche in das Weltall.
Wenn Forschung und Wissenschaft Ursachen und Auswirkungen des Klimawandels so genau belegen können, dann stimmt das Verhalten der Menschheit nachdenklich. Viele lehnen die Verantwortung für die bereits sichtbaren Folgen ab oder verschließen gar die Augen davor. Offensichtlich wird das Ausmaß der Problematik von den meisten Menschen noch immer

unterschätzt und nicht erkannt, dass es „Fünf vor Zwölf" ist. Gregor, 20 Jahre, macht die Brisanz besonders deutlich: „Wir haben doch nur einen Planeten. Wir verhalten uns aber so, als hätten wir einen zweiten im Keller." Diese Botschaft vermittelte auch der 2006 ausgestrahlte Dokumentarfilm „Eine unbequeme Wahrheit" mit dem ehemaligen amerikanischen Vize-Präsidenten Al Gore. Auf der Grundlage verschiedenster wissenschaftlicher Studien stellt er den Einfluss der Menschheit auf den Klimawandel dar. Mit beeindruckenden Bildern aus dem Weltall weist er auf die sehr dünne Erdatmosphäre hin. Al Gores Befürchtung, dass die Menschheit trotz der Größe der Erde mit ihren Abgasen die Zusammensetzung der Atmosphäre mit verheerenden Folgen verändert, hat nicht nur ihn als Politiker in die Pflicht genommen. Er ist ein Beispiel dafür, wie sowohl das Individuum als auch die Gesellschaft, organisiert durch staatliche Strukturen, Verantwortung übernehmen kann.
Während seiner Amtszeit als Vize-Präsident setzte er z. B. die Einführung einer Kohlesteuer durch, um die Verbrennung fossiler Brennstoffe zu reduzieren, und half bei der Durchsetzung des Kyoto-Protokolls, einer internationalen Vereinbarung mit dem Ziel, den Ausstoß an Treibhausgasen zu verringern. In Deutschland stellte das Bundesministerium für Umwelt einen Maßnahmenkatalog zur Reduktion der Treibhausgas-Emission auf. In diesem wird deutlich, dass sowohl der einzelne Bundesbürger als auch die Industrie zur Umsetzung der ehrgeizigen Ziele beitragen soll: Bis zum Jahr 2020 ist eine Verringerung des Treibhausgas-Ausstoßes um 36 Prozent vorgesehen. An erster Stelle soll dies durch den Ausbau erneuerbarer Energien wie Wind-, Sonnen- oder Wasserkraftenergie bei der Stromerzeugung gelingen. Wärmepumpen und vor allem Solaranlagen haben in den letzten Jahren in die Haushalte Einzug gehalten. Der Staat fördert sowohl Unternehmen als auch Privathaushalte, die diese technischen Anlagen zur Förderung umweltfreundlichen Stroms nutzen. So werden zum Beispiel die Stromversorger verpflichtet, den eingespeisten Solarstrom zu festen Tarifen abzunehmen.
Da die Erzeugung von Strom ausschließlich durch erneuerbare Energien auf lange Zeit nicht realisierbar ist, ist es eine notwendige Zielsetzung, dass bestehende fossile Kraftwerke erneuert werden. Die Anlagen sollen so effizient umgestaltet werden, dass der Wirkungsgrad bei der Verbrennung fossiler Brennstoffe bei gleichzeitiger Verringerung der Treibhausgas-Emissionen erhöht wird.
Eine weitere Maßnahme der Bundesrepublik sieht vor, die Effizienz im Straßenverkehr zu erhöhen. Dies könnte zum einen umgesetzt werden, indem der einzelne Bürger sich bewusster im Umgang mit seinem Privatfahrzeug zeigt. Neben einer umweltfreundlichen Ausrüstung gehört dazu vor allem die Überlegung, den öffentlichen Personennahverkehr oder das Car-Sharing zu nutzen. Zum anderen sollte die Wirtschaft stärker angeregt werden, den Transport von Gütern auf die Schiene zu verlegen, um die hohe Abgasbelastung durch den Lastkraftwagen-Verkehr einzuschränken. Einen Schritt in die richtige Richtung stellt auch die Kommunikationskampagne des in der Einleitung genannten Getränkeherstellers dar. Er wirbt für den Kauf heimischer Produkte, um lange, umweltschädliche Transporte zu vermeiden.
All die vorgesehenen Maßnahmen dürfen aber nicht verdecken, dass der einzelne Mensch gerade im eigenen Haushalt sehr verschwenderisch mit der Energie umgeht und jeder für sich in der Pflicht ist, selbst mit dem Klimaschutz zu beginnen. Die Sächsische Zeitschrift vom 27./28. Oktober 2007 weist auf diesen Zustand in ihrem Artikel „Die größten Energiesünden im Haushalt" hin. Die einzelnen „Sünden" sind dem Leser mit Sicherheit nicht unbekannt. So ist von Stromfressern wie alten Kühl- und Gefrierschränken, Waschmaschinen und Geschirrspülern die Rede, aber es werden auch „energieunfreundliche" Verhaltensweisen benannt: Der Kühlschrank wird neben dem Herd platziert, die Warmwassertemperatur des Boilers zu hoch eingestellt oder es wird mit einem Topf ohne passenden Deckel auf zu großer Herdplatte gekocht. Die Folge ist, dass wesentlich mehr Energie verbraucht wird als notwendig.
Mich persönlich beschäftigt das Problem des globalen Klimawandels, ich kann nicht tatenlos zusehen, wie der Mensch seinen Lebensraum zerstört. Dokumentationen wie „Eine unbequeme Wahrheit", aber auch Nachrichten wie die Flutkatastrophe in Pakistan lassen mich aufhorchen und aktiv werden. Klimaschutz fängt zu Hause an. Es ist für meine Familie und mich selbstverständlich, Elektrogeräte nicht im Stand-by-Betrieb laufen zu lassen, sondern sie komplett

vom Netz zu trennen. Eine bewährte Variante dafür ist das Benutzen einer abschaltbaren Steckerleiste. Wir achten zudem darauf, beim Verlassen der Räume das Licht auszuschalten.
Ich sehe als Ursache für das Fehlverhalten der Menschen in erster Linie die Bequemlichkeit, aber auch, dass die Menschen vor der „unbequemen Wahrheit" die Augen verschließen. Sie sehen nicht, dass die Zerstörung vieler Ökosysteme schon weit fortgeschritten ist und der Lebensraum vieler Tiere zerstört wird. Aber wenn vielen das Schicksal der Tiere nicht am Herzen liegt, müssten sie dann nicht wenigstens sehen, dass das Schmelzen der Pole und der damit verbundene Anstieg des Meeresspiegels eine Katastrophe ungeahnten Ausmaßes für die Menschheit bedeutet? Wenn ich die Gleichgültigkeit der meisten Menschen betrachte, dann befürchte ich NEIN. Solange die Menschen gerade in unserem hoch zivilisierten Land Wetterextreme wie Überschwemmung oder Trockenheit und damit verbundene Hungersnöte und Epidemien nicht am eigenen Leib erfahren, bleiben sie passiv. Da bewirken auch Maßnahmenkataloge der Bundesregierung, über deren Wirksamkeit die angegebene Quelle keine Aussage trifft, oder aufrüttelnde Artikel in Zeitungen nicht viel.
Ich finde es trotzdem wichtig, meine Mitmenschen für das Thema zu sensibilisieren und zum aktiven Handeln aufzufordern. Das bedeutet für mich konkret, auch in der Schule zu handeln. Ich werde nicht müde, auf das Ausschalten des Lichtes bei Verlassen des Raumes zu achten oder darauf, dass beim Lüften die Heizung abgedreht wird. Viele meiner Mitschüler und Lehrer beteiligen sich nicht nur an der Aktion „Mit dem Fahrrad zur Arbeit", sondern nutzen wie ich das Fahrrad generell als Transportmittel. Als gesamte Schule nehmen wir jährlich an dem Wettbewerb „Energie macht Schule" teil.

Schluss

Es liegt in unser aller Händen, Klimaschutz täglich gemeinsam zu praktizieren. Die besten Regierungsbeschlüsse nützen nichts, wenn das Umdenken und das Handeln ausbleiben. Wir haben nur den einen Planeten, diesen gilt es zu bewahren.

Aufgabe:

„Adieu“, sagte der Fuchs. „Hier ist mein Geheimnis. Es ist ganz einfach: man sieht nur mit dem Herzen gut. Das Wesentliche ist für die Augen unsichtbar.“
„Das Wesentliche ist für die Augen unsichtbar“, wiederholte der kleine Prinz, um es sich zu merken.

Aus: Antoine de Saint-Exupéry (1900–1944): „Der kleine Prinz“, Rauch: Düsseldorf. Übersetzer: Grete und Josef Leitgeb.

Der Fuchs gibt ein „einfaches Geheimnis“ preis …
Schildern Sie Ihre Erfahrungen mit dieser Lebensweisheit!

Lösung

Hinweis: Bei dieser Aufgabe sollst du über deine Erfahrungen schreiben, die du mit der Lebensweisheit gemacht hast, die der Fuchs aus A. de Saint-Exupérys Werk „Der kleine Prinz" als sein Geheimnis an den Prinzen preisgibt. Kenntnisse zum Autor und zu diesem modernen Märchen sind nicht notwendig, allerdings musst du dir das Geheimnis zunächst selbst erschließen, da der Fuchs die Lebensweisheit mithilfe eines sprachlichen Bildes ausdrückt. Zudem müsste dir auffallen, dass in der Aufgabenstellung von einem „einfachen" Geheimnis die Rede ist und diese Formulierung gleichzeitig in Anführungszeichen steht. Daraus ergibt sich die Frage, ob es sich wirklich um ein so „einfaches" Geheimnis – eine so „einfache" Lebensweisheit – handelt. Deine Gedanken dazu sollten sich in deinen Ausführungen widerspiegeln. Wichtig ist auch, dass du die Bedeutung und Tragweite des Begriffes „Lebensweisheit" kennst.
Deine persönlichen Erfahrungen sollen in eine Schilderung münden. Hinweise zu dieser Aufsatzform findest du im Kapitel C dieses Buches. Verwende in Anlehnung an die Aufgabenstellung die Ich-Form. Da diese Aufsatzform subjektiv orientiert ist, stehen deine Gedanken und Gefühle im Vordergrund. Um einen persönlichen und ausdrucksstarken Text zu gestalten, musst du entsprechende sprachliche Mittel wirkungsvoll einfließen lassen. Hierzu gehören u. a. Metaphern, Vergleiche, ausdrucksstarke Substantive, Adjektive und Verben. Formuliere eine anregende Überschrift.
Eine Schilderung bedarf keiner strengen Gliederung in Einleitung, Hauptteil und Schluss. Sie kann den Leser unvermittelt in eine Situation hineinführen und/oder abrupt abbrechen. Reihe deine Ideen jedoch nicht wahllos aneinander, sondern halte sie in Form einer gegliederten Stoffsammlung fest.

Anmerkungen zum Autor
Antoine de Saint-Exupéry wurde 1900 in Lyon/Frankreich geboren. Sein Vater verstarb früh, zu seiner Mutter hatte er eine enge Bindung. Seine großen Leidenschaften, die er auch zu seinen Berufen machte, waren das Fliegen und das Schreiben. Das moderne Märchen „Der kleine Prinz" (1943) basiert unter anderem auch auf Erfahrungen, die er nach einem Flugzeugabsturz in der Wüste machte. Von einem Flug im Jahre 1944 kehrte er nicht zurück.

Analyse und Eingrenzen des Themas

1. das „einfache“ Geheimnis des Fuchses = Lebensweisheit

   → … besitzt ein Mensch, der einen tiefgehenden Einblick in den menschlichen Lebenskreislauf hat und ein besonderes Wissen in Bezug darauf, sich durch Reife auszeichnet sowie ethisch-moralische Werte verinnerlicht hat und nach ihnen handelt

   → Ist das einfache Geheimnis so leicht zu verinnerlichen und als Lebensweisheit umsetzbar?

   → Man sieht nur mit dem Herzen gut, das Wesentliche ist für die Augen unsichtbar.

mit dem Herzen gut sehen	**das Wesentliche**	**für die Augen unsichtbar**
Herz: • metaphorisch als Sitz der Gefühle • fühlt • Zentrum der Liebe • innere Stimme • erkennt die Wahrheit	das Wesentliche = das Wichtige: • lebensnotwendige Dinge für ein friedliches, harmonisches Zusammenleben, z. B. Gefühle, Eigenschaften der Menschen	Auge: • betrachtet die Personen/ Dinge von außen, dringt nicht in das Innere ein • oft nur oberflächliche Betrachtung • nur eines der Sinnesorgane → kein Verlass, da Ablenkung durch äußere Faktoren

2. Schildern eigener Erfahrungen mit dieser Lebensweisheit

Stichpunktartige Stoffsammlung und Gliederung

Hinweis: Das nachfolgende Beispiel ist aufgrund der subjektiven Darstellungsform als Vorschlag zu betrachten.

Überschrift

Einleitung

Lektüre der Erzählung „Der kleine Prinz“ → Erinnerung an das Austauschjahr in Frankreich durch das Zitat

Hauptteil
Schließen neuer Freundschaften in der Schule
Verlass auf den äußeren Schein
Erkennen der inneren Werte

Schluss
Schließen des Rahmens durch nochmaligen Bezug auf das Zitat

Aufsatzbeispiel

Einleitung

„Adieu, dit le renard. Voici mon secret. Il est très simple: on ne voit bien qu'avec le cœur. L'essentiel est invisible pour les yeux." „Man sieht nur mit dem Herzen gut, das Wesentliche ist für die Augen unsichtbar", übersetze ich den letzten Satz kaum hörbar. Vorsichtig lege ich das Lesezeichen zwischen die Buchseiten und klappe das Buch zu. Gedankenverloren betrachte ich den Einband. Der kleine Prinz machte sich auf die Reise, um sich einen Freund vertraut zu machen. Auch ich bin vor etwas mehr als einem halben Jahr in ein fremdes Land gereist, um für drei Monate in einer Gastfamilie zu leben und eine französische Schule zu besuchen. Das Bild des kleinen Prinzen verschwimmt vor meinen Augen, ich schließe sie. Meine Gedanken wandern zurück zu den Menschen, die ich mir vertraut gemacht habe.

Hauptteil

Der erste Tag an meiner neuen Schule ist auf einmal wieder so gegenwärtig, als würde ich ihn noch einmal erleben. Ich sah den großen, eisernen Metallzaun und dahinter das altehrwürdige Gebäude des Lycées. Es wirkte so riesig auf mich, dass ich spürbar kleiner wurde. Einsamkeit machte sich in mir breit und ich kämpfte mit den Tränen. Ich holte tief Luft und rief mir die Zeit ins Gedächtnis, in der ich mich für den Auslandsaufenthalt beworben hatte. Wie wichtig war mir diese Entscheidung gewesen, wie hatte ich meine Eltern und meine Lehrer überzeugen müssen, bereits nach der 9. Klasse ins Ausland zu gehen. Sollte das alles umsonst gewesen sein und die erste große Herausforderung mich scheitern lassen? Nein! Ich richtete meinen Oberkörper auf, um zumindest äußerlich mutig und entschlossen zu wirken. Doch würde mein festes Auftreten über meine Angst und Unsicherheit hinwegtäuschen? Das Schulklingeln riss mich aus meinen Gedanken und zog mich wie automatisiert ins Schulgebäude. Ich ging den langen Korridor entlang. Die Last der Schulbücher schien mich zu erdrücken. Ich versuchte, das mulmige Gefühl in meinem Bauch und die neugierigen Blicke der entgegenkommenden Schüler zu ignorieren. Mithilfe meines gebrochenen Französischs fand ich den Weg zum Foyer, wo die Schüler auf ihre Lehrer warteten. Sobald ich eingetreten war, wandte sich mir eine Vielzahl von unbekannten Gesichtern zu, im Weitergehen spürte ich ihre Blicke in meinem Rücken. Da sah ich sie, lachend inmitten ihrer Clique, – ein hübsches, dunkelhaariges Mädchen mit beinahe schwarzen Augen. Sie bemerkte mich, lächelte mich an und brachte mir mit einladender Geste einen Schwall französischer Worte entgegen. Da ich nicht das Geringste verstanden hatte, sah ich mich hilfesuchend um. Ein anderes Mädchen hatte meine Unsicherheit bemerkt, trat auf mich zu und stellte sich als Julie vor. Nachdem sie herausgefunden hatte, dass ich die deutsche Austauschschülerin war, zwinkerte sie mir aufmunternd zu und sagte mir auf Deutsch, dass wir in eine Klasse gehen würden. Sie war sehr nett, dennoch machte sich eine gewisse Enttäuschung in mir breit. Im Gegensatz zu dem dunkelhaarigen Mädchen, das mir bedauernd nachwinkte, als wir uns dem Klassenraum zuwandten, war Julie mager und unscheinbar. Sie trug eine große, dunkel umrahmte Brille, die ihrem Gesicht einen ernsten Ausdruck verlieh. Ihre Haare hatte sie lieblos zusammengebunden, die aus-

gewaschene Schuluniform schlenkerte um ihren dünnen Körper. Ich seufzte hörbar und übersah ihren fragenden Blick.
Es war Natalie, zu der ich mich hingezogen fühlte, mit ihr wollte ich meine Pausen verbringen, obwohl sie kein Deutsch sprach. Wir verstanden uns ohne Worte, ihr herzhaftes Lachen steckte an. Sie nahm mich nach der Schule mit zu ihren Freunden, bald gehörte ich fest zu diesem Kreis. Da ich wusste, dass die Freizeit Natalie und mir gehörte, machten mir auch die Unterrichtsstunden nichts aus, in denen ich neben der ruhigen und langweiligen Julie saß. Häufig betrachtete ich sie heimlich, besonders dann, wenn ich den Lehrern aufgrund meiner fehlenden Sprachkenntnisse nicht mehr folgen konnte. Mir fiel auf, dass ich nicht viel über sie wusste, aber ich wollte auch keinen näheren Kontakt zu ihr, weil ich keinen Zugang zu ihr fand. Ich war mir sicher, dass sie ebenfalls mit der Situation zufrieden war, denn ich fand sie fast immer in ihre Bücher vertieft. Hatte sie überhaupt Freunde? Manchmal bemerkte sie meine Blicke und lächelte dann schüchtern zurück. Sie deutete meine Blicke als Fragen zum Unterrichtsstoff und vermutete meine Sprachschwierigkeiten als Ursache. In solchen Momenten rückte sie zögerlich an mich heran, schob ihre Hefte und Bücher zu mir. Geduldig erklärte sie mir immer wieder Formeln und fehlende Vokabeln. Diese Julie verwirrte mich und machte mich nachdenklich, aber nur für eine kurze Zeit. Meine ganze Aufmerksamkeit gehörte Natalie und ihren Freunden. Mit ihnen hatte ich viel Spaß – auch ohne Worte. Ihr Lachen hallte nach Unterrichtsschluss durch das Schulhaus, streckte sich über den Schulhof, überwand mühelos den eisernen Zaun und breitete sich von dort in alle Straßen aus. Es steckte mich an und machte mich glücklich.
Doch mit der Zeit fing ich an, ihr Lachen zu deuten. Ich verstand die Sprache immer besser und somit die Scherze, die sie machten: Die meisten Witze wurden auf Kosten von Schulkameraden und Lehrern gemacht. Stundenlang konnten sie sich über die neue Hose von Marie, die Schuhe von Camille oder die neue Frisur von Madame Caffier lustig machen. Natürlich kam auch Julies Brille nicht zu kurz und das versetzte mir einen Stich ins Herz. Mir war, als würden sich erst jetzt meine Augen langsam öffnen und sehen. Hatten sie mich so getäuscht? Das Lachen blieb mir immer öfter im Hals stecken, ich schämte mich für mein Verhalten. Doch Julie ließ mir gar keine Zeit dazu. Sie forderte meine ganze Aufmerksamkeit, denn sie fühlte sich für mich verantwortlich. Sie wollte, dass vor allem mein Französisch besser wurde, damit ich in der fremden Umgebung gut zurechtkam. Als sie mir eines Tages mit Händen und Füßen besonders schwieriges Vokabular erklärte, war der Bann endgültig gebrochen. Ein Lächeln umspielte meine Lippen, formte sich zu einem Kichern und Glucksen, in das Julie nach kurzem Erstaunen fröhlich einstimmte. Mein Herz hüpfte vor Freude mit.
Die wenigen Wochen, die mir noch verblieben waren, verbrachte ich fast ausschließlich mit Julie. Wir kamen uns vorsichtig immer näher. Mir war klar, dass es meine Vorurteile gewesen waren, die ein wirkliches Kennenlernen verhindert hatten. Ich hatte mich nur von Äußerlichkeiten leiten lassen und nicht auf mein Herz gehört.
Wunderte mich Natalies Verhalten, nachdem sie bemerkte, dass ich mich von ihr und ihrer Clique zurückgezogen hatte? Nein, denn ich konnte es mir denken. Es machte mir nichts aus, dass sie hinter meinem Rücken tuschelte oder laut auflachte. Auf einem Umweg hatte ich jedoch in Julie eine wertvolle Freundin gefunden.

Schluss

Ich öffne meine Augen und der kleine Prinz nimmt wieder Konturen an. Mir wird es ganz warm ums Herz, denn ich verstehe, warum Julie mir ausgerechnet dieses Buch zum Abschied geschenkt hatte. „Man sieht nur mit dem Herzen gut, das Wesentliche ist für die Augen unsichtbar."

Realschulabschluss Deutsch in Thüringen: Prüfungsaufgaben 2011
Aufgabe 1

Aufgabe:

Verzeihen können ist oft schwer …
Legen Sie Ihre Gedanken und Gefühle zum Inhalt des Textes dar.

Die Geschichte von zwei Freunden

Zwei Freunde wanderten durch die Wüste. Während der Wanderung kam es zu einem Streit und der eine schlug dem anderen im Affekt ins Gesicht.
Der Geschlagene war gekränkt. Ohne ein Wort zu sagen, kniete er nieder und schrieb folgende Worte in den Sand:
„Heute hat mich mein bester Freund ins Gesicht geschlagen."
Sie setzten ihre Wanderung fort und kamen bald darauf zu einer Oase. Dort beschlossen sie beide, ein Bad zu nehmen. Der Freund, der geschlagen worden war, blieb auf einmal im Schlamm stecken und drohte zu ertrinken. Aber sein Freund rettete ihn buchstäblich in letzter Minute.
Nachdem sich der Freund, der fast ertrunken war, wieder erholt hatte, nahm er einen Stein und ritzte folgende Worte hinein:
„Heute hat mein bester Freund mir das Leben gerettet."
Der Freund, der den anderen geschlagen und auch gerettet hatte, fragte erstaunt: „Als ich dich gekränkt hatte, hast du deinen Satz nur in den Sand geschrieben, aber nun ritzt du die Worte in einen Stein. Warum?"
Der andere Freund antwortete: „Wenn uns jemand gekränkt oder beleidigt hat, sollten wir es in den Sand schreiben, damit der Wind des Verzeihens es wieder auslöschen kann. Aber wenn jemand etwas tut, was für uns gut ist, dann können wir das in einen Stein gravieren, damit kein Wind es jemals löschen kann."

(Verfasser unbekannt)

http://www.zeitzuleben.de/artikel/geschichten/verzeihen.html; 01. 12. 2010

Lösung

Hinweis: Die Aufgabenstellung legt fest, dass zum Inhalt der Textvorlage eigene Gedanken und Gefühle entwickelt werden sollen. Durch die Vorbemerkung zur Aufgabenstellung „Verzeihen können ist oft schwer …" wird dir eine Orientierung für die Entwicklung deiner Gedanken gegeben.
Zunächst musst du dich mit dem Inhalt der Textvorlage gründlich auseinandersetzen, um die Thematik und das Grundanliegen des Texts exakt zu erfassen. Gedanken und Gefühle, die dir während dieser Untersuchung einfallen, kannst du am Seitenrand vermerken oder in einer Stoffsammlung festhalten. Wie ausführlich du dich mit dem Textinhalt und dessen Handlungsabläufen beschäftigen sollst, wird in der Aufgabenstellung nicht festgelegt. Somit liegt es im eigenen Ermessen, wie genau du in deinen Ausführungen auf die Geschichte eingehst. Sie dient dir zunächst als Schreibanlass. Im Mittelpunkt deiner Abhandlung stehen deine Gedanken und Gefühle, die durch den Text ausgelöst wurden.

Die geforderte Aufsatzform entspricht einer Schilderung bzw. dem Wiedergeben von Eindrücken. Hinweise dazu findest du in diesem Buch im Kapitel C. Um eine in sich geschlossene Darstellung zu erreichen, eignen sich persönliche Erlebnisse, die du aus der Ich-Perspektive erzählst. Diese helfen außerdem, deine Assoziationen zur Geschichte zu veranschaulichen. Als Zeitform wählst du das Präsens oder das Präteritum.
Überlege dir eine geeignete Überschrift und achte auf eine nachvollziehbare Struktur. Im Aufbau deines Aufsatzes sollten Einleitung, Hauptteil und Schluss erkennbar sein.

Analyse der Aufgabenstellung

1. Erfassen des Themas: Freundschaft
2. Eingrenzung durch das Zitat: Freundschaft
   = zeichnet sich durch Verzeihen aus
   = unterliegt Bewährungsproben
   = hält auch Krisen stand
3. Erkennen der Textproblematik → Vergebung und Dankbarkeit als wertvolle menschliche Tugenden erkennen und schätzen

Stichpunktartige Stoffsammlung und Gliederung

Einleitung:
- Hinführung zur Textproblematik
- Schreibanlass klären
  (Assoziationen zur vorgegebenen Geschichte
  oder
  Selbst schon oft über Wesensmerkmale einer wahren Freundschaft nachgedacht
  oder
  Weshalb ist Verzeihen so schwer?)

Hauptteil:
- knappe Inhaltsangabe
- möglicher Interpretationsansatz: Die Reaktion des geschlagenen und geretteten Freundes offenbart einen angemessenen Umgang in einer schwierigen Situation. Menschen sollten einander verzeihen können, wenn ihnen Unrecht getan wurde. Dies gilt besonders dann, wenn sie befreundet sind. Verletzungen und Beleidigungen können an Bedeutung verlieren, wenn dem Betroffenen in anderen Situationen Hilfsbereitschaft entgegengebracht wird. Dieses Verzeihenkönnen, was oft nicht einfach ist, zählt zu den menschlichen Tugenden.

Darlegen eigener Gedanken und Gefühle
- Positionierung zum Text (Wertung der Verhaltensweisen)
- eigene Erfahrungen und Erkenntnisse
- persönliche Erlebnisse (eines ausführlich oder mehrere kurz angerissen)

Schlussteil:
- Bogen zur Einleitung schließen
- abschließende Wertung bzw. Bündeln der Erkenntnisse

Aufsatzbeispiel

Freundschaft für immer

Wo Menschen einander mit ihren Stärken und Schwächen ohne Einschränkung annehmen, entstehen Freundschaften. Somit könnte man schlussfolgern, dass Freundschaften gewissen Belastungsproben standhalten. Von solch einer Herausforderung erzählt „Die Geschichte von zwei Freunden“. Es ist erstaunlich und zugleich beeindruckend, wie die beiden Freunde in konfliktreichen Situationen miteinander umgehen und ihre Freundschaft erhalten können. Mich hat dieser Text sehr bewegt und viele Gedanken gingen mir beim Lesen durch den Kopf.
Die Geschichte erzählt von einer Wüstenwanderung zweier Freunde, die plötzlich in Streit geraten, woraufhin der eine den anderen schlägt. Der Geschlagene beklagt sich nicht, sondern schreibt in den Sand, dass er von seinem besten Freund geschlagen wurde. Sie wandern weiter, erreichen eine Oase und beschließen, sich bei einem Bad zu erfrischen. Dabei bleibt der geschlagene Freund im Morast stecken und wird von seinem Freund gerettet. Auch dieses Vorkommnis hält der nun Gerettete schriftlich fest, indem er es in einen Stein ritzt. Verwundert fragt der andere, weshalb er nach dem Geschlagenwerden das Vorkommnis in Sand geschrieben und nach der Rettung in Stein geritzt habe. Darauf erwidert der Freund, dass eine Verletzung, in den Sand geschrieben, vom Wind des Verzeihens weggeweht werden könne, jedoch gute Taten in Stein festgehalten werden sollten, damit sie unvergesslich blieben.
Die Geschichte bietet dem Leser zahlreiche Bilder, die auf das menschliche Leben übertragbar sind. Somit weist sie Merkmale einer Parabel auf. Die Wüstenwanderung der beiden Freunde steht in meinen Augen als Bewährungsprobe für ihre Beziehung. Sie haben Schwierigkeiten, diese zu meistern, was sie in Streit geraten lässt. Diese Verhaltensweise ist nicht außergewöhnlich, denn ich weiß aus eigener Erfahrung, dass körperliche Strapazen den Menschen an seine Belastungsgrenze führen können. Ich reagiere dann oft gereizt und unüberlegt.
Im vergangenen Sommer fuhr ich mit meiner Freundin mit dem Fahrrad zu ihren Großeltern. Wir hatten die Tour lange geplant und gut vorbereitet. Es lagen 37 km Fahrstrecke vor uns, die meist auf gut angelegten Radwegen entlangführte. Aber wir wussten auch, dass ein ganzes Stück auf einer stark befahrenen Straße zu absolvieren war. Schon früh am Morgen starteten wir voller Aufregung und mit großen Erwartungen. Unsere Eltern hatten uns die Rucksäcke bis zum Rand mit lauter leckeren Versorgungspäckchen gefüllt, sodass für herrliche Pausen gesorgt war. Mit zahlreichen guten Ratschlägen verließen wir unseren Ort und fuhren wie geplant auf schattigen Asphaltwegen. Wir waren sehr fröhlich, redeten aufgeregt miteinander und fühlten uns frei. Kein Wölkchen verirrte sich an den Himmel, sodass die Sonne selbst die Luft der Schattenwege in kurzer Zeit aufheizte. „Das ist ja wie in der Sauna“, stellte meine Freundin nach einem guten Stück Weg fest, „Komm, lass uns was trinken!“ „Was, jetzt schon, da kommen wir ja nie an!“, protestierte ich. Trotzdem stoppten wir die Räder, lehnten sie an einen dicken Baumstamm und kramten aus den Rucksäcken unsere Getränke heraus. „Nein, das kann nicht wahr sein, meine Flasche ist halb ausgelaufen!“ Meine Freundin hielt mit zwei Fingern ihre verklebte Saftflasche vor mein Gesicht. Wir betrachteten den Rucksack. Die klebrige Flüssigkeit hatte sich in seinem Inneren ausgebreitet, sodass aller Proviant mit der Apfelsafttunke durchtränkt war. Wir versuchten, mit etwas Mineralwasser die gröbsten Schäden zu beseitigen, aber so richtig zufrieden stimmte uns das Ergebnis nicht. Meine Freundin war verärgert und schweigsam, als wir weiterfuhren. Wir redeten nur noch wenig miteinander. Bald mussten wir den geschützten Radweg verlassen und das beschwerliche Straßenstück lag vor uns. Autos und Lastkraftwagen brausten an uns vorbei. Die Sonne brannte vom Himmel. Meine Freundin, deren Stimmung immer noch getrübt war, stöhnte. „Also los, rein ins Getümmel!“, versuchte ich sie aufzumuntern. „Du immer mit deiner guten Laune!“, sagte sie gereizt. Wir strampelten die leicht ansteigende Straße hinauf und mussten aufpassen, dass uns der Sog der vorbeirauschenden Fahrzeuge nicht in den Straßengraben beförderte. Mir lief das Wasser den Rücken hinunter. Unter meinem Rucksack staute sich die Hitze. „Ich kann nicht mehr“, hörte ich meine Freundin rufen. Doch ich wusste, dass eine Rast

derzeit unmöglich war. „Komm, halt durch! Bis zum nächsten Radweg! Dann ruhen wir uns aus!“ Der Fahrtwind und die Motorengeräusche der großen LKWs verzerrten meine Worte. Ich merkte, dass Angst in mir aufstieg und meine Kräfte schwanden. Meine Freundin wimmerte und begann zu weinen. „Mann, reiß dich zusammen!“, schrie ich nach hinten. Die letzten Meter bis zur Abbiegung wurden zur Höllenfahrt. Das Weinen meiner Freundin versetzte mich noch mehr in Unruhe und ich spürte eine große Verzweiflung. Endlich, endlich sah ich ein Hinweisschild zum Radweg. Wir hatten es gleich geschafft. Meine Beine brannten, mein Gesicht glühte und alle Luft schien aus meinem Körper entwichen zu sein. – Eine große, alte Kastanie nahm uns mit ihrem dichten Blätterdach in Empfang. Ich hörte meine Freundin einige Meter hinter mir stöhnend herannahen. Ich drehte mich erleichtert zu ihr um und wollte ihr zulachen. Doch als sich unsere Blicke trafen, sah ich in ein rotes, wutentbranntes Gesicht. Sie stieg vom Fahrrad, warf es zur Seite, stürzte sich ins Gras und begann bitterlich zu weinen. „Du bist so gemein! Das ist so fies! Das hätte ich nie von dir gedacht!“, rief sie unter Schluchzen. Ich wusste nicht so recht, wie mir geschah. „Was ist los? Weshalb sagst du so etwas?“, wollte ich wissen. „Wie soll ich mich zusammenreißen, wenn ich einfach nicht mehr kann?“, schrie mir meine Freundin mit letzter Kraft entgegen. Ich merkte, wie in mir die Wut aufstieg: „Seit der blöden Sache mit dem Apfelsaft lässt du dich gehen! Du bist total launisch!“ Ich sah, wie sich der Zorn auch in ihr weiter ausbreitete. „Fahr doch alleine weiter, ich dreh um! –Tolle Freundin!“, stieß sie wütend hervor. Genau an dieser Stelle erfuhr unsere Freundschaft eine harte Belastungsprobe. Ich weiß noch genau, wie wir dann schweigend eine lange Zeit in sicherer Entfernung voneinander im Schatten des Kastanienbaumes saßen. Er gab uns Schutz und Ruhe, um wieder zur Besinnung zu kommen. Plötzlich raschelte es in seiner Krone und mir fiel ein kleines Stück Holz auf den Kopf. Erschrocken blickten wir nach oben und dann schauten wir uns verdutzt an. Unsere Augen begannen als erstes zu lachen und dann konnten wir uns nicht mehr beherrschen. Wir lachten aus vollem Herzen und meinten, nicht mehr aufhören zu können. Unser Lachen vertrieb all die Wut und den Zorn. „Du alte Raserin“, stieß meine Freundin zwischen zwei Lachern hervor. „Und du lahme Ente!“, unterbrach ich mein Lachen. „Wir sind wirklich tolle Freundinnen“, stellte meine Freundin etwas verlegen fest. Ich spürte, dass es Zeit war, sich zu versöhnen, und reichte ihr die Hand mit den Worten: „Freundschaft für immer?“ „Ja, für immer“, strahlte sie.

Wenn ich heute daran zurückdenke, durchströmen mich immer noch die unterschiedlichsten Gefühle. Unsere Freundschaft hat bis heute gehalten. Ich weiß, dass dieses Erlebnis entscheidend dazu beigetragen hat, dass wir sehr vertraut miteinander umgehen. Somit ist mir bewusst, dass eine Freundschaft wachsen muss. Ebenso wie Aufrichtigkeit und Sorge um den anderen müssen auch Wut und Zorn aufeinander darin Platz finden. Es ist nicht einfach, in schwierigen Situationen sofort angemessen zu reagieren. Der alte Kastanienbaum hat uns gezeigt, dass man sich Zeit füreinander nehmen muss, um nicht voreilig zu urteilen und zu handeln. Dann ist auch Verzeihen nicht mehr so schwer. Das Glücksgefühl beim Versöhnen entschädigt alle Verletztheiten und schmiedet eng zusammen. Ich selbst habe mich nach unserem Freundschaftsbekenntnis sehr wohl und glücklich gefühlt und weiß heute, dass mich so schnell nichts aus der Bahn wirft. Unsere Freundschaft gibt mir Kraft und ich würde immer um sie kämpfen.

Ich denke, die beiden Freunde in der Geschichte haben ähnliche Erfahrungen gemacht und hatten die Chance, zu wichtigen Erkenntnissen über ihre Freundschaft zu gelangen. Wenn jeder Mensch solch eine Freundschaft erleben könnte und die positiven Erfahrungen des „Verzeihenkönnens“ machen dürfte, wäre es ganz sicher freudvoller und friedlicher auf dieser Welt.

Aufgabe:

Die Kurzgeschichte zeigt eine Momentaufnahme aus dem Leben eines alten Mannes. Charakterisieren Sie ihn als literarische Figur.

Ernest Hemingway (1899–1961): Alter Mann an der Brücke

Ein alter Mann mit einer stahlgeränderten Brille und sehr staubigen Kleidern saß am Straßenrand. Über den Fluß führte eine Pontonbrücke. Karren, Lastautos, Männer, Frauen und Kinder überquerten sie. Die von Maultieren gezogenen Karren schwankten die steile Uferböschung hinter der Brücke hinauf, Soldaten halfen und stemmten sich in die Speichen der Räder. Die Lastautos arbeiteten schwer, um aus alldem herauszukommen, und die Bauern stapften in dem knöcheltiefen Staub einher. Aber der alte Mann saß da, ohne sich zu bewegen. Er war zu müde, um noch weiterzugehen.

Ich hatte den Auftrag, die Brücke zu überqueren, den Brückenkopf auf der anderen Seite auszukundschaften und ausfindig zu machen, bis zu welchem Punkt der Feind vorgedrungen war. Ich tat das und kehrte über die Brücke zurück. Jetzt waren dort nicht mehr so viele Karren und nur noch wenige Leute zu Fuß, aber der alte Mann war immer noch da.

„Wo kommen Sie her?", fragte ich ihn.

„Aus San Carlos", sagte er und lächelte.

Es war sein Heimatort, und darum machte es ihm Freude, ihn zu erwähnen, und er lächelte.

„Ich habe Tiere gehütet", erklärte er.

„So", sagte ich und verstand nicht ganz.

„Ja", sagte er, „wissen Sie, ich blieb, um die Tiere zu hüten. Ich war der letzte, der die Stadt San Carlos verlassen hat."

Er sah weder wie ein Schäfer noch wie ein Rinderhirt aus, und ich musterte seine staubigen schwarzen Sachen und sein graues, staubiges Gesicht und seine stahlgeränderte Brille und sagte: „Was für Tiere waren es denn?"

„Allerhand Tiere", erklärte er und schüttelte den Kopf. „Ich mußte sie dalassen."

Ich beobachtete die Brücke und das afrikanisch aussehende Land des Ebro-Deltas und war neugierig, wie lange es jetzt wohl noch dauern würde, bevor wir den Feind sehen würden, und ich horchte die ganze Zeit über auf die ersten Geräusche, die immer wieder das geheimnisvolle Ereignis ankündigen, das man ‚Fühlung nehmen' nennt, und der alte Mann saß immer noch da.

„Was für Tiere waren es?", fragte ich.

„Es waren im ganzen drei Tiere", erklärte er. „Es waren zwei Ziegen und eine Katze und dann noch vier Paar Tauben."

„Und Sie mußten sie dalassen?", fragte ich.

„Ja, wegen der Artillerie. Der Hauptmann befahl mir fortzugehen, wegen der Artillerie."

„Und Sie haben keine Familie?", fragte ich und beobachtete das jenseitige Ende der Brücke, wo ein paar letzte Karren die Uferböschung herunterjagten.

„Nein", sagte er, „nur die Tiere, die ich angegeben habe. Der Katze wird natürlich nichts passieren. Eine Katze kann für sich selbst sorgen, aber ich kann mir nicht vorstellen, was aus den andern werden soll."

„Wo stehen Sie politisch?", fragte ich.

„Ich bin nicht politisch", sagte er. „Ich bin sechsundsiebzig Jahre alt. Ich bin jetzt zwölf Kilometer gegangen, und ich glaube, daß ich jetzt nicht weitergehen kann."

„Dies ist kein guter Platz zum Bleiben“, sagte ich. „Falls Sie es schaffen könnten, dort oben, wo die Straße nach Tortosa abzweigt, sind Lastwagen.“
„Ich will ein bißchen warten“, sagte er, „und dann werde ich gehen. Wo fahren die Lastwagen hin?“
„Nach Barcelona zu“, sagte ich ihm.
„Ich kenne niemand in der Richtung“, sagte er, „aber danke sehr. Nochmals sehr schönen Dank.“
Er blickte mich ganz ausdruckslos und müde an, dann sagte er, da er seine Sorgen mit jemandem teilen mußte: „Der Katze wird nichts passieren, das weiß ich; man braucht sich wegen der Katze keine Gedanken zu machen. Aber die andern; was glauben Sie wohl von den andern?“
„Ach, wahrscheinlich werden sie heil durch alles durchkommen.“
„Glauben Sie das?“
„Warum nicht?“, sagte ich und beobachtete das jenseitige Ufer, wo jetzt keine Karren mehr waren.
„Aber was werden sie unter der Artillerie tun, wo man mich wegen der Artillerie fortgeschickt hat?“
„Haben Sie den Taubenkäfig unverschlossen gelassen?“, fragte ich.
„Ja.“
„Dann werden sie wegfliegen.“
„Ja, gewiß werden sie wegfliegen. Aber die andern? Es ist besser, man denkt nicht an die andern“, sagte er.
„Wenn Sie sich ausgeruht haben, würde ich gehen“, drängte ich.
„Stehen Sie auf, und versuchen Sie jetzt einmal zu gehen.“
„Danke“, sagte er und stand auf, schwankte hin und her und setzte sich dann rücklings in den Staub.
„Ich habe Tiere gehütet“, sagte er eintönig, aber nicht mehr zu mir.
„Ich habe doch nur Tiere gehütet.“
Man konnte nichts mit ihm machen. Es war Ostersonntag, und die Faschisten rückten gegen den Ebro vor. Es war ein grauer, bedeckter Tag mit tiefhängenden Wolken, darum waren ihre Flugzeuge nicht am Himmel. Das und die Tatsache, daß Katzen für sich selbst sorgen können, war alles an Glück, was der alte Mann je haben würde. (1938)

Hemingway, Ernest: Die Stories. Übersetzt von Annemarie Horschitz-Horst. Reinbek bei Hamburg: Rowohlt 1990, S. 73–75

Lösung

Hinweis: Laut Aufgabenstellung handelt es sich bei dem vorliegenden Text um eine Kurzgeschichte, in der „eine Momentaufnahme aus dem Leben eines alten Mannes“ dargestellt wird. Diese literarische Figur soll von dir charakterisiert werden.
Die literarische Charakteristik setzt eine gründliche Textuntersuchung voraus. Während des mehrfachen Lesens der Kurzgeschichte markierst du alle Besonderheiten, Wesensmerkmale, Handlungsweisen und Äußerungen des alten Mannes, die du im Text entdeckst.
Eine Charakteristik enthält Angaben über:
- *das Äußere einer literarischen Figur*
- *das typische Verhalten*
- *die inneren Eigenschaften*
- *ihre Einstellungen und Wertvorstellungen*
- *die persönlichen Lebensumstände*

Wie umfangreich die verschiedenen Aspekte in deiner Charakteristik beleuchtet werden, hängt vom Inhalt des jeweiligen Texts ab.
Nach der Textbearbeitung musst du dir Gedanken über die Struktur deines Aufsatzes machen. Es ist möglich, anhand des Handlungsverlaufs der Kurzgeschichte eine Entwicklung der literarischen Figur zu veranschaulichen. Bei diesem Vorgehen musst du die Geschichte in Sinneinheiten einteilen (vgl. Stoffsammlung A). Du kannst aber auch die oben aufgelisteten Aspekte der Charakteristik als Gliederungspunkte für deine Ausführung nutzen (vgl. Stoffsammlung B).
Alle von dir im Text aufgespürten Hinweise zur literarischen Figur helfen dir, der Person des alten Mannes näher zu kommen und sich mit ihr vertraut zu machen. Dementsprechend müssen die Textaussagen von dir gedeutet und gewertet werden. Dabei können die Interpretationsansätze durchaus verschieden sein.
Mach dir kein schnelles Bild! Schau hinter die Äußerlichkeiten und entdecke, was das Zeitgeschehen mit einem Menschen anrichten kann!
Ernest Hemingway war ein solcher guter Beobachter:

Anmerkungen zum Autor Ernest Hemingway

Ernest Miller Hemingway wurde am 21. Juli 1899 in Oak Park/Illinois als Sohn eines Landarztes und einer Opernsängerin geboren. Als Achtzehnjähriger begann er seine journalistische Laufbahn als Lokalreporter. Er gilt als einer der erfolgreichsten US-amerikanischen Schriftsteller des 20. Jahrhunderts und Erneuerer der amerikanischen Kurzgeschichte. 1954 erhielt er den Literaturnobelpreis. Sein schriftstellerisches Schaffen wurde durch sein abwechslungsreiches Leben als Reporter, Kriegsberichterstatter, Abenteurer, Hochseefischer und Großwildjäger maßgeblich beeinflusst. Er bereiste zahlreiche Kriegsschauplätze. Als Reporter ging Ernest Hemingway beispielsweise 1937 nach Spanien, um von der Auseinandersetzung der spanischen Volksfront mit den Faschisten unter General Franco zu berichten. Seine Wahlheimat war Kuba, wo er heute noch hoch verehrt wird. Hemingway beendete sein Leben wie sein Vater durch Selbstmord. Er erschoss sich am 2. Juli 1961 in Ketchum nach langer, schwerer Krankheit.

Stoffsammlung A
Charakterisierung orientiert am Handlungsverlauf

Sinneinheiten	Inhalt	Deutung
1. SE Z. 1–7	„alter Mann … stahlgeränderten Brille … sehr staubigen Kleidern saß am Straßenrand.“ (Z. 1/2)	Äußeres verweist auf Strapazen und Armut
	mitten in den Fluchtszenarien eines Krieges	Opfer des Krieges
	„saß da, ohne sich zu bewegen. Er war zu müde, um noch weiterzugehen.“ (Z. 6/7)	große Erschöpfung; scheint der Situation ausgeliefert
2. SE Z. 8–11	Ich-Erzähler klärt seine Rolle im Geschehen	wird zum Vermittler zwischen altem Mann und Leser
	(militärischer Kundschafter) und trifft auf Hauptfigur	

3. SE Z. 12–19	Dialog zwischen Ich-Erzähler und altem Mann Leser erfährt zur Hauptfigur: „Aus San Carlos … lächelte“ (Z. 13) „Heimatort … machte … Freude … zu erwähnen … lächelte“ (Z. 14/15) „Tiere gehütet“ (Z. 16) „war der letzte, der die Stadt … verlassen hat“ (Z. 18/19)	einsamer Mann, der für seine Tiere gelebt hat → aufopferungsvoll Vertrautheit entsteht → alter Mann aufgeschlossen, kontaktfreudig
4. SE Z. 20–23	Beobachtung des Ich-Erzählers: sieht in altem Mann nicht den Hirten (Z. 20) sieht seine „staubigen schwarzen Sachen … graues staubiges Gesicht … stahlgeränderte Brille …“ (Z. 20–22) Frage nach den Tieren → weckt weitere Vertrautheit	Zäsur: Unterbrechung des Gesprächs äußere Erscheinung des alten Mannes erhält Symbolkraft: Brille als Zeichen für Wachsamkeit Kleidung verdeutlicht Schicksal und Kriegsentbehrungen
5. SE Z. 24–28	Ich-Erzähler in seiner militärischen Mission (Feind ausfindig machen) → alter Mann bleibt unverändert sitzen	Kontrast zwischen Befehlsausführung und Schicksal der Zivilbevölkerung → alter Mann verdeutlicht Absurdität des Krieges
6. SE Z. 29–41	Weiterführung des Gesprächs über die Tiere, die zurückgelassen wurden und für den alten Mann seine Familie darstellen „Eine Katze kann für sich selbst sorgen, aber ich kann mir nicht vorstellen, was aus den andren werden soll.“ (Z. 37/38) Frage nach politischer Gesinnung → Antwort: „nicht politisch“ (Z. 40); „…bin sechsundsiebzig Jahre alt … zwölf Kilometer gegangen … glaube, daß ich jetzt nicht weitergehen kann“ (Z. 40/41)	alter Mann zeigt sich hilflos, einsam kleiner Hoffnungsschimmer, der seine Sorgen nicht vertreiben kann Opfer des Krieges bzw. des Versagens der Politik mit der Situation völlig überfordert
7. SE Z.42–48	„Dies ist kein guter Platz zum Bleiben … dort oben … sind Lastwagen“ (Z. 42/43) „Ich kenne niemand in der Richtung … Nochmals sehr schönen Dank.“ (Z. 47/48)	Sorge des Ich-Erzählers Vertrautheit und Sympathie spürbar keine wirkliche Lösung für alten Mann; zeigt Dankbarkeit gegenüber angebotener Hilfe

8. SE Z. 49–63	„blickte … ausdruckslos und müde…“ (Z. 49) „da er seine Sorgen mit jemandem teilen mußte“ (Z. 49/50) „Aber die andren; was glauben sie wohl von den andren?“ (Z. 51/52) „werden sie heil durch alles durchkommen“ (Z. 53) „Ja, gewiß werden sie wegfliegen. Aber die anderen? Es ist besser, man denkt nicht an die anderen“ (Z. 62/63)	alter Mann versucht Hoffnung im weiteren Gesprächsverlauf zu schöpfen → wirkt in seiner Hilflosigkeit fast wie ein Kind Leser spürt Verzweiflung und Müdigkeit
9. SE Z. 64–69	Ich-Erzähler muss fort und würde den Mann gern dazu bringen, weiterzugehen „ ‚Danke‘, sagte er und stand auf, schwankte hin und her und setzte sich dann rücklings in den Staub“ (Z. 66/67) „Ich habe Tiere gehütet … Ich habe doch nur Tiere gehütet“ (Z. 68/69)	erneute Einsamkeit für den alten Mann droht völlig ermattet → ausgeliefert, ohne Perspektive zeigt erneut Dankbarkeit große Verzweiflung bleibt
10. SE Z. 70–73	„Man konnte nichts mit ihm machen“ (Z. 70) „Ostersonntag“ (Z. 70) ↔ „… Faschisten rückten … vor“ (Z. 70/71) „grauer, bedeckter Tag mit tiefhängenden Wolken“, „Flugzeuge nicht am Himmel“ (Z. 71/72) „… daß Katzen für sich selbst sorgen können, war alles an Glück, was der alte Mann je haben würde.“ (Z. 72/73)	Ambivalenz drückt auch Verzweiflung des Ich-Erzählers aus, der vom Schicksal des alten Mannes berührt ist → trotz eindeutiger Gefahren bleibt ein Hoffnungsschimmer Leser bleibt mit seiner Vermutung über den Ausgang der Geschichte allein dieses Schicksal erregt Anteilnahme

Stoffsammlung B

Charakterisierung orientiert an Untersuchungskriterien

Kriterien	Textbeobachtungen	Deutungen
Äußeres (Gestalt, Gesicht, Haltung, Haare, Alter, Kleidung, Gesten, Bewegungen, Stimme, Sprache)	„alter Mann“ (Z. 1), „stahlgeränderte[…] Brille“ (Z. 1, 21/22), „sehr staubige[…] Kleider[…]“ (Z. 1), „staubige[…] schwarze[…] Sachen“ (Z. 20/21), „sein graues, staubiges Gesicht“ (Z. 21) „Er sah weder wie ein Schäfer noch wie ein Rinderhirt aus …“ (Z. 20) „saß da, ohne sich zu bewegen … zu müde … weiterzugehen“ (Z.6/7)	→ vom Leben und den äußeren Umständen gezeichneter Mann → erschöpft, niedergeschlagen → Opfer des Krieges
Eigenschaften (abzulesen an Benehmen, wiederholten Handlungen, Reaktionen in bestimmten Situationen, allgemeinen Verhaltensweisen)	„… der alte Mann war immer noch da.“ (Z. 11, 28) Es „machte … ihm Freude“ (Z. 14), seinen Heimatort zu erwähnen „Ich habe Tiere gehütet“ (Z. 16), „Allerhand Tiere“ (Z. 23), „… zwei Ziegen und eine Katze … vier Paar Tauben“ (Z. 30/31) „jetzt nicht weitergehen kann“ (Z. 41) „ausdruckslos und müde“ (Z. 49) „ ‚Danke‘, sagte er und stand auf, schwankte hin und her und setzte sich dann rücklings in den Staub“ (Z. 66/67) „Ich habe Tiere gehütet … Ich habe doch nur Tiere gehütet“ (Z. 68/69)	→ große Verbundenheit und Zuneigung gegenüber seiner Heimatstadt → Tiere = Familienersatz → aufopfernd, verantwortungsvoll →kontaktfreudig und ohne Argwohn → nimmt sein Schicksal hin →höflich und dankbar → frei von Schuld

Einstellungen/ Wertvorstellungen	„ich blieb, um die Tiere zu hüten“ (Z. 18), „letzte, der die Stadt … verlassen hat“ (Z. 18/19) „Ich bin nicht politisch“ (Z. 40) „Der Katze wird nichts passieren … was glauben Sie wohl von den andern?“ (Z. 50–52) „Aber die andern? Es ist besser, man denkt nicht an die andern“ (Z. 62/63)	→ verantwortungsbewusst → Unverständnis gegenüber der derzeitigen Situation → macht keinerlei Schuldzuweisungen → besorgt → die Bedrohlichkeit der Kriegssituation ist ihm egal, für ihn zählen nur die Tiere
Persönliche Verhältnisse (familiäre Situation, Beruf, Wohnverhältnisse, Herkunft, Zugehörigkeit gesellschaftlicher Gruppen oder Parteien)	„San Carlos“ (Z. 13), „Heimatort“ (Z.14) „… keine Familie” (Z. 34), „Ich bin nicht politisch” (Z. 40); „bin sechsundsiebzig Jahre alt“ (Z. 40) „… kenne niemand in … Barcelona“ (Z. 46/47)	→ sehr einsamer Mensch → kein Zuhause und keine Familie (besitzlos) → außer von der Tierzucht erfährt der Leser nichts über seine Vergangenheit → damit hoher Stellenwert seiner Tiere deutlich und Sorge nachvollziehbar am Ende noch ein wenig Hoffnung Schicksal bleibt offen

Gliederung

Hinweis: Ganz gleich, für welche Vorgehensweise du dich entscheidest, dein Aufsatz sollte sich in Einleitung, Hauptteil und Schluss gliedern.

Einleitung:

Übersichtssatz; Problematik des Texts bzw. Verweis auf das Schicksal der Hauptfigur
oder
erste Konfrontation mit der Hauptfigur (Kennenlernen durch Anführen einer Textstelle)

Hauptteil:

Inhaltsangabe bzw. Klärung, worum es im Text geht
Charakterisierung (je nach gewählter Vorgehensweise)
Intention des Autors; Wirkung auf den Leser

Schluss:

persönliche Wertung
Aktualität der Figurenproblematik und deren Darstellung

Aufsatzbeispiel

Einleitung

In der Kurzgeschichte „Alter Mann an der Brücke“ von Ernest Hemingway aus dem Jahr 1938 wird der Leser aus der Sicht eines Ich-Erzählers mit einem verzweifelten und völlig geschwächten alten Mann inmitten einer Fluchtsituation konfrontiert. Das am Rande dargestellte Kriegsgeschehen während der Zeit des spanischen Faschismus prägt das Schicksal dieser Figur maßgeblich.

Hauptteil

Zu Beginn der Kurzgeschichte erblickt der Leser den alten Mann in seiner verstaubten Kleidung inmitten fliehender Menschen, die mit ihrem verbliebenen Hab und Gut einen Fluss überqueren. Innerhalb dieses bewegten Bildes sitzt er starr und erschöpft am Rande des Wegs an einer Brücke, wodurch er die Aufmerksamkeit des Ich-Erzählers, eines Soldaten mit Kundschafterauftrag, auf sich zieht. Interessiert am Schicksal des Alten, spricht ihn der Soldat an und erfährt seine Geschichte: Der alte Mann musste aus seiner Heimatstadt, San Carlos, die zwischen die Kriegsfronten geraten war, fliehen und seine Tiere, die er dort gehütet hatte, zurücklassen.

Nachdem der Flüchtlingsstrom abgeebbt ist, versucht der Soldat, den Alten zum Weitergehen aufzumuntern, doch im weiteren Gespräch wird klar, dass dieser keine Familie mehr hat und er in Sorge um seine Tiere keine Kraft mehr findet, seinen Weg fortzusetzen. Die tröstenden Worte des Soldaten und seine Bemühungen, dem Alten zu helfen, nimmt dieser dankend entgegen, bleibt jedoch mit wenig Hoffnung und Zuversicht an der Brücke allein zurück. Welches Schicksal den alten Mann erwartet, kann der Leser nur vermuten.

Schon durch die Überschrift wird deutlich, dass die Figur des alten Mannes die zentrale Bedeutung in der Kurzgeschichte einnimmt. Sein äußeres Erscheinungsbild prägen seine „sehr staubigen Kleider[…]“ (Z. 1) und eine „stahlgeränderte[…] Brille“ (Z. 1, 21/22). Auch sein Gesicht ist staubig und grau (vgl. Z. 21). In seiner Bewegungslosigkeit erscheint er „zu müde, um noch weiterzugehen“ (Z. 7). Es wird schnell klar, dass er einsam und verlassen ist, da ihm niemand hilft. Der Flüchtlingsstrom zieht als anonyme Masse an ihm vorbei. Nur der Soldat, der als Kundschafter auf der Brücke unterwegs ist, nimmt sich seiner an. Der Ich-Erzähler ist etwas verwundert, als er erfährt, dass der Alte Tiere gehütet hat, da er „weder wie ein Schäfer noch wie ein Rinderhirt“ (Z. 20) aussieht. Aber über sein weiteres Aussehen oder seinen tatsächlichen Beruf wird nichts gesagt.

Im ersten kurzen Dialog zwischen den beiden Hauptfiguren zeigt sich der Alte aufgeschlossen und ohne Argwohn. Er berichtet dem Soldaten, dass er aus San Carlos kommt. Beim Erwähnen des Ortsnamens nimmt der Ich-Erzähler ein Lächeln auf dem Gesicht des Alten wahr, woraus er schlussfolgert, dass es dessen Heimatstadt sein muss. Diese Heimatverbundenheit und die große Sorge um seine Tiere haben den alten Mann trotz großer Gefahr dazu veranlasst, als Letzter die Stadt zu verlassen. Das ungewisse Schicksal dieser Tiere prägt hauptsächlich seine Gedanken während des Geschehens. Er sorgt sich um die Tiere wie ein Mann um seine Familie. Es gibt für ihn keinen Grund zu fliehen, wenn er nicht weiß, was aus den zurückgelassenen Tieren wird. Durch diese Ungewissheit und seine Erschöpfung durch die Strapazen scheint er der Situation ausgeliefert zu sein. Auch sein hohes Alter, immerhin ist er „sechsundsiebzig Jahre alt“ (Z. 40), lässt vermuten, dass er bald ein Opfer dieses Krieges wird.

Mit höflichen Gesten und voll Dankbarkeit begegnet der Alte der Hilfsbereitschaft des Soldaten. Er ist froh, dass ihm jemand zuhört und sich für ihn interessiert, „da er seine Sorgen mit jemandem teilen mußte“ (Z. 49/50). Gern spekuliert er darüber, wie sich seine Tiere retten könnten: „Der Katze wird natürlich nichts passieren. Eine Katze kann für sich selbst sorgen, aber ich kann mir nicht vorstellen, was aus den andern werden soll.“ (Z. 36–38). Ebenso beruhigt ihn die Tatsache, dass er „den Taubenkäfig unverschlossen gelassen“ (Z. 59) hat, was ihm im Gespräch mit dem Soldaten wieder einfällt. Am Ende bedankt er sich beim Ich-

Erzähler für die Bemühungen, ihm beim Weitergehen behilflich zu sein, denn der herannahende Feind ist bereits zu spüren. Doch das bereitet dem Alten keine Angst, da er sein Unglück nicht begreifen kann. Er fühlt sich gegenüber dem Grauen, das ihn umgibt, unschuldig, indem er feststellt: „Ich habe Tiere gehütet ... Ich habe doch nur Tiere gehütet." (Z. 68/69). Dieses Unverständnis gegenüber den Umständen kommt im gesamten Gesprächsverlauf zum Tragen. Er, der als Letzter die Stadt verließ, „um die Tiere zu hüten" (Z.18), trägt aufrichtig und stolz die Verantwortung für andere Lebewesen. Dies steht im eindeutigen Widerspruch zum menschenverachtenden Charakter des Kriegs. Trotzdem macht der Alte niemanden direkt für sein Schicksal verantwortlich. Selbst auf die Frage des Soldaten: „Wo stehen Sie politisch?" (Z. 39) antwortet er nüchtern: „Ich bin nicht politisch" (Z. 40).
Für den Leser erscheint das weitere Schicksal des Alten am Ende der Geschichte ungewiss. Diesen einsamen alten Menschen, der kein Zuhause mehr hat und der das Wichtigste, das er besaß, verlor, platziert der Ich-Erzähler am Ende in ein widersprüchliches Bild. Einerseits bietet es Schutz und sogar etwas Zuversicht. Der Ostersonntag, als Fest der Auferstehung, gibt Anlass zu der Annahme, dass noch nicht alles verloren sei. Auch dass die faschistischen Flugzeuge durch die Wetterlage keine Bedrohung darstellen können, wäre als hoffnungsvolles Zeichen zu deuten. Kraft spendet dem Alten das Wissen, „daß Katzen für sich selbst sorgen können" (Z. 72/73). Andererseits offenbart sich weiterhin ein Bild der Bedrohung, denn „die Faschisten rückten gegen den Ebro vor" (Z. 70/71) und die Gefahr, dass ihre Flugzeuge bei günstiger Wetterlage auftauchen, bleibt jederzeit bestehen. Mit dieser Ungewissheit endet die Kurzgeschichte. Was wirklich geschehen wird, bleibt offen.
Mit diesem Schlussbild schafft der Erzähler für mich ein Bild der Stärke. Solange Menschen einen Lebenssinn für sich erhalten können, machen sie sich unbesiegbar.
Menschliche Werte wie Aufrichtigkeit, Zuverlässigkeit, Aufopferungsbereitschaft und Freundlichkeit helfen, Zeiten des Grauens zu überstehen. Der alte Mann tritt beinah wie ein Kind in seiner Reinheit und Schuldlosigkeit in Erscheinung. Damit wirkt er wie ein Verkünder des Friedens. Seine gesamte Erscheinung und seine Ängste und Sorgen prangern den Krieg in seiner Sinnlosigkeit und Grausamkeit an.

Schluss

Ich habe als Leser sehr große Sympathien für die Figur des alten Mannes entwickelt. Wenn Menschen zum Wohle anderer etwas riskieren und sich einsetzen, ist das keine Selbstverständlichkeit. In diesem speziellen Fall galt die Zuwendung einfachen Haustieren, was in Kriegszeiten vielleicht etwas absurd anmuten lässt. Doch ich glaube, gerade im Krieg, wo der Respekt vor jeglichem Leben erlischt, erscheint diese Liebe des Alten zu seinen Tieren sehr würdevoll und die Kriegsverbrechen offenbaren sich in ihrer Abscheulichkeit.
In mir ruft das Schicksal des alten Mannes großes Mitleid hervor und ich bin dem Ich-Erzähler sehr dankbar, dass er sich ihm so zugewandt hat. Ich hoffe ganz fest, dass dieser liebenswerte alte Mann in irgendeiner Form Rettung erhalten konnte.
Die Kurzgeschichte „Alter Mann an der Brücke" entstand zwar als konkrete Reaktion auf die spanischen Kriegswirrnisse während des Faschismus, sie könnte sich jedoch in jeder anderen Kriegsregion so abspielen. Das Schicksal der Zivilbevölkerung ähnelt sich, ganz gleich zu welcher Zeit oder an welchem Ort der Krieg stattfindet. Die Darstellung konkreter Einzelschicksale bietet die Möglichkeit, sich mit den Menschen zu identifizieren bzw. zu solidarisieren und den Krieg als legitimes Machtmittel auf das Schärfste zu verurteilen.

Realschulabschluss Deutsch in Thüringen: Prüfungsaufgaben 2011
Aufgabe 3

Aufgabe:
Erörtern Sie die im Leserbrief angesprochene Problematik.

Deutsch in 50 Jahren historische Sprache

Welcher Blödsinn uns da aufgezwungen wird, kann man in der Werbung, in den Zeitungen und Zeitschriften täglich lesen, beziehungsweise nicht lesen, weil man es nicht versteht. Schauen Sie doch einfach mal in die Blätter, die bisher in diesem Jahr erschienen sind. Programmgestalter, vermutlich auch Germanisten, setzten da fast nur Negativbeispiele ein wie „The best of Mainzer Karneval". Das grenzt meines Erachtens schon fast an Größenwahn. Die Programme dieses Wochenendes werden für mindestens sechzig Prozent unserer Bevölkerung als nicht begreifbar dargestellt, nämlich in Englisch. Auch die von den Medien heiß umworbene Jugend ist längst nicht immer in der Lage, das Englischgestammel zu verstehen. Sie schaut aber auch nicht im Wörterbuch nach, sondern nimmt diese Sprachentgleisungen kommentarlos, aber unverstanden hin. Schließlich wurde das in englischer Sprache geschrieben. Und Englisch ist eben „in". Arme Zukunft. Ich schaue mir keine Werbung im Fernsehen an, um diesen Versprechungen in Englisch nicht auf den Leim zu kriechen. Gleiches sollte auch für die Zeitungen gelten. Leider kann ich nicht ganz auf dieses Medium verzichten, weil ich informiert sein möchte, wie viele andere Leser und Kunden auch. Doch was nutzt die beste Zeitung, wenn sie sich nur noch in denglischer Form darstellt? Man kann nicht alles bekämpfen. Man sollte es aber tun.

Hans-Dieter K.

In: Westfalen-Blatt, 24. 04. 2001

Lösung

Hinweis: Die Aufgabenstellung verlangt von dir, die im Leserbrief angesprochene Problematik zu erörtern. Hinweise zur Aufsatzform des freien Erörterns findest du im Kapitel A dieses Buches. Um die Problemstellung herauszufiltern, ist es notwendig, den Text zunächst genau zu lesen. Die darin enthaltenen Argumente können in deinem Aufsatz Berücksichtigung finden, das ist aber nicht zwingend notwendig.
Nachdem du das Thema analysiert und eingegrenzt sowie eine schlüssige Erörterungsfrage formuliert hast, bestimmst du den Darstellungstypus (linear oder Pro-Kontra). Kläre im Anschluss den Begriff „denglisch". Nun kannst du den Aufbau des Aufsatzes planen. Erstelle dazu eine stichpunktartige Stoffsammlung, die du in eine dem Darstellungstypus angemessene geordnete Reihenfolge bringst. Das ist die Gliederung für deinen Aufsatz.

Analyse und Eingrenzen des Themas
zunehmendes Einfließen der englischen Sprache in den deutschen Sprachgebrauch

↓

verstärkte Verständnisprobleme bei Jung und Alt

↓

zunehmende Sprachentgleisung durch Verwendung von Denglisch

↓

Ist Deutsch in 50 Jahren eine historische Sprache?

Formulieren der Erörterungsfrage aus der vorgegebenen Problematik
Führt die zunehmende Verwendung von Denglisch zu Verständnisproblemen, Sprachentgleisung und zur Verdrängung der deutschen Sprache?

↓

kontroverse Diskussion der Frage = kritische Auseinandersetzung in Form einer Pro-Kontra-Erörterung

Klärung des Schlüsselbegriffes

Hinweis: Zur Klärung des Begriffes „denglisch" kannst du den Duden zurate ziehen: denglisch = laut Duden: abwertend für deutsch mit [zu] vielen englischen Ausdrücken vermischt

Stichpunktartige Stoffsammlung und Gliederung

Einleitung

Hinführen zum Thema durch persönliche Erfahrung oder Verweis auf Aktualität anhand eines Beispiels aus den Medien (eventuell Verweis auf den Leserbrief).

Hauptteil

Hinweis: Zu Beginn deines Hauptteils hältst du die Erörterungsfrage fest. Dieses Vorgehen stellt sicher, dass du die Problemstellung nicht aus den Augen verlierst und somit der Aufgabenstellung gerecht wirst. Lass die Klärung des Schlüsselbegriffes mit einfließen.
Zum Sammeln der Pro- und Kontra-Argumente eignet sich die Tabellenform. So behältst du die Übersicht über die Ausgewogenheit deiner Argumente. Um sowohl inhaltlich als auch vom Umfang her zu überzeugen, solltest du nicht mehr als jeweils drei Pro- und drei Kontra-Argumente anführen. Ordne diese ihrer Wichtigkeit nach an, indem du mit dem schwächsten Argument beginnst und mit dem stärksten abschließt. Beim Ausformulieren musst du zudem den Aufbau eines Arguments berücksichtigen (Behauptung → Begründung → Beispiel; Hinweise siehe Kapitel A).
Die nachfolgenden Argumente stellen eine mögliche Auswahl dar.

Pro	Kontra
Sprachmix führt zu Verständnisproblemen	Englischkenntnisse als Grundvoraussetzung im heutigen Leben
Verunstaltung seriöser Meldungen durch Sprachentgleisungen → unnötiges Verdrängen der deutschen Sprache	Deutschland schon immer Einflüssen anderer Sprachen unterworfen
Infragestellen der Glaubwürdigkeit der Aussagen	internationale und weltoffene Wirkung durch Englischsprachigkeit

Schluss

Fazit: Zusammenfassen der Ausführungen und Darlegen des eigenen Standpunktes

Aufsatzbeispiel

Einleitung

„The best of Mainzer Karneval" – „Informieren Sie sich am Service Point!" – „Ich muss meinen Computer updaten." – Ob im Fernsehen oder im Radio, in der Zeitung oder in der Zeitschrift, in öffentlichen Gebäuden oder im persönlichen Sprachgebrauch – immer mehr englische Wörter finden sich in unserem Alltag wieder. Während sich die einen daran kaum stören, betrachten andere die Entwicklung mit Sorge. Die bestehenden Bedenken unterstreicht zum Beispiel die Kölner A-Capella Gruppe „Wise Guys" mit ihrem Lied „Denglisch", das die übermäßige Aufnahme englischen Wortschatzes in unser deutsches Sprachgut auf humorvolle Art und Weise kritisiert.

Hauptteil

Ob die zunehmende Verwendung von Denglisch zu Verständnisproblemen, zur „Sprachentgleisung" und zur Verdrängung der deutschen Sprache führt, möchte ich in nachfolgender Erörterung diskutieren.
Der Duden verdeutlicht, dass der Begriff „denglisch" als „abwertend für deutsch mit [zu] vielen englischen Ausdrücken vermischt" an sich schon mit einer negativen Bedeutung verbunden ist. Gemeint ist also nicht die Verwendung der englischen Sprache z. B. für Durchsagen am Bahnhof oder auf dem Flughafen für internationale Reisende, sondern die zumeist unsinnige Vermischung von Deutsch und Englisch.
Dieser Sprachenmix ist von vielen Deutschen teils nicht zu verstehen. Gerade die ältere Generation, die häufig keinen Englischunterricht in der Schule hatte, steht diesem Problem gegenüber. Hans-Dieter K. schreibt in seinem Leserbrief an das Westfalen-Blatt vom 24. 04. 2001, dass über sechzig Prozent der Bevölkerung das Wochenendprogramm der Fernsehzeitschriften nicht begreifen. Die Menschen fühlen sich überfordert und nehmen nur noch Ton und Bild der Werbung auf, ohne über deren Aussagen nachzudenken. Dieser Vorwurf wird auch den Jugendlichen gemacht, obwohl jene mit ihrer Englisch-Schulbildung die Entlehnungen aus dem englischen Sprachraum eigentlich erfassen müssten. Dieser Kritik von Hans-Dieter K. stimme ich zu: Ich nehme Slogans wie „Come in and find out" einfach so hin oder baue Ausdrücke wie „Coffee-to-go" häufig sogar in meine Alltagssprache ein. Unbekannte Wörter schlage ich in der Regel nicht im Wörterbuch nach.
Denglische Wort- oder Satzkonstruktionen erscheinen nicht nur anstrengend und unverständlich, sondern oft auch sinnlos und überflüssig. Herr K. zum Beispiel findet es peinlich und lächerlich, wenn eine Zeitung „The best of Mainzer Karneval" titelt. Denglisch verunstaltet somit auch seriöse Zeitungsartikel und Fernsehberichte auf unnötige Art und Weise. Warum kann im oben genannten Beispiel der Titel nicht einfach „Das Beste vom Mainzer Karneval" lauten und dadurch dem Verdrängen der deutschen Sprache entgegenwirken? Letzterem

Aspekt sollte unbedingt mehr Beachtung geschenkt werden. So ist bei einigen Wörtern, z. B. Slogan, Handout, canceln oder Location, die deutsche Entsprechung bereits in den Hintergrund getreten.
Gleichzeitig wird die Glaubwürdigkeit der Aussage oder des beworbenen Produkts herabgesetzt. Wenn ein englisches Wort falsch verwendet wird, dann stiftet es Verwirrung. Gleichgültig, ob die falsche Verwendung absichtlich in der Werbung geschieht oder aus Versehen, weil der Urheber selbst kein fehlerfreies Englisch spricht – der Angesprochene ist irritiert. Er lernt ein fehlerhaftes Englisch und glaubt, dass das Aufgenommene richtig sei. Ein Beispiel hierfür ist der Name eines Cafés in einer ostthüringischen Großstadt. Ich hatte lange Zeit gedacht, dass „Black bone“ für „Schwarze Bohne“ steht.

Doch wie kann es sein, dass der Einfluss der englischen Sprache immer größer wird, wenn so viele Vorbehalte in der Bevölkerung bestehen?
Englisch ist die Weltsprache. Ohne Englischkenntnisse kommt man in Deutschland heutzutage nur noch schwer zurecht: Ob im Verkehr, in der Arbeit oder in der Freizeit – Englisch braucht man überall. Um sich mit anderen Kulturen verständigen oder im internationalen Umfeld arbeiten zu können, ist Englisch eine Grundvoraussetzung. Grundlagen für den Spracherwerb beziehungsweise das Interesse für eine Fremdsprache überhaupt können durch die Medien geschaffen werden. Mein kleiner Cousin hört zum Beispiel sehr gern die CDs „Englisch lernen mit der kleinen Hexe“. Der aufgenommene Wortschatz, wie zum Beispiel die Zahlen, begegnet ihm oft in seinem Alltag und er ist stolz auf sein Wissen.
Die Entlehnung englischen Sprachguts ist keine Erscheinung der heutigen Zeit. Die Anfänge liegen im 8. Jahrhundert, als englische Wörter vor allem in den kirchlichen Bereich einflossen und durch die angelsächsische Mission verbreitet wurden. Aber die deutsche Sprache war und ist nicht nur den Einflüssen des Englischen unterworfen. Zur Zeit des Barocks und der Aufklärung gelangten viele französische Ausdrücke in den deutschen Sprachraum. Wer stört sich heute noch an Begriffen wie Kuvert, Baguette, Sauce oder Portemonnaie? Die deutsche Sprache hat diese Fremdwörter problemlos integriert und teilweise sogar eingedeutscht. So sind laut Duden z. B. auch die Schreibungen „Soße“ und „Portmonee“ möglich.
Schließlich ist zu erwähnen, dass Produktnamen oder Werbung in englischer Sprache international und weltoffen wirken. Neben großen Konzernen, wie zum Beispiel dem Automobilhersteller Audi mit seiner Werbung für den Audi TT („Driven by instinct“), geben sich selbst kleine Firmen oder Dienstleister englische Namen und Mottos. Ausländische Kunden sollen auf diesem Weg leichter geworben werden und gleichzeitig ist es für die Firmen um ein Vielfaches leichter, mit englischer Werbung ihre oft jugendliche Zielgruppe zu erreichen.

Schluss

Der Einfluss des Englischen auf die deutsche Sprache stellt ein sehr aktuelles und brisantes Thema dar. Ich persönlich denke, dass sich der Anteil des englischen Sprachguts im Zuge der Globalisierung sogar noch erhöhen wird, weil die Welt immer vernetzter wird. Meiner Meinung nach wird das Sprachverständnis jedoch zunehmen, weil heutzutage die Kinder bereits in der Grundschule im Fach Englisch unterrichtet werden. Trotzdem finde ich es wichtig, übertriebenen Sprachentgleisungen entgegenzutreten, um nicht wie die „Wise Guys“ in ihrem Lied „Denglisch“ schlussfolgern zu müssen: „Herr, gib mir meine Sprache zurück …“

Aufgabe:
Interpretieren Sie das Gedicht!

Gisela Baltes (geb. 1944): Erwachsen sein

Erwachsen sein, reif sein heißt:
Verantwortung übernehmen
für das, was ich tue und unterlasse,
für das, was ich sage und verschweige,
für das, was ich bewirke und verhindere.

Erwachsen sein, reif sein heißt:
Verantwortung übernehmen
für Fehler, die ich mache,
für Schmerzen, die ich zufüge,
für Schaden, den ich verursache.

Erwachsen sein, reif sein heißt:
Verantwortung übernehmen
und nichts und niemanden sonst
für mein Handeln verantwortlich zu machen,
nicht meine Eltern oder andere Menschen,
nicht meine Gene und nicht die Umstände.

Erwachsen sein, reif sein heißt:

Verantwortung übernehmen
für alle meine Entscheidungen,
für meine Ziele,
für die Wege, die ich einschlage,
für mein Leben.

Aus: Magnificat. Das Stundenbuch. 07/2006. Kevelaer 2006

Lösung

Hinweis: Die Aufgabe erfordert von dir die Interpretation eines Gedichtes. Hinweise zu dieser Aufsatzart findest du im Kapitel B dieses Buchs.
Da du das Geburtsjahr der Autorin Gisela Baltes erfährst, kannst du das Werk zeitlich einordnen. Nachfolgende Anmerkungen zu ihrer Person geben dir die Möglichkeit, die Autorin und ihr Wirken näher kennenzulernen. Zudem können diese Informationen die inhaltliche Erschließung des Gedichtes unterstützen.
Bereits während des ersten Lesens solltest du Auffälligkeiten und Eigenheiten des lyrischen Werkes markieren. Notiere Fragen an das Gedicht und persönliche Kommentare unmittelbar neben den Text (siehe Kapitel E). Halte im Anschluss deinen ersten Leseeindruck fest und formuliere das Thema des Gedichtes, z. B.: „Das Gedicht thematisiert das Erwachsensein und zeigt auf, welche Herausforderungen ‚reif sein' mit sich bringt bzw. welche Verantwortung ein Erwachsener zu tragen hat."
Aus dem ersten Leseeindruck und dem Erfassen des Themas kannst du eine Fragestellung/ eine Vermutung (Interpretationshypothese) entwickeln, der du im Laufe des Gedichtes nachgehst und die du am Ende zu beantworten versuchst, z. B.: „Meines Erachtens setzt Gisela Baltes in ihrem Gedicht ‚erwachsen sein' mit ‚reif sein' gleich. Der Frage, ob man als Erwachsener automatisch die notwendige Reife besitzt und sich der vollen Verantwortung für sein Handeln bewusst ist, möchte ich in meiner Interpretation nachgehen."
Unterteile das Gedicht während des nochmaligen Lesens in Sinnabschnitte und fasse den jeweiligen Inhalt kurz zusammen. Markiere Form- und Sprachauffälligkeiten verschiedenfarbig. Deine Beobachtungen lässt du anschließend in eine tabellarische Stoffsammlung einfließen. Diese strukturierte Übersicht bildet die Grundlage für den noch auszuformulierenden Hauptteil. Sie garantiert dir, dass du die Wechselwirkung zwischen Inhalt, Form und Sprache in deiner Textanalyse berücksichtigst, das Gesagte deuten kannst und dir der Wirkung bewusst wirst. Achte darauf, dass alle von dir formulierten Deutungen für den Leser nachvollziehbar und am Text belegt sind!

Anmerkungen zur Autorin Gisela Baltes

Gisela Baltes wurde 1944 geboren. Nach einem Studium an der Pädagogischen Hochschule in Essen arbeitete sie als Lehrerin in Nordrhein-Westfalen und Bayern. Ihr 1993 begonnenes Studium der Katholischen Religion in Bonn schloss sie mit dem Diplom ab. Gisela Baltes ist als Redakteurin der Zeitschriften „Glauben leben" und „Magnificat" tätig. Ihre oft mediativen Texte laden nicht nur zur persönlichen Besinnung ein, sondern regen zum Austausch und zum Weitergeben an.

Einleitung

Hinweis: Nach dem Formulieren des Übersichtssatzes (Nennung des Titels, der Autorin, des Erscheinungsortes und -jahres, des Themas sowie Einordnung in die Ideen- und Gedankenlyrik) stehen dir für die Einleitung verschiedene Möglichkeiten zur Verfügung.

- Anführen eines persönlichen Beispiels zum Thema des Gedichtes
- Formulieren des ersten Leseeindruckes

Hauptteil

Hinweis: Beginne den Hauptteil mit dem Festhalten der Interpretationshypothese und des damit verbundenen Interpretationsauftrages sowie mit einer kurzen Inhaltsangabe (vgl. Kapitel B), an die sich deine Textanalyse anschließt.

Stoffsammlung

Inhalt/Aufbau	Form	Sprache	Deutung/Wirkung
1. Sinneinheit (1. Strophe, V. 1–5) Erwachsen sein heißt, Verantwortung für das eigene, auch ambivalente Handeln zu übernehmen	– ein Satz, bestehend aus fünf Versen – Enjambement zwischen zweitem und drittem Vers – kein Reim, kein Metrum, freier Rhythmus – Überschrift wird im ersten Vers aufgegriffen – Doppelpunkt am Ende des ersten Verses – lyrisches Ich – Schlüsselwort „Verantwortung" als erstes Wort des zweiten Verses	**durchgehend im gesamten Gedicht:** – Präsens – anaphorischer Strophenbeginn: „Erwachsen sein, reif sein heißt: / Verantwortung übernehmen" – schlichte Sprache ohne Fremdwörter – Parallelismus „Erwachsen sein, reif sein" (V. 1) – Anapher „für das" (V. 3/4/5) – Parallelismus „was ich …" (V. 3/4/5) – Antithetik der Verben (tun – unterlassen, sagen – verschweigen, bewirken – verhindern) (V. 3/4/5) – Aufzählung (V. 3/4/5)	– Zeitform zeigt Präsenz der Thematik – Leser fühlt sich durch das lyrische Ich direkt angesprochen, Verantwortung für das eigene Handeln zu übernehmen – Erwachsensein wird mit Reife verglichen, Bild einer reifen Frucht bietet sich an → Leser verbindet damit etwas Positives; Gleichsetzung wird durch dreimalige Wiederholung besonders betont und somit zur unumstößlichen Feststellung, was durch den Doppelpunkt unterstützt wird → kündigt jeweils neuen Gedanken an – Anapher leitet Gegensätze ein, die in Form eines Parallelismus dargestellt werden → monotoner Satzbau hebt den Inhalt, die Gegensätzlichkeit der Verben, hervor – Aufzählung unterstützt den Lesefluss – Tragweite des Schlüsselwortes „Verantwortung" (V. 2) wird herausgestellt – schlichte Sprache und Regelmäßigkeit im Aufbau bewirken Ruhe und erzeugen Eindringlichkeit → Gedicht als Bestandteil einer Rede denkbar
2. Sinneinheit (2. Strophe, V. 6–10) Erwachsen sein heißt, Verantwortung für die negativen Folgen des Handelns zu übernehmen	– Wiederholung aller Formmerkmale der ersten Strophe **Ausnahme:** weiblicher Reim V. 7 und V. 10 – Wiederaufnahme der ersten beiden Verse der ersten Strophe	– Anapher „für" (V. 8/9/10) – Parallelismus „die ich …" (V. 8/9) und „den ich …" (V. 10) – Substantive, die durch Relativsätze und die darin enthaltenen Verben näher erklärt werden: Fehler – machen, Schmerzen – zufügen, Schaden – verursachen (V. 8/9/10)	– durch knappe, anaphorische und parallele Aufzählungen wird der Leser förmlich gezwungen, die negativen Folgen des Handelns als Teil der eigenen Verantwortung anzuerkennen – durch Reduzierung auf das Wesentliche wird Eindringlichkeit erhöht – Strophe regt zum Nachdenken an: offene Frage, ob die negativen Folgen des Handelns nur das lyrische Ich unmittelbar betreffen oder ob „Schmerzen" (V. 9) und „Schaden" (V. 10) den Mitmenschen zugefügt werden – Reim wirkt dabei wie ein Rahmen, der das Schlechte zusammenhält; gleichzeitig wird deutlich, dass erwachsen zu sein nicht heißt, keine Fehler mehr zu begehen, aber man hat die Verantwortung zu tragen

Inhalt/Aufbau	Form	Sprache	Deutung/Wirkung
3. Sinneinheit (3. Strophe, V. 11–16) Erwachsen sein bedeutet die Übernahme von Eigenverantwortung für das individuelle Handeln	– Wiederholung aller Formmerkmale der ersten Strophe **Unterschied:** ein Satz, bestehend aus **sechs** Versen und Enjambements zwischen **drei** Versen (V. 11/12/13) – Wiederaufnahme der ersten beiden Verse der ersten Strophe	– Alliteration „nichts und niemanden“ (V. 13) – Anapher „nicht meine“ (V. 15/16) – Erststellung des Wortes „nicht“ (V. 15/16) und zweimalige Verwendung im 16. Vers **Auffälligkeit:** Obwohl wie in den ersten beiden Strophen nur ein Satz vorhanden ist und Enjambements zwischen drei Versen bestehen, gelingt es nicht, den Sinn der Strophe allein durch die Schlagwörter, wie in den ersten beiden Strophen möglich, zu erfassen.	– Strophe stellt Steigerung in der inhaltlichen Aussage dar: Für das individuelle Handeln trägt man die alleinige Verantwortung, Schuldzuweisungen an andere oder anderes sind zu unterlassen. – höheres Gewicht wird deutlich: → durch Hinzufügen eines Verses → Absolutheit und Entschiedenheit der Aussage, unterstrichen durch die Alliteration und Anapher → Erststellung und Wiederholung des Wortes „nicht“ betonen dieses und verleihen besonderes Gewicht ⇨ zeigt die Komplexität der Verantwortung und macht die Sonderstellung der Strophe deutlich
4. Sinneinheit (4. Strophe, V. 17–22) Erwachsen sein ist die Übernahme von Verantwortung für das gesamte – vergangene, gegenwärtige wie zukünftige – Leben	– Wiederholung aller Formmerkmale der ersten Strophe, **aber:** Alleinstellung des ersten Verses, darauf folgend fünf Verse – Wiederaufnahme der ersten beiden Verse der ersten Strophe	– Anapher „für“ (V. 20/21/22) – Wiederholung des Possessivpronomens „mein/e“ (V. 19/20/22) – Häufung von Substantiven: „Entscheidungen“ (V. 19), „Ziele“ (V. 20), „Wege“ (V. 21), „Leben“ (V. 22)	– erster Vers hat durch die Alleinstellung Charakter einer Überschrift – die folgenden fünf Verse stellen eine Zusammenfassung/ein Fazit dar: Das lyrische Ich allein übernimmt Verantwortung für sein gesamtes Leben. – Steigerung durch die Aufzählung von Substantiven erkennbar – Autorenintention wird durch die mehrmalige Verwendung des Possessivpronomens und Einsatz des lyrischen Ichs besonders deutlich: Der erwachsene, reife Leser soll die **alleinige** Verantwortung für **sein** gesamtes Leben übernehmen.

Schluss

Hinweis: Fasse zunächst deine Analyseergebnisse zusammen und nimm Bezug zur vorangestellten Interpretationshypothese. Nachfolgende Möglichkeiten können deinen Aufsatz noch gelungen abrunden:

- Äußern der eigenen Wertschätzung oder Sichtweise zum Gedicht
- Überlegungen zur Aktualität der Textaussagen
- Formulieren der Autorenintention

Aufsatzbeispiel

Einleitung

Das Gedicht „Erwachsen sein“ von Gisela Baltes wurde im Juli 2006 in der Zeitschrift „Magnificat“ veröffentlicht und ist der Ideen- und Gedankenlyrik zuzuordnen. Es thematisiert das Erwachsensein, zeigt auf, welche Herausforderungen es mit sich bringt, reif zu sein, und welche Verantwortung ein Erwachsener zu tragen hat.
Auch wenn ich zum jetzigen Zeitpunkt erst 17 Jahre alt und laut deutschem Gesetz noch nicht erwachsen bin, gab es schon einige Ereignisse, bei denen ich als Erwachsener galt. Dabei denke ich zunächst an meine Jugendweihe im Alter von 14 Jahren, die sozusagen den Eintritt in die Erwachsenenwelt darstellte. Mit sechzehn erhielt ich meinen Personalausweis und vor wenigen Wochen unterschrieb ich meinen Lehrvertrag, der den Grundstein für meinen Eintritt in die Arbeitswelt der Erwachsenen bildet. Beim ersten Lesen des Gedichtes wurde mir sogleich deutlich, dass ich bereits eine ganze Menge Verantwortung übernommen habe. Ob ich allerdings schon die notwendige Reife besitze, bezweifle ich.

Hauptteil

Meines Erachtens setzt Gisela Baltes in ihrem Gedicht „erwachsen sein“ mit „reif sein“ gleich. Der Frage, ob man als Erwachsener automatisch die notwendige Reife besitzt und sich immer der Verantwortung für sein Handeln bewusst ist, möchte ich in meiner Interpretation nachgehen.
Im Gedicht heißt es, dass das Erwachsensein beinhaltet, Verantwortung für das eigene Handeln zu übernehmen, selbst wenn es negative Folgen nach sich zieht. Dabei wird die Eigenverantwortlichkeit für das individuelle Tun unterstrichen. Die Verantwortung für sein Handeln trägt man sein gesamtes Leben.
Das Gedicht besteht aus vier Strophen, wobei jeweils fünf Verse die ersten beiden Strophen und sechs Verse die letzten beiden Strophen bilden. Es besitzt bis auf eine Ausnahme keinen Reim, kein Metrum und keinen einheitlichen Rhythmus. Die Überschrift „Erwachsen sein“ wird im ersten Vers jeder Strophe aufgegriffen, was die Wichtigkeit des Themas betont. Die Gegenwärtigkeit und Zeitlosigkeit der Thematik wird zudem durch die durchgängige Verwendung des Präsens unterstrichen. Darüber hinaus auffällig ist neben dem anaphorischen Strophenbeginn „Erwachsen sein, reif sein heißt: / Verantwortung übernehmen“ die schlichte Sprache. Die einfache Wortwahl und die Regelmäßigkeit im Aufbau bewirken einerseits Ruhe, andererseits erzeugen sie eine besondere Eindringlichkeit. Dadurch erhält das Gedicht einen feierlichen Charakter und eignet sich somit z. B. zum Vortrag im Rahmen eines festlichen Anlasses. Durch das Auftreten eines lyrischen Ichs fühlt sich der Leser einbezogen und unmittelbar angesprochen, Verantwortung für das eigene Handeln zu übernehmen. Die Tragweite des Schlüsselwortes „Verantwortung“ wird dadurch herausgestellt, dass das Substantiv in allen vier Strophen jeweils am Beginn des zweiten Verses steht und dass dieser Vers den nächstfolgenden durch ein Enjambement verbindet.

Die Gleichsetzung von „erwachsen sein“ und „reif sein“ wird durch die dreimalige Wiederholung des Parallelismus „Erwachsen sein, reif sein“ (V. 1/6/11/17) zu einer Art unumstößlichen Feststellung, was durch den Doppelpunkt am Ende des Doppelverses untermauert wird: Dieser kündigt in jeder Strophe einen neuen Gedanken an. In der ersten Strophe beinhaltet dieser, dass Verantwortung für das eigene, von Gegensätzen geprägte Handeln zu überneh-

men ist. Geformt wird dieser Gegensatz durch die antithetischen Verben tun – unterlassen, sagen – verschweigen, bewirken – verhindern (vgl. V. 3/4/5), die in Form des Parallelismus „was ich …" (V. 3/4/5) dargestellt werden. Dieser monotone Satzbau hebt den Inhalt, die Gegensätzlichkeit der Verben, hervor. Die durch die Anapher „für das" (V. 3/4/5) eingeleiteten Aufzählungen unterstützen den Lesefluss.
Auch in der zweiten Strophe wird, nach der Wiederholung der ersten beiden Verse aus Strophe eins, ein neuer Gedanke angeführt: Das lyrische Ich benennt die Aufgabe, Verantwortung für die negativen Folgen des Handelns zu übernehmen. Durch knappe, anaphorische („für", V. 8/9/10) und parallele („die ich …", V. 8/9; „den ich …", V. 10) Aufzählungen (vgl. V. 8/9/10) wird der Leser förmlich gezwungen, die negativen Folgen des Handelns als Teil der eigenen Verantwortung anzuerkennen. Durch die Reduzierung auf das Wesentliche wird die Eindringlichkeit erhöht. Die angeführten Substantive werden durch die in den Relativsätzen enthaltenen Verben näher erklärt und erhalten somit eine Sinn tragende Bedeutung: Fehler – machen, Schmerzen – zufügen, Schaden – verursachen (vgl. V. 8/9/10).
Die zweite Strophe regt zum Nachdenken an, denn es bleibt die Frage offen, ob die schlechten Ergebnisse des Tuns nur das lyrische Ich unmittelbar betreffen oder ob „Schmerzen" (V. 9) und „Schaden" (V. 10) den Mitmenschen zugefügt werden. Der weibliche Reim (V. 7 und V. 10), als einziger Reim im Gedicht, wirkt dabei wie ein Rahmen, der die negativen Folgen zusammenhält. Gleichzeitig wird aber deutlich, dass erwachsen zu sein nicht heißt, keine Fehler mehr zu begehen. Jedoch hat man die Verantwortung für diese zu tragen.
Die dritte Strophe stellt eine Steigerung der inhaltlichen Aussage dar: Für das individuelle Handeln trägt man die alleinige Verantwortung, Schuldzuweisungen an „Eltern oder andere Menschen" (V. 15) oder „Gene und […] Umstände" (V. 16) sind zu unterlassen. Die im Vergleich zur ersten und zweiten Strophe höhere Aussagekraft der dritten Strophe ist zum einen durch das Hinzufügen eines Verses erkennbar. Zum anderen werden Absolutheit und Entschiedenheit der Aussage durch die Alliteration „nichts und niemanden" (V. 13) und die Anapher „nicht meine" (V. 15/16) erreicht. Darüber hinaus bewirkt die Erststellung und Wiederholung des Wortes „nicht" (V. 15/16) eine Nachdrücklichkeit und verleiht somit dem Gesagten ein besonderes Gewicht. Eine Auffälligkeit ist gesondert herauszustellen: Obwohl auch diese Strophe aus nur einem Satz besteht und Enjambements zwischen drei Versen vorhanden sind, gelingt es nicht, den Sinn allein durch die Schlagwörter, wie in den ersten beiden Strophen möglich, zu erfassen. Diese Erkenntnis zeigt die Komplexität der Verantwortung und macht die Sonderstellung der Strophe deutlich.
Eine formale Besonderheit ist im letzten Sinnabschnitt zu erkennen: Der erste Vers (V. 17), der inhaltlich mit den ersten Versen der vorangegangenen Strophen identisch ist, hat durch die grafische Absetzung den Charakter einer Überschrift. Die folgenden fünf Verse, eingeleitet durch die Anapher „für" (V. 20/21/22), stellen eine Zusammenfassung bzw. ein Fazit dar: Das lyrische Ich allein übernimmt Verantwortung für sein gesamtes Leben, was sein Handeln in der Vergangenheit, in der Gegenwart und in der Zukunft einschließt. In der Anordnung der Substantive „Entscheidungen" (V. 19), „Ziele" (V. 20), „Wege" (V. 21) und „Leben" (V. 22) ist eine Steigerung erkennbar. Letztlich machen getroffene oder nicht getroffene Entscheidungen, erreichte und unerreichte Ziele, eingeschlagene und nicht gegangene Wege das Leben aus. Die Botschaft der vierten Strophe kommt durch die mehrmalige Verwendung des Possessivpronomens „mein/e" (V. 19/20/22) deutlich zum Ausdruck: Der erwachsene, reife Leser soll die alleinige Verantwortung für sein gesamtes Leben übernehmen.

Schluss

Das Gedicht „Erwachsen sein" zeigt in einfachen Worten, was es bedeutet, reif zu sein und Verantwortung zu übernehmen. Nachdem ich das Gedicht analysiert habe, ist mir noch bewusster geworden, wie schwer es doch ist, diesen Ansprüchen gerecht zu werden. Deshalb komme ich zu dem Schluss, dass man als Erwachsener nicht automatisch die nötige Reife besitzt, um sich ständig über die Verantwortung seines Tuns im Klaren zu sein. Aber es ist wichtig, sich diese Pflicht stets vor Augen zu führen und zu versuchen, sie zu erfüllen.

Realschulabschluss Deutsch in Thüringen: Prüfungsaufgaben 2012
Aufgabe 1

Aufgabe:

Sie sind jetzt an einem wichtigen Punkt in Ihrem Leben angelangt, an dem sich viele Türen für Sie öffnen. Lassen Sie sich von den Fragen Erich Frieds anregen und schildern Sie Ihre derzeitige Situation.

Erich Fried (1921–1988): Fragen

Wie groß ist dein Leben?
Wie tief?
Was kostet es dich?
Bis wann zahlst du?
Wieviel Türen hat es?
[…]

Fried, Erich: Gesammelte Werke. Gedichte 1. Band. Hg. von Klaus Wagenbach und Volker Kaukoreit. Berlin: Verlag Klaus Wagenbach, 1993, S. 405

Lösung

Hinweis: Für die erfolgreiche Bearbeitung der Aufgabe ist es notwendig, dass du der vorangestellten Behauptung zustimmen kannst. Diese sagt aus, dass du an einem wichtigen Punkt deines Lebens angelangt bist, an dem sich viele Türen für dich öffnen, d. h. sich viele unterschiedliche Möglichkeiten bieten.
Die Aufgabenstellung verlangt von dir, deine derzeitige Situation zu schildern. Dabei sollst du dich von den „Fragen" der ersten fünf Verse von Erich Frieds gleichnamigem Gedicht anregen lassen. Du musst diese Fragen zwar nicht direkt in deinem Aufsatz anführen oder beantworten. Sie können dich jedoch leiten, indem du die angesprochenen Aspekte im Verlauf der Schilderung einfließen lässt. Die Fragen führen dich in die Thematik ein und lassen dich aus verschiedenen Blickwinkeln über dein Leben nachdenken. Deshalb ist es wichtig, dass du sie verstehst. Bei Verständnisschwierigkeiten kannst du dir behelfen, indem du dir die Fragen durch Umschreibung mit eigenen Worten selbst erklärst.
Hinweise zur Aufsatzform „Schilderung" findest du im Kapitel C dieses Buches.

Analyse der Aufgabenstellung

Thema: mein Leben

1. Ausgangssituation:
   Behauptung: Angelangt-Sein an einem wichtigen Punkt im Leben →
   viele Türen öffnen sich

2. Anregung durch die Fragen Erich Frieds:

„Wie groß ist dein Leben?“	→ Ist mein Leben vielfältig? Wer und was gehört dazu? Ist es ein Leben in Freiheit und Unabhängigkeit? Bin ich frei in meinen Entscheidungen, im Denken? Habe ich Raum zum Leben? Ist es ein reiches Leben?
„Wie tief?“	→ Ist mein Leben bedeutsam und wertvoll? Hat es einen Sinn? Lebe ich intensiv?
„Was kostet es dich?“	→ Was gebe ich, bringe ich auf für mein Leben? Welche Anstrengungen werden von mir gefordert?
„Bis wann zahlst du?“	→ Wie viel und bis zu welchem Punkt bin ich bereit zu geben?
„Wieviel Türen hat es?“	→ Welche Möglichkeiten und Wege bieten sich mir?

3. Schildern der derzeitigen Situation

↓

mein Leben zum Ende der 10. Klasse

Stichpunktartige Stoffsammlung und Gliederung

Hinweis: Es ist ratsam, die Ideen für den Schreibanlass in einer gegliederten Stoffsammlung festzuhalten. Der Aufbau muss nicht streng in Einleitung, Hauptteil und Schluss gegliedert sein, denn eine Schilderung führt oft unvermittelt in eine Situation hinein und bricht auch meist plötzlich ab. Wichtig ist, dass du in der Ich-Form schreibst und deine Gedanken und Gefühle in den Mittelpunkt stellst. Um einen persönlichen und ausdrucksstarken Text zu schreiben, musst du entsprechende sprachliche Mittel wie Metaphern, Vergleiche, Fragen, aussagekräftige Substantive, Adjektive und Verben wirkungsvoll einsetzen.
Aufgrund der subjektiven Darstellungsform ist nachfolgendes Beispiel als Vorschlag zu betrachten.

Thema / Schreibanlass

Mein Leben – Schildern meiner derzeitigen Situation

Überschrift

Mein Leben leben

Aufbau der Schilderung

1. Anregung zum Nachdenken über mein Leben durch Lektüre des Jugendbuchs „Nichts“ von Janne Teller → Zitat der Hauptfigur Pierre Anthon: „Nichts bedeutet irgendetwas, deshalb lohnt es sich nicht, irgendetwas zu tun.“
2. Wie sieht mein derzeitiges Leben aus? Wer und was gehört dazu, um es reich und groß und tief zu machen? Was ist mir wichtig für mein Leben – Nehmen genauso wie Geben? Bin ich mir der Einzigartigkeit meines Lebens bewusst? Welche Türen öffnen sich mir?
3. Rahmen schließen durch Bezug zur Lektüre „Nichts“

Aufsatzbeispiel

Mein Leben leben

„Nichts bedeutet irgendetwas, deshalb lohnt es sich nicht, irgendetwas zu tun.“ Diese Worte der Hauptfigur des Jugendbuches „Nichts“ brennen sich in mir ein. Fassungslos lese ich das Buch, kann es nicht aus der Hand legen. Pierre Anthon behauptet, dass nichts im Leben eine Bedeutung habe. Seine Worte verletzen mich tief, ich lehne sie ab, aber es kommen Zweifel in mir hoch. Vielleicht hat er doch recht, wenn er sagt: Es fängt alles nur an, um aufzuhören. In demselben Moment, in dem wir geboren werden, fangen wir an zu sterben. Die Erde ist vier Milliarden und sechshundert Millionen Jahre alt, aber wir werden höchstens hundert. Pierre Anthons Rechnung, plausibel und nüchtern, dass mir bei achtzig Lebensjahren höchstens neun Jahre zum wirklichen Leben bleiben, macht mich wütend.

Mein Leben – überhaupt nicht der Mühe wert? Wirklich? Soll ich das akzeptieren? Impulsiv meldet sich eine Stimme in mir: Nein, nein, nein! Lass dich doch von einer Romanfigur nicht provozieren. Nimm das Gesagte nicht so ernst. Eine zweite Stimme jedoch flüstert: Sieh die Worte als Chance, dich mit deinem Leben auseinanderzusetzen. Wer bist du? Was führst du für ein Leben – ein großes, ein reiches, ein tiefes? Was tust du für dein Leben? Bist du dir der Möglichkeiten bewusst, die dir das Leben bietet? Ich schwanke hin und her in meinen Gedanken und Gefühlen, will sie und das Buch weglegen, aber letztendlich nehme ich die Herausforderung an: Pierre Anthon, ich lebe mein Leben – jetzt und immer, sauge jede Minute der kostbaren Zeit in mir auf und genieße den Gedanken, dass ich einmalig unter den sieben Milliarden Menschen auf der Erde bin.

Ich, Hanna, sechzehn Jahre, drei Monate und 18 Tage alt, Schülerin einer 10. Klasse, die mitten in ihren Abschlussprüfungen steckt. Geborgen ist mein Leben bisher gewesen, ich lebe in einer Großfamilie, vier Generationen unter einem Dach. Geborgen, weil immer einer für mich da ist – einer, der mir zuhört, wenn ich Kummer habe, der mit mir abwägt bei Entscheidungen, der mir Ratschläge gibt bei Zweifeln. Ist das nicht ein reiches Leben, in einer behüteten Familie aufzuwachsen? Natürlich könnte das stetige Umsorgtsein einengen, die Luft zum Atmen nehmen, zur Unselbstständigkeit führen. Aber das tut es bei mir nicht. Meine Familie hat mir beides geschenkt, Wurzeln und Flügel. Die Wurzeln geben mir Kraft zu wachsen und zu gedeihen, Werte und Traditionen zu schätzen; die Flügel dienen mir dazu, frei zu sein und unabhängig zu werden. Gerade jetzt nach der Schulzeit brauche ich die Flügel, um die Welt zu entdecken. Und welche Chancen tun sich da auf! Ich werde fliegen – für ein Jahr in die USA. Erst vor wenigen Wochen ist die Zusage ins Haus geflattert. Wie stolz war ich – stolz, weil ich alles selbst organisiert hatte. Als Bewerber musste ich deutlich machen, warum mir ein solcher Austausch wichtig für mein Leben ist, was ich davon mitnehmen möchte und was ich bereit bin zu geben. Die Antwort fiel mir nicht schwer, denn zu einem erfüllten Leben gehört für mich, andere Kulturen in ihrer Vielfalt kennenzulernen. Das Austauschjahr öffnet mir eine völlig neue Tür in meinem Leben und wird meiner Biografie einen besonderen Akzent verleihen. Gleichzeitig soll mein Leben nicht nur ein Nehmen, sondern auch ein Geben sein! Ich möchte mich einbringen – in meine Gastfamilie und mein Gastland genauso wie hier in meine Heimat. Das ist mir Bedürfnis und Selbstverständlichkeit zugleich. Deshalb betreue ich in meinem Heimatort ehrenamtlich eine Handballgruppe von Grundschülern. Zwar ist das kein großer Beitrag für die Gesellschaft, doch es macht mir sehr viel Freude zu sehen, wie die Kinder allmählich zu einem Team zusammenwachsen.

Ich? Nur ich? Nein, ebenso gehören meine Freunde dazu. Was wäre mein Leben ohne sie? Das möchte ich mir gar nicht vorstellen! Wir gehen gemeinsam durch dick und dünn – das ist schon immer so gewesen. Dieser Schatz will behütet sein. Er birgt in seinem Innern die Kindheitsgeheimnisse und Schwüre, die ich nie vergesse. Für meine Freunde fühle ich mich verantwortlich und mir ist wichtig, dass es ihnen gut geht. Aus diesem Grund reden wir viel miteinander und verbringen einen Großteil unserer Freizeit gemeinsam. Wir wissen, wie bedeutsam dieser Zusammenhalt ist, gerade jetzt, wenn sich nach Schulabschluss verschiedene Türen für uns öffnen und wir in getrennte Richtungen gehen. Es wird uns gelingen, unsere Freundschaft aufrechtzuerhalten. Ganz bestimmt!

All die Erfahrungen, die ich bis jetzt gesammelt habe, machen mein Leben aus und lassen es in meinen Augen als groß erscheinen. Ja, natürlich überwiegen bis jetzt die positiven Begebenheiten, persönlich bin ich noch vor keiner unlösbaren Situation gestanden. Auch mit dem größten Feind des Lebens – dem Tod – musste ich mich zum Glück noch nicht auseinandersetzen. Jedoch weiß ich aus den täglichen Nachrichten, dass vielen Menschen solch ein Leben, wie ich es führe, verwehrt bleibt. Krieg, Hungersnot und Arbeitslosigkeit sind für mich keine leeren Begriffe. Gerade auf diesem Gebiet sehe ich meine Aufgabe für die Zukunft. Ich will nicht in einem goldenen Käfig sitzen und meine Augen vor dem Elend verschließen. Deshalb wird mein späteres Wirken im sozialen Bereich liegen, weil ich anderen Menschen helfen möchte, ein wertvolles Leben zu leben. Der Beruf der Sozialarbeiterin – das ist mein Traum. Traum? Nein. Die Tür wird sich mir sicher öffnen, denn ich lerne für gute Noten und sammle bereits jetzt Praxis durch Ferienarbeit und Schülerpraktika.

Pierre Anthon, ich kann dir ganz fest entgegnen: Auch wenn mir, wie du meinst, tatsächlich nur neun Jahre für mein wirkliches Leben bleiben, so zählt doch all das andere auch dazu und macht es reich: Familie, Schule, meine Freunde; Bekanntes und Unbekanntes, Lustiges und Trauriges, Leichtes und Schweres. Das Leben ist nicht nur schön, aber es ist mit Sicherheit eine Herausforderung, die es gilt, anzunehmen. Das habe ich erkannt. Nun liegt es an mir, was ich daraus mache. Keinesfalls werde ich wie du im Pflaumenbaum sitzen und resignieren. Ich werde an Türen anklopfen und sie sicher auch aufstoßen!

Realschulabschluss Deutsch in Thüringen: Prüfungsaufgaben 2012
Aufgabe 2

Aufgabe:

Setzen Sie sich erörternd mit diesem Zitat auseinander.

Antoine de Saint-Exupéry (1900–1944)

> „Mensch sein, das heißt Verantwortung fühlen: sich schämen beim Anblick der Not, auch wenn man offenbar keine Mitschuld an ihr hat; stolz sein auf den Erfolg der Kameraden; seinen Stein beitragen in dem Bewusstsein, mitzuwirken am Bau der Welt."
>
> *Saint-Exupéry, Antoine de: Wind Sand und Sterne. Übersetzt von Henrik Becker. Düsseldorf: Karl Rauch Verlag, 2000, S. 52*

Lösung

Hinweis: Bei dieser Aufgabe sollst du dich mit dem Zitat Antoine de Saint-Exupérys erörternd auseinandersetzen. Dazu ist es notwendig, dass du das Zitat zunächst erschließt. Exupérys Ausspruch führt dich unmittelbar an das zu erörternde Thema heran. Der Schriftsteller benennt, was seiner Meinung nach Verantwortung für den Menschen bedeutet. Diese Aspekte gilt es zu betrachten, ohne sie schematisch abzuarbeiten. Schwerpunkt der Aufgabe ist es demnach nicht, Exupérys Standpunkt zu bejahen oder zu widerlegen, sondern vielmehr, sich selbst mit dem Thema Verantwortung in dieser Auslegungsart in Beziehung zu setzen. Dabei bietet sich der lineare Darstellungstypus an.
Weitere Hinweise zum freien Erörtern findest du im Kapitel A. Anmerkungen zum Autor sind auf Seite 2010-25 nachzulesen.
Lass deine Vorarbeiten in eine gegliederte Stoffsammlung fließen. Sie ist die Grundlage für deinen Aufsatz.

Analyse und Eingrenzen des Themas

Zitat:

1. Behauptung:
   Aufgabe des Menschen = Verantwortung fühlen
   ↓
   - Besonderheit in der Wahl des Verbes → nicht „tragen", sondern „fühlen"
   - fühlen = Verb der Sinneswahrnehmung, damit wird nicht die Ratio/Vernunft angesprochen, sondern Emotionen
   - ein Gespür für Verantwortung entwickeln; erkennen, dass es sich um einen inneren Wert handelt

2. Angeführte Beispiele, bei denen konkret Verantwortung gefühlt werden soll:
   - „sich schämen beim Anblick der Not" = Fühlen von Verantwortung durch Entwickeln von Mitgefühl für andere

- „auch wenn man offenbar keine Mitschuld an ihr hat“ = nicht nur Verantwortung bei selbst verschuldeter Not fühlen, nicht wegsehen, sondern kollektive Verantwortung anerkennen
- „stolz sein auf den Erfolg der Kameraden“ = sich über Gelungenes/Erreichtes seiner Freunde, sich am Erfolg anderer freuen können
- „seinen Stein beitragen in dem Bewusstsein, mitzuwirken am Bau der Welt“ = sprachliches Bild, das aussagt, dass man sich als einzelner Mensch bewusst in die Gestaltung der Gesellschaft einbringen soll

3. Thesen, die sich daraus entwickeln lassen und im Aufsatz als Leitfaden dienen:
   - Verantwortung kann nicht als Sache eines Einzelnen betrachtet werden, sondern immer in Bezug zu den Mitmenschen.
   - Der Verantwortung darf man sich nicht entziehen, auch wenn sie unbequem ist.

Stichpunktartige Stoffsammlung und Gliederung

Einleitung:
Hinführung zum Thema „Verantwortung“ durch eine Textstelle aus Antoine de Saint-Exupérys modernem Märchen „Der kleine Prinz“

Hauptteil:
1. Bezug zum Zitat der Aufgabenstellung und Aufgreifen der Thesen aus der Vorarbeit
2. Verweis auf Besonderheit der Aussage „Verantwortung fühlen“ und Überleiten zum eigenen Ich
3. Verantwortung innerhalb des persönlichen Umfeldes als etwas Wachsendes begreifen
4. Anführen von Beispielen, die das Gefühl der Verantwortung auslösen: Ölpest im Golf von Mexiko, Erdbeben von Fukushima, Hungersnot in Somalia
5. Durch persönliche Beispiele deutlich machen, dass man auch ohne direkte Mitschuld Verantwortung übernehmen kann und muss:
   - Kuchen- und Kleiderbasare für japanische Erdbebenopfer
   - Patenschaft für ein afrikanisches Mädchen
6. Motivation für das eigene verantwortliche Handeln durch das Engagement anderer
   - freiwilliges soziales Jahr in Afrika

Schluss:
Rahmen schließen durch Bezug zur Einleitung und zum Zitat der Aufgabenstellung

Aufsatzbeispiel

Einleitung

„Du bist zeitlebens für das verantwortlich, was du dir vertraut gemacht hast. Du bist für deine Rose verantwortlich …“ Diese Worte spricht der Fuchs zum kleinen Prinzen in Antoine de Saint-Exupérys modernem Märchen „Der kleine Prinz“. Im Verlauf seiner Reise fühlt der Prinz immer mehr, dass er seiner Verantwortung gegenüber der Blume nicht gerecht geworden ist – er ließ sie im Stich, weil sie launisch und eitel war.

Hauptteil

Dass man sich seiner Verantwortung nicht entziehen darf, auch wenn sie unbequem ist, und dass sich die Verantwortung des Einzelnen nicht nur auf ihn selbst beschränkt, sondern sein Handeln Auswirkung auf seine Mitmenschen und seinen Lebensraum hat, beschreibt der Schriftsteller Antoine de Saint-Exupéry im Zitat der Aufgabenstellung.
Wie oft habe ich in meinem Leben schon zu hören bekommen: Du bist nun alt genug, dafür übernimmst jetzt du die Verantwortung. Oder: Wer trägt dafür die Verantwortung? Antoine

de Saint-Exupéry aber spricht vom „Verantwortung fühlen". Das klingt nicht so hart und absolut. Das Verb erweckt den Eindruck, dass das Fühlen aus dem Herzen kommt, dass also die Verantwortung zu einer Herzensangelegenheit werden muss. Wenn ich mit dem Herzen sehe, wie es der Fuchs im oben genannten Märchen formuliert, dann entwickle ich ein Gespür dafür, was Verantwortung ist. Dieses Gespür muss wachsen und reifen, sich entfalten, damit ich der Verpflichtung des Menschen gerecht werden kann, die der Autor benennt.

Doch ist das Samenkorn „Gefühl der Verantwortung" nicht schon bei mir gelegt? Nämlich dadurch, dass ich in einer Familie aufwachse, einen festen Freundeskreis habe, in die Schule gehe? Diese sozialen Strukturen sind nichts Selbstverständliches, sie verlangen eine behutsame Pflege. Dass sie etwas Kostbares sind, weiß ich heute, und deshalb fühle ich mich dafür verantwortlich. Das war aber nicht immer so: Wenn ich an meine egoistischen Zeiten denke, in denen nur ich mir wichtig war und meine Wünsche im Mittelpunkt stehen sollten, schäme ich mich noch jetzt. Ich erinnere mich an verletzende Worte gegenüber Freunden oder das Überhören von Hilferufen, wenn es ihnen nicht gut ging und sie einen Vertrauten suchten. Das setzte Freundschaften auf's Spiel und nur der Geduld meiner Freunde ist es zu verdanken, dass sie sich nicht abwandten. Hatten sie das Gefühl der Verantwortung mir gegenüber sogar eher entwickelt als ich? Sicher, denn bei mir dauerte dieser Prozess eine ganze Weile. Heute wundere ich mich darüber, denn mein Gespür für Verantwortung ist inzwischen sehr ausgeprägt.

Verantwortlich, wenn auch nicht direkt mitschuldig, fühle ich mich, wenn ich schockierende Nachrichten höre. Hier denke ich zum Beispiel an die Ölpest im Golf von Mexiko 2010 oder an das Erdbeben in Fukushima 2011. Beide Katastrophen forderten nicht nur Menschenleben, sondern haben verheerende Folgen für die Umwelt. Wie leben die betroffenen Familien weiter, wie die nachfolgenden Generationen?

Mich macht wütend, wenn ich lese, dass in Ostafrika derzeit eine ganz große Hungersnot herrscht. Wie kann es sein, dass bei dem Überfluss, der in vielen Ländern der Erde herrscht, in Somalia bereits zehntausende Menschen verhungert sind, elf Millionen Menschen kaum eine Chance zum Überleben haben und eine halbe Million Kinder zu sterben droht? Daran habe ich zwar keine Mitschuld, aber die Berichte und Bilder bohren sich in mein Herz und mahnen, Verantwortung zu übernehmen. Was kann ich als Einzelner tun?

Es reicht nicht, laut zu protestieren und Verantwortliche zur Rechenschaft ziehen zu wollen. Ich denke, es reicht auch nicht aus, die Not anderer zu sehen und ein schlechtes Gewissen zu bekommen. Ich kann aktiv mithelfen, Verantwortung zu übernehmen: durch das Sammeln von Spendengeldern auf Kuchen- und Kleiderbasaren für die Opfer von Fukushima oder durch die Übernahme einer Patenschaft meiner Schule für ein afrikanisches Mädchen, um ihr den Schulbesuch zu ermöglichen.

Ich selbst möchte mich für ein freiwilliges soziales Jahr in Afrika bewerben, um vor Ort zu helfen, weil ich denke, dass mich die Not anderer angeht, auch wenn sie weit weg von meinem Land, von meinem Zuhause ist. Ermutigt dazu haben mich die Informationsveranstaltungen von ehemaligen Schülern, die von ihren Einsätzen und Aufgabenbereichen berichteten. Mir wurde klar, dass sie das Gefühl der Verantwortung in sich haben müssen. Gleichzeitig merkte ich, wie stolz ich auf unsere Ehemaligen war und wie sehr mich ihr verantwortliches Handeln motiviert hat. Das soll auch mein Weg werden, denn ich bin fest davon überzeugt, durch die freiwillige soziale Arbeit etwas Gutes zu tun und zum Bau einer gerechten Welt meinen Stein beizutragen, auch wenn es nur ein ganz kleiner ist.

Schluss

Wie der kleine Prinz werde ich mein ganzes Leben lang Verantwortung fühlen. Dabei ist es mir wichtig, sie nicht nur als Pflicht zu sehen, sondern sie soll mir ein inneres Bedürfnis sein. Ich möchte sie spüren beim Anblick der Not. Sie soll in mir Freude und Stolz auslösen beim Erreichen von Erfolg – allein oder im Team. Ich bin mir bewusst, dass die Verantwortung, die ich übernehme, sich nicht nur im Jetzt auswirkt, sondern auch für die Zukunft Bedeutung hat.

Aufgabe:
Interpretieren Sie das Gedicht.

Eduard Mörike (1804–1875): Im Frühling

Hier lieg ich auf dem Frühlingshügel:
Die Wolke wird mein Flügel,
Ein Vogel fliegt mir voraus.
Ach, sag mir, all-einzige Liebe.
Wo du bleibst, daß ich bei dir bliebe!
Doch du und die Lüfte, ihr habt kein Haus.

Der Sonnenblume gleich steht mein Gemüte offen,
Sehnend,
Sich dehnend
In Liebe und Hoffen.
Frühling, was bist du gewillt?
Wann werd ich gestillt?

Die Wolke seh ich wandeln und den Fluß,
Es dringt der Sonne goldner Kuß
Mir tief bis ins Geblüt hinein;
Die Augen, wunderbar berauschet,
Tun, als schliefen sie ein,
Nur noch das Ohr dem Ton der Biene lauschet.

Ich denke dies und denke das,
Ich sehne mich und weiß nicht recht, nach was:
Halb ist es Lust, halb ist es Klage;
Mein Herz, o sage,
Was webst du für Erinnerung
In golden grüner Zweige Dämmerung?
– Alte unnennbare Tage!

Mörike, Eduard: Sämtliche Werke in zwei Bänden; Band 1. München 1985, S. 684 f.

Lösung

Hinweis: Die Aufgabenstellung verlangt, das Gedicht „Im Frühling" von Eduard Mörike zu interpretieren. Wann das Gedicht genau entstanden ist, ist dem Material nicht zu entnehmen. Da Eduard Mörike zu den bekanntesten Vertretern des Biedermeier gehört, lässt sich der lyrische Text jedoch dieser Literaturströmung zuordnen. Vielleicht ist dir Eduard Mörike durch andere Frühlingsgedichte bereits bekannt.

Wie du beim Interpretieren zweckmäßig vorgehst, ist in diesem Buch unter Kapitel B genau beschrieben. Dort kannst du dich zusätzlich informieren.

Zunächst ist es nicht ganz einfach, die Thematik des Gedichtes genau zu erfassen, sodass erst eine genaue Textanalyse Rückschlüsse zulässt, ob es sich hierbei um Natur-, Gedanken- oder Liebeslyrik handelt. Beginne deine Arbeit mit dem mehrfachen gründlichen Lesen des Gedichtes. Für eine bessere Orientierung im Text ist es hilfreich, wenn du alle Verse durchnummerierst. Markiere im Text alle Auffälligkeiten und benenne sie am Textrand. Nutze unterschiedliche Unterstreichungsvarianten oder Farben, um die verschiedenen Form- und Sprachauffälligkeiten kenntlich zu machen. Du kannst auch Fragen an das Gedicht stellen, um dich dem Inhalt weiter anzunähern. Ebenso kann das Festhalten deines Erstleseeindrucks für deine späteren Ausführungen, z. B. für die Einleitung, von Bedeutung sein.

Du hast verschiedene Einstiegsmöglichkeiten für deinen Aufsatz. So könntest du beispielsweise nach dem Benennen von Autor, Titel und Textsorte deinen Erstleseeindruck und die evtl. noch ungeklärten Fragen kurz beschreiben. Eine andere Variante wäre das Benennen der Thematik oder Textproblematik. Du müsstest also klären, worum es deines Erachtens im Gedicht geht. Sehr hilfreich kann diesbezüglich das Aufstellen einer Vermutung (Interpretationshypothese) sein, die du versuchst, im Verlauf deiner Betrachtungen zu erhärten. Am Ende deiner Analyse kannst du dann eine schlüssige Beantwortung wagen.

Eine kurze Inhaltsangabe leitet den Hauptteil ein (vgl. Kapitel B). Daran schließt sich der umfangreichste Teil deiner Interpretation an, die Textanalyse. Hier betrachtest du Inhalt, Form und Sprache strophenweise, um eine gründliche Untersuchung zu gewährleisten. Alle Auffälligkeiten, die du entdeckst, solltest du nutzen, um den Textinhalt umfassend zu erschließen und der Textaussage auf den Grund zu gehen. Abschließend positionierst du dich selbst zu den gewonnenen Erkenntnissen und Beobachtungen. Inwieweit die Gedichtthematik heute noch von Bedeutung ist, klärst du am Ende deiner Interpretation.

Anmerkungen zu Eduard Mörike

Eduard Mörike wurde am 8. September 1804 in Ludwigsburg geboren. Er hatte zwölf Geschwister. Sein Vater, Medizinalrat Karl Friedrich Mörike, verstarb früh, sodass der erst dreizehnjährige Eduard zu seinem Onkel nach Stuttgart ziehen musste. Dieser Onkel hatte für ihn eine geistliche Laufbahn vorgesehen, die Mörike ab 1818 mit dem Eintritt in das evangelische Seminar Urach einschlug. Doch machte ihm diese Ausbildung kaum Freude und so war er im Studium wenig erfolgreich. Obwohl er einige Jahre den Beruf eines Pfarrers ausübte, fand er darin keine Erfüllung. Oft wechselte er die Pfarrstellen und versuchte hin und wieder, sich durch Schreiben eine andere Existenz aufzubauen. 1843 lies sich Mörike im Alter von 39 Jahren vom Pfarrdienst pensionieren. Doch seine geringe Pension reichte nicht aus, um den Lebensunterhalt zu bestreiten.

Mörike lernte mit seinem Umzug nach Bad Mergentheim die Tochter seines neuen Vermieters kennen, die er 1851 heiratete. Er wurde Vater von zwei Töchtern, doch das Eheglück währte nicht ewig. 1873 trennte er sich von seiner Frau.

Mörike unterrichtete seit 1851 Literatur am Katharinenstift in Stuttgart, wo er zum Professor ernannt wurde. Den Ehrendoktortitel der Universität Tübingen nahm er 1852 entgegen.

Auch seine letzten Lebensjahre waren von häufigen Wohnortwechseln geprägt. 1871 erfolgte die endgültige Rückkehr nach Stuttgart, wo er am 4. Juni 1875 starb.

Sein Schriftstellerkollege Gottfried Keller charakterisierte Mörike als „Sohn des Horaz und einer feinen Schwäbin". Als „Nachkomme" des römischen Dichters Horaz war er von der Antike fasziniert, als Schwabe zeigte er Wertschätzung für das Volkstümliche. All dies spiegelte sich in seinen literarischen Werken wider.

Tabellarische Stoffsammlung

Inhalt	Form	Sprache	Deutung/Wirkung
für alle Strophen gilt: Natur-, Liebes- oder Gedankenlyrik aus der Epoche des Biedermeier	Strophen 1–3 je 6 Verse, Sonderrolle Strophe 4: 7 Verse unregelmäßige Reimform freies Metrum lyrischer Sprecher (lyrisches Ich) Zeilensprung (Enjambement) in fast jeder Strophe	Frühling als Schlüsselbegriff erkennbar: „Frühlingshügel" (V. 1) → weitere Begriffe aus dem Wortfeld „Frühling": „Vogel" (V. 3), „Sonnenblume" (V. 7), „Sonne" (V. 14), „Biene" (V. 18), „golden grüner Zweige" (V. 24) Liebe als Schlüsselbegriff erkennbar Präsens	Leser ist durch Überschrift auf Naturgedicht eingestellt → erkennt am Ende ein sehnendes, sich erinnerndes lyrisches Ich Gefühlszustand des lyrischen Ichs spiegelt sich auch im unregelmäßigen Reimschema wider Leser nimmt unmittelbar Anteil am Geschehen
1. Strophe (V. 1–6): in Natur aufgehendes lyrisches Ich; scheint sich zum geflügelten Wesen zu verwandeln; sehnt sich nach einer „all-einzige[n] Liebe" (V. 4), die nicht greifbar ist und kein Zuhause hat	6 Verse Reimschema: aabccb	hell klingende Verben: „lieg" (V. 1), „fliegt" (V. 3), „bliebe" (V. 5) lebendige Substantive: „Frühlingshügel" (V. 1), „Wolke" und „Flügel" (V. 2) Interjektion „Ach" (V. 4) Vergleich „du und die Lüfte, ihr habt kein Haus" (V. 6)	gewisse Leichtigkeit verbreitet sich; Aufbruch bzw. Frühlingsstimmung Stimmungswechsel ab V. 4 → klagend, sehnsüchtig nach wahrer Liebe, die angesprochen wird, aber nicht greifbar ist
2. Strophe (V. 7–12): lyrisches Ich hofft, durch den Frühling seine Sehnsüchte stillen zu können → führt Dialog mit Frühling	6 Verse Reimschema abbacc	Vergleich mit „Sonnenblume" (V. 7) Schlüsselbegriff „Liebe" (V. 10) taucht erneut auf Partizipien „Sehnend,/ Sich dehnend" (V. 8 f.) Personifikation „Frühling" (V. 11) Fragesätze: „Frühling, was bist du gewillt? / Wann werd ich gestillt?" (V. 11 f.)	lyrisches Ich ist offen wie die Blüte einer Sonnenblume, die nach dem Licht strebt, für Neuanfang oder Beginn einer Liebesbeziehung lyrisches Ich spricht mit dem Frühling und hofft, dass es Sehnsüchte stillen kann, doch die Fragen bleiben unbeantwortet

3. Strophe (V. 13–18): lyrisches Ich lässt sich von Naturphänomenen berauschen, alle Sinne werden berührt	6 Verse Reimschema aabcbc	zahlreiche Zeilensprünge, z. B. V. 14 f. → Verben beschreiben Durchdringungsprozess (Natur – lyr. Ich): „wandeln“ (V. 13), „dringt … hinein“ (V. 14 f.), „berauschet“ (V. 16), „lauschet“ (V. 18) Personifikation: „Sonne goldner Kuß“ (V. 14)	Aufgehen in der Natur wird als berauschendes Erlebnis wahrgenommen → lyrisches Ich geht in Natur auf bzw. lässt sich von ihr durchdringen → alle Sinne sind angeregt
4. Strophe (V. 19–25): lyrisches Ich wird sich seiner verworrenen Gedanken bewusst, die durch alte Erinnerungen, ausgelöst durch den Frühling, wach geworden sind lyrisches Ich schließt seine Gedanken ab, scheint Ruhe zu finden	7 Verse Reimschema aabbccb	Verben, die Denkprozess verdeutlichen: „denke … denke“ (V. 19); „sehne … weiß“ (V. 20) Personifikation „Herz“ (V. 22) Fragesatz: „Mein Herz, o sage, / Was webst du für Erinnerung / In golden grüner Zweige Dämmerung?“ (V. 22–24) fragmentarischer Ausrufesatz beendet Gedicht	lyrisches Ich scheint sich zu sammeln, Ordnung in seine Gedanken zu bringen (unterstreicht vielleicht auch das Reimschema) tritt in den gedanklichen Dialog mit eigenem Herz erkennt, dass die Erinnerungen längst vergangen und verblasst sind → Sehnsüchte lösen nur noch angenehme Gefühle aus, bleiben ungestillt

Gliederung

Einleitung:
Übersichtssatz (Titel, Genre, Autor, Thema, evtl. historische Einordnung)

Hauptteil:
a) Inhaltsangabe (vgl. Kapitel B)
b) Textanalyse (auf der Grundlage der tabellarischen Stoffsammlung)
c) Lesewirkung, Autorenintention

Schluss:
persönliche Wertung
Aktualität des Themas bzw. der zentralen Textaussage

Aufsatzbeispiel

Einleitung

Das Gedicht „Im Frühling“ wurde von Eduard Mörike, einem literarischen Vertreter des Biedermeier, geschrieben. Der Titel lässt zunächst auf ein Naturgedicht schließen. Jedoch wird während des Lesens deutlich, dass es sich auch um ein Liebesgedicht handeln könnte. Beschriebene Sehnsüchte des lyrischen Ichs machen daneben eine Zuordnung zur **Gedankenlyrik** möglich.
Der Frühling wird hier dargestellt als erhoffter, aber nicht recht fassbarer Orientierungspunkt für ein lyrisches Ich, das sich als erwartungsfroh, aber auch als unsicher und von Wehmut erfüllt empfindet.

Hauptteil

Das lyrische Ich hat sich in die Natur begeben und möchte in ihr ganz aufgehen. Gleichzeitig wird ein Sehnen nach einer großen unerreichbaren Liebe in ihm wach. Die Natur soll seine Sehnsüchte stillen und von seinen Sinnen Besitz ergreifen. Doch das scheint nicht zu gelingen, da die Erinnerungen an vergangene Tage alles überlagern und sein Herz schwer machen. Das lyrische Ich schwankt zwischen Freude und Trauer und befindet sich in einer wehmütigen Stimmung, die in eine melancholische Erinnerung mündet.

Das Gedicht besteht aus vier Strophen mit je sechs Versen, außer der letzten Strophe, die sieben Verse besitzt und damit eine gewisse Aufmerksamkeit auf sich zieht. Weitere Formauffälligkeiten, die für das gesamte Gedicht zutreffen, sind die **unregelmäßigen Reime** und ein **freies Metrum**. Diese sprachlich-stilistischen Mittel verdeutlichen die Unsicherheit und das Schwanken des lyrischen Ichs zwischen Hoffen und Bangen. In fast allen Strophen treten **Zeilensprünge** auf, die das übergreifende Sehnen des lyrischen Ichs versinnbildlichen.

Innerhalb der Strophen erkennt der Leser einen Wechsel der verschiedenen Satzarten. Ausrufe- und Fragesätze machen die Suche nach Erfüllung des lyrischen Sprechers deutlich. Auch wenn es sich nicht um ein typisches Naturgedicht handelt, durchzieht der **Frühling als Schlüsselbegriff** alle Strophen. Entsprechende Begriffe aus dem Wortfeld „Frühling“ sind beispielsweise: „Vogel“ (V. 3), „Sonnenblume“ (V. 7), „Sonne“ (V. 14), „Biene“ (V. 18) oder „golden grüner Zweige“ (V. 24). Ebenso taucht die Liebe an zahlreichen Textstellen auf. Sie ist für den Seelenzustand des lyrischen Ichs verantwortlich, versetzt es in Unruhe und animiert zum Dialog mit der Natur. Durch das **Präsens** fühlt sich der Leser unmittelbar in die dargestellte Situation hineingezogen.

In der **ersten Strophe** taucht das lyrische Ich in die Natur ein. Es hat sich auf den „Frühlingshügel“ (V. 1) – eine seltsam offen bleibende Wortschöpfung – gelegt und nimmt eine Wolke als Flügel, um den Vögeln zu folgen. Doch würde es lieber bei seiner „all-einzige[n] Liebe“ (V. 4) bleiben, die aber nirgends beheimatet ist und damit unerreichbar erscheint.
Das Reimschema aabccb vermittelt zunächst eine gewisse Ordnung. Leichtigkeit wird durch die hell klingenden Verben wie „lieg“ (V. 1), „fliegt“ (V. 3) und „bliebe“ (V. 5) hervorgerufen. Die Lebendigkeit der Natur unterstützen die Substantive: „Frühlingshügel“ (V. 1), „Wolke“ und „Flügel“ (V. 2). Insgesamt nimmt der Leser eine für den Frühling typische Aufbruchsstimmung wahr. Durch die Interjektion „Ach“ (V. 4) ist jedoch ein **Stimmungsumschwung** zu erkennen. Das lyrische Ich sehnt sich nach seiner großen Liebe, die es nicht finden kann. Gedanklich möchte es mit dieser Liebe in einen Dialog treten, spricht die Liebe mit „du“ (V. 5 und 6) an, bekommt aber keine Antwort, da sie nicht erreichbar ist. In seiner Enttäuschung findet es dafür einen treffenden Vergleich: „Doch du und die Lüfte, ihr habt kein Haus.“ (V. 6)

Das lyrische Ich lässt sich von der Enttäuschung nicht beherrschen, es hofft, durch die Natur seine Sehnsüchte stillen zu können. In der **zweiten Strophe** spricht es diesmal den Frühling an. Aber auch dieser gibt ihm keine Antwort. Indem das lyrische Ich sich mit einer „Sonnenblume“ (V. 7) vergleicht, die dem Licht entgegenstrebt, zeigt es sich offen für einen Neuanfang oder bereit für den Beginn einer neuen Liebesbeziehung. Die Partizipien „Sehnend, / Sich dehnend“ (V. 8 f.) zeigen, wie geeignet bzw. berechtigt der Vergleich mit der Sonnenblume ist, die auch nach dem Sonnenlicht strebt und sich ihm stets zuwendet. Indem das lyrische Ich den Frühling direkt anspricht, **personifiziert** es diesen Begriff. Somit werden eine intensive Auseinandersetzung und ein Sich-Annähern an diese Jahreszeit, die den Menschen oft neu belebt, möglich. Die an den Frühling gerichteten Fragen „Frühling, was bist du gewillt? / Wann werd ich gestillt?“ (V. 11 f.) bleiben aber unbeantwortet. Das Reimschema abbacc hat sich im Vergleich zur ersten Strophe etwas verändert, weist aber weiterhin eine gewisse Grundordnung auf. Der Leser bekommt den Eindruck, dass das lyrische Ich einen anderen Versuch unternommen hat, seine Erfüllung zu finden.

Ein weiterer Anlauf wird in der **dritten Strophe** deutlich. Dass es sich um eine neue Variante handelt, zeigt das Reimschema aabcbc. Das lyrische Ich lässt sich von den Naturerscheinungen berauschen. Mit allen Sinnen taucht es in die dargebotene Vielfalt ein und scheint von ihr durchdrungen und damit von seinen Sorgen entfernt. Das Stilmittel des **Zeilensprungs**, z. B. in V. 14 f., unterstützt den Rauschzustand und lässt das Erlebte als etwas Großes und Ganzes wahrnehmen. Die Verben „wandeln“ (V. 13), „dringt … hinein“ (V. 14 f.), „berauschet“ (V. 16), „lauschet“ (V. 18) stehen für den Durchdringungsprozess. Die Personifikation „Sonne goldner Kuß“ (V. 14) gibt dem Geschehen etwas Übermächtiges, Göttliches, auf das sich das lyrische Ich einlässt, wenn es sagt: „Es dringt … / Mir tief ins Geblüt hinein;“ (V. 14 f.).

Doch der Rauschzustand hält nicht lange an. In der **vierten** und letzten **Strophe** versucht das lyrische Ich, Ordnung in seine Gedanken zu bringen und sich wieder zu finden, wenn es sagt: „Ich denke dies und denke das“ (V. 19). Das sortierte Reimschema aabbccb unterstützt diese Beobachtung. Das Herz wird – wie schon oben die „Liebe“ (V. 4) und der „Frühling“ (V. 11) – direkt angesprochen mit einer in ein Bild gekleideten, geheimnisvollen Frage: „Was webst du für Erinnerung / In golden grüner Zweige Dämmerung?“ (V. 23 f.) Offen bleibt auch der Schlussvers, in dem eine unbestimmte Erinnerung an „[a]lte unnennbare Tage“ (V. 25) beschworen wird.

Der Leser erkennt, dass die Erinnerungen weit zurückliegen und verblasst sind. Trotzdem lösen diese Sehnsüchte aus, die aber unerfüllt bleiben. Es bleibt zu vermuten, dass das lyrische Ich Ruhe in seinen Gedanken findet und den Erinnerungen in seinem Herzen einen festen Platz zuweist. Ganz sicher ist dieser Prozess auch von Verzweiflung und Trauer unterlegt. Eine **melancholische Stimmung** schwebt am Ende des Gedichtes mit. Das lyrische Ich bleibt zwischen „Lust“ und „Klage“ (V. 21) stecken.

Schluss

Das zu Beginn fröhlich und leicht anmutende Gedicht durchläuft einen gewissen Spannungsbogen. Der Aufschwung in frühlingshafte Höhen (1. Strophe) gerät ins Stocken. Der Frühling versinkt in der 4. Strophe im Dämmer der Erinnerung.

Ich hatte gehofft, dass das lyrische Ich Erfüllung in der Natur findet. Doch der Inhalt der letzten Strophe legt rückblickend Traurigkeit über die Zeilen und macht aus dem anfänglichen Naturgedicht schwermütige Gedankenlyrik. Was bleibt, ist der Rückzug in das Innere, die Erinnerung an eine Vergangenheit, in der das lyrische Ich vermutlich mehr Glück erfahren hat. Dies ist typisch für die Zeit des **Biedermeier**, in der sich viele Menschen von den politischen Wirren abgewandt und ins Private zurückgezogen haben.

Die Sehnsucht und das Verlangen nach Liebe bewegt die Menschheit schon, solange es sie gibt. Auch wird der Frühling mit dieser Thematik seit Jahrhunderten gleichgesetzt, da er die Sinne reizt und für Neuanfang und Regeneration steht. Die dargestellten menschlichen Sehnsüchte haben sich bis heute nicht verändert und werden sich ganz sicher auch in Zukunft nicht ändern. Somit hat Mörike ein zeitloses und eindrucksvolles Gedicht geschaffen.

Aufgabe:

Versetzen Sie sich in eine der beiden Hauptfiguren des Textes und vertrauen Sie Ihre Gedanken und Gefühle Ihrem Tagebuch an.

Christian Bieniek (geb. 1956): Alles easy oder was? (Auszug aus dem Jugendbuch)

Komisch, wie schnell sich so was ändert …

Vor der ersten Verabredung mit Alex hatte ich feuchte Hände und Herzklopfen und rutschte in der Straßenbahn so unruhig auf dem Sitz hin und her, dass mein Rock fast durchgescheuert wäre. Und jetzt, nur sechs Wochen später, hänge ich total schlapp in der Bahn rum, muss alle zwei Minuten gähnen und freue mich auf Alex wie auf eine Blinddarmoperation.

Eigentlich wollte ich schon am Samstag mit ihm Schluss machen, doch da kam was dazwischen: Er lud mich ins Kino ein und spendierte anschließend eine Pizza. Es wäre nicht besonders nett von mir gewesen, ihm beim Abschied zu sagen, dass ich eigentlich nichts mehr von ihm wissen will. Außerdem ist der Abend eigentlich ganz lustig gewesen, weil Alex so müde war, dass er kaum den Mund aufkriegte. Okay, das klingt ziemlich seltsam, aber Alex ist eben ein ziemlich seltsamer Typ.

Wir haben uns auf Wiebkes Fete kennen gelernt, zu der Alex eingeladen wurde, weil er über ein paar Ecken mit Wiebke verwandt ist. Als er reinkam, verschluckten sich fast alle Mädchen an ihrer Cola. Und das lag daran, dass Alex nicht gerade aussieht wie der Glöckner von Notre-Dame. Bei der nächsten Wahl zum BRAVO-Boy hätte er bestimmt Chancen, unter die ersten drei zu kommen. Mir genügte ein kurzer Blick, um ihn sofort in die Schublade „eingebildeter Schönling" zu stecken; damit war er für mich erledigt. Dann lächelte er mich an und von dem Moment an war ich völlig weggetreten.

„Soll ich mal raten, Saskia, warum deine Augen plötzlich so strahlen?", fragte prompt meine Freundin Katrin.

Im Laufe des Abends hätten auch die andern mitkriegen können, was mit mir los war. Ich trank nämlich kaum noch was, knabberte stundenlang an einer Salzstange rum und war so gesprächig wie die Fische in Wiebkes Aquarium. Ansonsten beschäftigte ich mich damit, Alex anzustarren und zu beten, er möge sich zu mir setzen und sich mit mir unterhalten. Ich dachte, wir hätten uns jede Menge zu erzählen. Aber als wir uns gegen Ende der Fete eher zufällig gegenüberstanden, wechselten wir nur ein lahmes Hallo und zwei, drei Satze über Wiebke.

Beim Einschlafen, Aufwachen, in der Schule und beim Mittagessen hatte ich nur einen Gedanken: Alex. Als am Nachmittag das Telefon klingelte und ich nach dem Abheben die Stimme von Alex erkannte, dachte ich, ich hätte Halluzinationen. Aber er war es wirklich! Vor Aufregung umklammerte ich den Hörer so fest, dass ich ihn fast zerquetschte. Alex fragte, ob ich Lust hätte mit ihm spazieren zu gehen. Ich überlegte eine Hundertstelsekunde und dann sagte ich Ja.

Wir trafen uns um fünf Uhr vor dem Eingang zum Nordpark. Ich stieg aus der Bahn, und sofort wurde mir richtig schlecht. Alex stand auf der anderen Straßenseite. Als er mich anlächelte, wäre mir das Herz in die Hose gerutscht, wenn ich eine angehabt hätte. Aber ich trug einen kurzen grünen Rock und eine weiße Strumpfhose, und das bei drei Grad unter Null. Trotzdem schwitzte ich wie in der Sauna.

Wir schlenderten durch den Park und redeten über dies und das, hauptsächlich über die Schule. Irgendwann fiel uns nichts mehr ein. Wir schwiegen, dann lachten wir ohne

jeden Grund wie zwei Irre und dann schwiegen wir wieder. Und plötzlich lagen wir uns in den Armen und küssten uns.
Das war der Anfang – und gleichzeitig auch das Ende. Es wurde nämlich nie mehr so schön wie bei diesem ersten Treffen. Wir sahen uns sechs Wochen lang jeden Tag, in den Osterferien sogar von morgens bis abends. Und mit der Zeit wurden meine Probleme mit Alex immer größer. Sicher, wir hatten jede Menge Spaß zusammen. Alex ist immer gut drauf und kann unheimlich zärtlich sein, wenn er will. Was mich am Anfang nur wenig störte, mittlerweile allerdings ganz schön nervt, ist Folgendes: Es gibt kaum ein ernstes Thema, über das ich mit Alex reden kann. Er wird bald 16 und sieht aus wie 20, aber er kommt mir oft vor wie ein zehnjähriges Kind. Comics, Popstars, Basketball, Videospiele, Modellflugzeuge – das ist seine Welt. Wenn ich mich mal über etwas anderes mit ihm unterhalten will, zum Beispiel über unsere Eltern, unsere Zukunft oder unsere Gefühle füreinander, kriege ich nur flapsige Sprüche zu hören. Als er auf meinem Fensterbrett die Spardose entdeckte, in der ich Geld für ein Brunnenbauprojekt in Westafrika sammle, machte er tagelang Witze darüber. So richtig ernsthaft kann man mit ihm nur über Alfred E. Neumann, Michael Jordan und Aerosmith reden, das aber stundenlang. Allerdings gibt es ein Mittel, mit dem ich ihn dann unterbrechen kann: knutschen. Ehrlicherweise muss ich gestehen, dass ich alles andere als allergisch gegen dieses Mittel bin.
Trotzdem: Jetzt ist Sense!, sage ich mir entschlossen. Schließlich ist Alex nicht der einzige Junge auf der Welt. Und ich nicht das einzige Mädchen. Alex wird bestimmt keine Schwierigkeiten haben, eine neue Freundin zu finden. Und wenn doch, dann soll er Katrins Schwester anrufen. Die würde sehr gut zu ihm passen: Sie ist sportlich, ein totaler Comicfan und neun Jahre alt.
[…]

Bieniek, Christian: Alles easy oder was? Würzburg: Arena, 2005, S. 6 ff.

Lösung

Hinweis: In diesem Arbeitsauftrag steckt eine produktiv-kreative Schreibaufgabe. Du hast die Wahl, in welche der beiden Hauptfiguren du dich versetzen möchtest, um aus deren Sicht einen Tagebucheintrag zu den Geschehnissen der Textvorlage zu verfassen. Der Inhalt des Textauszugs aus dem Jugendbuch „Alles easy oder was" von Christian Bieniek wird bereits aus der Sicht der weiblichen Ich-Erzählerin dargestellt, somit wäre es recht schwierig, aus ihrer Perspektive die Geschehnisse in einem Tagebucheintrag noch einmal zu beleuchten. Der Spielraum, inhaltlich kreativ zu werden, ist recht gering und du könntest Gefahr laufen, Textpassagen des Originaltextes zu übernehmen. Aus der Perspektive des Jungen, Alex, ergeben sich dagegen interessante Möglichkeiten, die dargestellte Geschichte neu aufzurollen.

Inhaltliche Schwerpunkte

1. Schreibanlass klären → Ort und Zeitpunkt festlegen
2. Entwicklung der Beziehung aus der Sicht der gewählten Figur reflektieren – orientiert an der Textvorlage
3. Darlegen eigener Gedanken und Gefühle
4. im Gespräch mit sich selbst (Tagebuch) sein
5. Wertung der Situation
6. Erwartungen/Perspektiven über die Textvorlage hinaus

Aufsatzbeispiel

Liebes Tagebuch, 18. Juni 2012

Träume, was sind schon Träume?
Ich glaube nicht an Traumdeutung. Mein Unterbewusstsein versucht nicht, mir Nachrichten zu schicken und wenn doch, dann kommen sie nie bei mir an.
Doch dieses Mal war es anderes, liebes Tagebuch. Dieser Traum kam mir so real vor, dass mein Herz immer noch wie wild klopft und meine Finger, die diesen Stift halten, wie Espenlaub zittern.
Ich habe von meiner Freundin Saskia geträumt. Von uns beiden, wie wir auf dem ausgebeulten alten Sofa in meinem Zimmer rumlümmelten und irgendeinen Film ansahen. Irgendetwas mit glitzernden Vampiren und jeder Menge schnulziger Dialoge.
Es fühlte sich gut an, den Menschen im Arm zu halten, der für einen das Wichtigste auf der Welt ist. Ich hätte in diesem Moment sogar meine heißgeliebte Comicsammlung hergegeben, nur um ewig mit Saskia auf diesem Sofa bleiben zu können. Bis dahin war es ein schöner Traum.

Der grausame Gedanke an das, was danach geschehen ist, an das, was diesen schönen Moment zerplatzen ließ wie eine Seifenblase, jagt mir kalten Schauer über den Rücken und mir wird ganz übel vor Angst. Denn Saskia entwand sich plötzlich meinem Griff und stampfte wütend aus dem Zimmer. Ich saß erstaunt da, mit offenem Mund, und konnte mich erst bewegen, als die Tür mit einem lauten Knall zurumste. Verzweifelt versuchte ich im Traum, ihr nachzulaufen, sie festzuhalten, doch sie war immer schneller als ich. Als ich sie endlich zu fassen bekam und sie sich umdrehte, erschrak ich zutiefst. Ihr sonst so schönes und fröhliches Gesicht glich eher einer Maske des Zorns und des Ekels. Ekel? Warum sah sie mich an, als sei ich ein lästiges Insekt? Dann sagte sie die vier Worte, die diesen Traum nun vollständig zu einem Alptraum machten. „Es ist aus, Alex!“

„Nein!“ Mit diesem Aufschrei schreckte ich hoch. Mir war unausstehlich heiß und ich zitterte am ganzen Körper. Mit großer Anstrengung gelang es mir, die unnatürlich schwere Decke von mir zu hieven. Ein verärgertes Brummen erregte meine Aufmerksamkeit. Mein Kater bahnte sich schnaufend einen Weg aus dem Deckenwirrwarr und blinzelte mich vorwurfsvoll an. Mit bebenden und kalten Fingern fuhr ich durch sein samtenes Fell, schloss die Augen und seufzte. Das Mondlicht, das durch das Dachfenster fiel, malte unheimliche Schatten in mein Zimmer. Das Zimmer aus meinem Traum. So durcheinander war ich noch nie gewesen. In meinem Kopf schwirrten viele Eindrücke wild umher und sie zu ordnen, war mir unmöglich.

Dann fiel mein unruhiger Blick auf dich, altes Tagebuch, wie du ganz verstaubt in einem Regal lagst. Ein wenig kindisch kam ich mir schon vor, als ich dich in die Hand nahm und zu schreiben begann. Das habe ich seit Ewigkeiten nicht mehr getan! Was alles so in dir drin steht! Mein erster Schultag in der neuen Schule, Omas Beerdigung und sogar ein Eintrag über den ersten Besuch bei der Comicmesse!
Doch diese Erinnerungen sind nicht genug, um mich von meinem Traum abzulenken … Warum sollte Saskia mit mir Schluss machen?

Ich erinnere mich noch genau an unser erstes Treffen. Sie sah fantastisch aus, auf Wiebkes Party. Eigentlich hatte ich an diesem Abend etwas anderes vorgehabt, doch in diesem Augenblick, als ich sie das erste Mal sah, beglückwünschte ich mich selber zu der Entscheidung, gekommen zu sein. Mir war bewusst, dass ich ein breites Grinsen auf dem Gesicht trug, doch ich konnte einfach nicht anders. Als sie ihren Blick abwandte, sank meine Zuversicht. War ich so abstoßend? War ich so langweilig, dass sie gegen Ende der Party nur wenige Worte mit mir wechselte? Unsicher trat ich mit meinen Füßen hin und her und das Sprachzentrum meines Hirns schien alle bisher gelernten Worte vergessen zu haben. Warum musste sie denn auch so toll aussehen? Sie hat das hellste Haar, das ich jemals gesehen habe, die größten Augen der Welt und ihre Zähne sind von einem so reinen Weiß, dass Meister Proper einpacken kann!

Wiebke muss meine Schwärmerei bemerkt haben, denn als ich ihr dabei half, die Überreste der Fete zu beseitigen, steckte sie mir ein zusammengefaltetes Zettelchen zu mit ihrer Nummer. Habe ich nicht die tollste Cousine der Welt?

Gott, ich war so verdammt aufgeregt, als ich Saskia anrief, und noch aufgeregter, als sie einem Treffen zustimmte! Ich bin völlig albern in meinem Zimmer herumgehüpft und meine Freudenschreie waren bestimmt im ganzen Dorf zu hören. Im Nachhinein ein wenig peinlich, aber in diesem Moment einfach nötig. Sonst wäre ich geplatzt!
Ich war so nervös, als ich am Eingang des Parks auf sie wartete. Sie sah wieder toll aus. Ein grüner Rock, so kurz, dass er mir den Anblick ihrer wunderschön geformten Beine ermöglichte und ich mich unwillkürlich um ihre Gesundheit sorgte, war es doch so kalt, dass mir fast die Zähne klapperten. Ihr schien es allerdings nichts auszumachen. Ich bemühte mich die ganze Zeit, möglichst cool und schlau zu wirken. Neben einer wie Saskia ein ziemlich schweres Unterfangen. Sie muss sehr klug sein, sonst wäre sie wohl kaum die beste Schülerin der Schule. Was sollte ich, ein mittelmäßiger Schüler ohne Motivation und Talent, nur zu diesem Gespräch beisteuern? Durch meine trübsinnigen Gedanken abgelenkt, merkte ich gar nicht, dass sie aufhörte zu reden und mich fragend ansah. Da war sie wieder, diese Nervosität! Mir fiel beim besten Willen nicht ein, was sie zuletzt gesagt hatte, jetzt musste sie mich ja für einen vollständig verblödeten Idioten halten. Doch dann musste ich plötzlich lachen und kam mir unendlich dämlich vor. Doch zu meiner Verwunderung lachte sie mit! Sie hatte ein unglaublich schönes Lachen. Ich konnte einfach nicht dem Drang widerstehen, sie zu küssen ... Und seitdem sind wir zusammen. Doch ich weiß, dass unsere Beziehung nicht perfekt ist. Sie ist sogar sehr weit entfernt von perfekt. Wir sind einfach zu unterschiedlich, haben andere Interessen und Bedürfnisse. Sie entspannt sich lieber beim Lesen eines Buches, während ich, mit Tastatur und Maus bewaffnet, unzählige Welten vor bösen Zauberern und Feuer speienden Drachen befreie. Dennoch können wir uns unterhalten und zusammen Spaß haben. Doch woher kommt die plötzliche Angst, sie zu verlieren? Warum träume ich nur so einen Unsinn?
Ich bin oftmals wütend über mich selbst. Alles, was Saskia tut, ist genau durchdacht. Ich bewundere ihre Klugheit und ihr Einfühlungsvermögen. Neben ihr fühle ich mich manchmal wie ein ungehobelter Holzklotz, unfähig, meine Gedanken auszudrücken.
Ich erinnere mich noch gut an den „Brunnenbauprojekt-Zwischenfall". Musste ich mich über eine Sache, die ihr so viel bedeutet, lustig machen? Ich konnte es einfach nicht ertragen, dass sie sogar an das Wohl der Menschen in Westafrika denkt und das Einzige, für das ich Geld sammeln würde, die Weiterführung der Numb3rs-Serie wäre.

Und immer diese Gespräche über unsere Eltern und unsere Zukunft ... Ich weiß, mit 16 sollte man schon irgendeinen Plan im Kopf haben, man sollte zumindest einen Ansatz haben, was man mit seinem Leben anstellen will, doch ich möchte jetzt noch nicht darüber nachdenken. Ich muss Saskia bestimmt total mit meinen Ausflüchten nerven; auch, dass ich immer vom Thema ablenke, ist bestimmt anstrengend. Doch wer gibt schon gerne zu, dass er zwar keinen Plan für die Zukunft hat, dafür aber fast jeden einzelnen Planeten aufzählen kann, den der „Doctos" in „Doctor Who" besucht hat? Ich nicht.
Wie kann ich ihr zeigen, dass sie mir so viel bedeutet? Dass ich sie wirklich liebe? Dass meine Sprüche eigentlich nur von meiner Furcht ablenken sollen, dass sie erkennt, wie wenig wir zusammenpassen und sie jemanden Besseren verdient hat?

Das erste Mal in meinem Leben hat ein Traum eine Bedeutung. Ich muss unbedingt etwas ändern, sonst wird er bittere Realität! Hoffentlich habe ich nicht zu spät erkannt, dass ich etwas ändern muss, liebes Tagebuch.
Gleich morgen werde ich sie ins Kino einladen, in einen Film ihrer Wahl. Sonst landen wir am Ende noch in diesem spannenden neuen Superheldenfilm und das würde meiner Sache wenig helfen ... Anschließend können wir noch eine Pizza essen. Zwar werde ich nach dieser langen Nacht total müde und erschöpft sein, doch ich bin zuversichtlich, dass ich durch das morgige Date einiges an unserer Beziehung ändern kann. Ich möchte niemals wieder einen so schrecklichen Alptraum haben wie heute Nacht!

2012-17

Realschulabschluss Deutsch in Thüringen: Prüfungsaufgaben 2013
Aufgabe 1

Aufgabe:

1.1 Entnehmen Sie dem Text zwölf Informationen über Fast Food und stellen Sie diese in einer geeigneten Form dar.

1.2 Erörtern Sie die Thematik „Fast Food und gesunde Ernährung im Alltag“ und beziehen Sie die Ernährungspyramide der folgenden Seite mit ein. Berücksichtigen Sie in Ihren Ausführungen Konsequenzen für Ihr persönliches Handeln.

FAST FOOD
WENN SCHON, DENN SCHON!

„Fast Food“ heißt schnelles Essen. Der Begriff bezieht sich also nicht auf die Qualität von Gerichten, sondern auf die Geschwindigkeit, mit der sie zubereitet und gegessen werden. Schon in der Antike und im Mittelalter gab es die Möglichkeit, schnell und günstig zu essen: So wurden von fahrenden Köchen Suppen und Bratfisch, aber auch Süßes angeboten.

Eine Befragung unter deutschen Jugendlichen zeigt, dass 87 Prozent Fast Food für ungesund halten. Man isst es und denkt gleichzeitig, es sei schlecht, Fast Food zu essen. Kritiker bezeichnen Fast Food häufig auch als „junk food“ (engl. junk = Müll). Doch Fast-Food-Gerichte sind in ihrer Zusammensetzung sehr unterschiedlich und genauso unterschiedlich werden sie von Ernährungswissenschaftlern auch beurteilt. Die Frage ist nicht, ob wir Fast Food essen, sondern wie viel. Ab und zu schadet nicht. Nur jeden Tag, das wäre ungesund. Viele Fast-Food-Mahlzeiten enthalten zu viel Fett und Salz sowie zu wenig Vitamine, Mineralstoffe und Spurenelemente. Daher ist eine optimale Kombination verschiedener Lebensmittel pro Fast-Food-Mahlzeit und ein Ausgleich durch andere Mahlzeiten wichtig. Man kann den Nährstoffgehalt einer Fast-Food-Mahlzeit mit den richtigen Beilagen aufpeppen. Mit Salat und Fruchtsaft wird aus einem Stück Pizza eine ausgewogene Mahlzeit. Die Vitamin- und Mineralstoffbilanz kann über den Tag zum Beispiel durch Vollkornbrot, fettarme Milchprodukte, Salate, Obst und Gemüsebeilagen ausgeglichen werden. Wenn schon schnell essen, dann wenigstens mit Köpfchen!

In: Jugendmagazin Food Fun Fantasy, Zeitbild-Verlag, KV 17
http://www.zeitbild.de

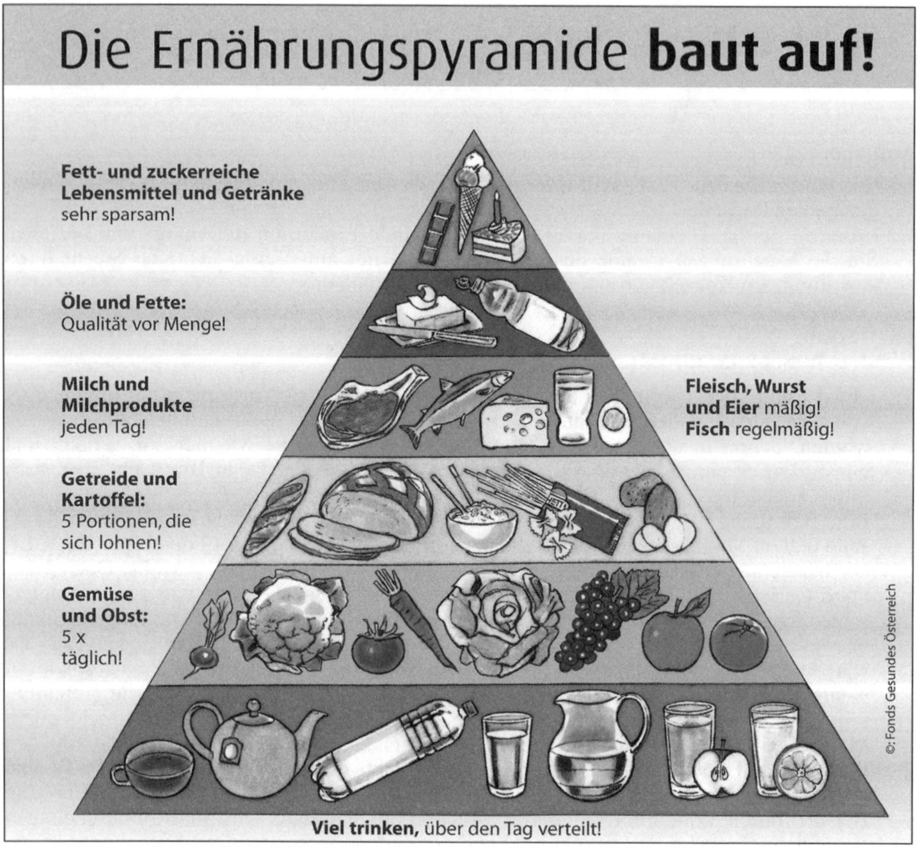

© Bundesministerium für Gesundheit/Österreich; http://bmg.gv.at/home/Service/Publikationen_bestellen/

Hinweis:

Beide Teilaufgaben 1.1 und 1.2 sind zu bearbeiten und gehen folgendermaßen in die Bewertung ein:

1.1: 25 %
1.2: 75 %

Lösung

Hinweis: Die ***Aufgabe 1.1*** *verlangt von dir, zwölf Informationen zum Thema Fast Food aus dem vorgegebenen Text herauszufinden. Diese sollst du dann in einer geeigneten Form schriftlich darstellen.*
Zunächst muss der Text von dir gründlich bearbeitet werden. Die Methoden zur Lesetechnik und Informationsdarstellung findest du im Kapitel E dieses Buchs. Es empfiehlt sich das totale/gründliche Lesen, da du dem relativ kurzen Text viele Informationen entnehmen musst und keine speziellen Aussagen gesucht sind. Beim Lesen solltest du dir alle wichtigen Informationen anstreichen, um anschließend ohne aufwendiges Suchen eine geeignete Auswahl der geforderten 12 Informationen treffen zu können.
Als Darstellungsform eignet sich eine Mindmap. Sie ermöglicht, verschiedene Sachverhalte grafisch zu strukturieren. Achte darauf, dass du die ausgewählten Informationen im Nominalstil in Form von Stichpunkten darstellst.

Beurteilung:
- Haltung der meisten Menschen eher kritisch
- von 87 % der befragten Jugendlichen als ungesund eingestuft
- von Kritikern bezeichnet als „junk food"
  → Bedeutung junk (engl.) = Müll
- sehr unterschiedliche Zusammensetzung von Fast-Food-Gerichten
- unterschiedliche Beurteilung von Ernährungswissenschaftlern

Fast Food

Vorgeschichte:
- bereits in Antike und Mittelalter Möglichkeit des schnellen und günstigen

Bedeutung:
- schnelles Essen
- keine Qualitätsbeschreibung, sondern Merkmal für Geschwindigkeit der Zube-

Optimierung:
- gelegentlicher Verzehr wenig schädlich
- viele Fast-Food-Gerichte ungesund
  → zu viel Fett und Salz
  → zu wenig Vitamine, Mineralstoffe und Spurenelemente
- Optimierung der Mahlzeit durch Kombination mit anderen Lebensmitteln, z. B. mit Salat und Fruchtsaft
- Ausgleich der Vitamin- und Mineralstoffbilanz durch Vollkornbrot, fettarme Milchprodukte, Salat, Obst und Gemüse

Hinweis: Die Thematik „Fast Food und gesunde Ernährung im Alltag" ist laut ***Aufgabe 1.2*** *zu erörtern. Dabei sollst du die abgebildete Ernährungspyramide miteinbeziehen, die wichtige Informationen zu den verschiedenen Lebensmittelgruppen und zu deren sinnvollem Verzehr bereithält. Außerdem sind Überlegungen bezüglich des eigenen Ernährungsverhaltens anzustellen.*
Zunächst gilt es zu klären, ob Fast Food im Widerspruch zu einer gesunden Ernährung steht. Daraus ergibt sich die Frage, inwieweit sich Fast Food mit gesunder Ernährung im Alltag vereinbaren lässt. Der Schwerpunkt liegt also weniger auf dem Für und Wider zum Thema Fast Food, sondern eher auf der gerade erwähnten Fragestellung. Du kannst sowohl die Aussagen des vorgegebenen Textes als auch eigene Erfahrungen einfließen lassen. Auch die Betrachtung der Ernährungspyramide ist für deine Ausführungen sehr gewinnbringend, da diese weitere gesicherte Fakten zur Thematik bietet. Die Wertigkeit der verschiedenen Nahrungsmittelgruppen erkennst du durch die Pyramidenform und die angefügten Kommentare.
Du kannst aus einem recht großen Informationspool schöpfen, was ein gründliches Durcharbeiten der Materialien und ein strukturiertes Vorgehen besonders wichtig macht. Abschließend darfst du nicht vergessen, Konsequenzen für dein eigenes Handeln bezüglich deiner Ernährung abzuleiten und begründet darzulegen.

Analyse und Eingrenzen des Themas

Fast Food und **gesunde Ernährung** im Alltag

↓ Was ist Fast Food? — Definition des Begriffes

↓ Was gehört zu einer gesunden Ernährung? — Einbeziehung der Ernährungspyramide

Zu erörternde Fragen:
Inwieweit lassen sich Fast Food und gesunde Ernährung im Alltag vereinbaren?

↓

Welche Konsequenzen für mein persönliches Handeln ziehe ich?

↓

Erörtern der Problematik = kritische Auseinandersetzung in Form einer linearen Erörterung

Klärung der Begriffe

Fast Food

Fast Food ist ein englischer Begriff und bedeutet schnelle Nahrung, schnelles Essen oder Schnellimbiss. Es handelt sich dabei um einfache und schnell angerichtete Speisen, die für den raschen Verzehr produziert werden. Diese Speisen sind industriell so weit zubereitet, dass die Zeitspanne zwischen Bestellung und Erhalt des Produktes meist weniger als zehn Minuten beträgt. Häufig wird der Begriff mit „junk food" (engl. junk = Müll) gleichgesetzt.

Gesunde Ernährung
Gesunde Ernährung wird auch als vollwertige Ernährung bezeichnet. Diese Nahrung enthält alle notwendigen Bestandteile, die der Mensch zur Deckung seines Energiebedarfs braucht, z. B. Proteine, (komplexe) Kohlehydrate und gesundes Fett, in ausreichender Menge. Damit wird eine wesentliche Grundlage für den Muskelaufbau und die Erhaltung der Gesundheit gelegt.

Erschließen der Materialsammlung
Wesentliche Informationen aus den Stufen der Ernährungspyramide:

Sockel → Fundament, verweist auf ausreichende Flüssigkeitszufuhr über den Tag verteilt (z. B. Tee, Wasser, Saft)
1. Stufe → optimale Vitaminzufuhr (5× täglich Gemüse, Obst)
2. Stufe → optimale Versorgung mit Kohlehydraten (Getreide, Kartoffeln)
3. Stufe → optimale Versorgung mit Eiweiß (täglich Milch und Milchprodukte, regelmäßig Fisch, mäßiger Verzehr von Fleisch, Wurst und Eiern)
4. Stufe → mäßiger Verzehr von Ölen und Fetten, dabei Berücksichtigung der Qualität
Spitze → möglichst sparsamer Verbrauch von fett- und zuckerreichen Lebensmitteln

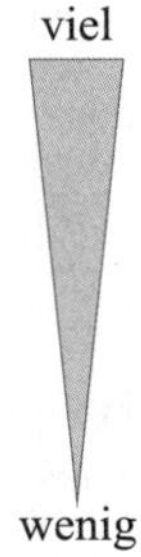

Gliederung des Aufsatzes

Einleitung:
- Hinführung zur Thematik
- variabel (persönliches Erlebnis, eigene Erfahrungen, allgemeine Erscheinungen …)
- Aufzeigen der Problematik

Hinweis: Der Leser soll durch die Einführung mit der Thematik und deren Bedeutung konfrontiert werden.

Hauptteil:
- Analyse der Thematik
- Definition der Begriffe (dabei klare Unterscheidung von Fast Food und „junk food“)
- lineare Argumentation

Klärung der zentralen Fragestellungen:
Inwieweit lassen sich Fast Food und gesunde Ernährung im Alltag vereinbaren?
- ausschließliche Fast-Food-Ernährung ungesund, da meist zu viel Fett und Salz enthalten; außerdem zu wenig Vitamine, Mineralstoffe und Spurenelemente
- deshalb Fast Food nur hin und wieder
- Ergänzung von Fast Food mit Obst, Gemüse, Vollkornbrot oder fettarmen Milchprodukten
- für Auswahl und Menge der Nahrungsmittel an Ernährungspyramide orientieren, z. B. stets auf ausreichende Menge an Flüssigkeit achten, viel Obst und Gemüse verzehren und, wenn möglich, auf zucker- und fettreiche Lebensmittel verzichten

Welche Konsequenzen für mein persönliches Handeln ziehe ich?
- Nahrungsaufnahme bewusst in Tagesablauf einplanen → sich Zeit fürs Essen nehmen
- Nahrungsmittel sorgfältig auswählen

Hinweis: Achte auf eine schlüssige Argumentation, reihe deine Gedanken logisch aneinander, sodass der Leser dir stets gut folgen kann. Vermeide Gedankensprünge.

Schlussteil:
Fazit und Bedeutung der Thematik

Aufsatzbeispiel

Einleitung

Seit einigen Jahren beklagen sich immer mehr Menschen, dass Hektik und Schnelllebigkeit zu Gesundheitsschäden und Unzufriedenheit beitragen. Wir verfolgen ehrgeizige Ziele, wollen viel schaffen, doch zerstören wir dabei unsere eigene Lebensqualität. Dies beginnt bereits beim Essen. Es soll gut schmecken, aber in der Zubereitung mit möglichst geringem Zeitaufwand verbunden sein. Zahlreiche Unternehmen haben daraus erfolgreiche Geschäftsideen entwickelt. Unterschiedliche Fast-Food-Ketten locken mit wohlschmeckenden Schnellmenüs vor allem junge Menschen in ihre Restaurants. Auch Fertiggerichte in Supermärkten ziehen durch ihre effektive Zubereitung die Aufmerksamkeit vieler berufstätiger Eltern auf sich, versprechen sie doch eine leckere und gesunde Mahlzeit für die Lieben daheim. Die meisten von uns wissen jedoch, dass solche Mahlzeiten mit einer gesunden Ernährung wenig zu tun haben. Trotzdem ist die Nachfrage groß und die Angebotspalette wächst stetig. Nun stellt sich die Frage, ob Fast Food mit einer gesunden Ernährung im Alltag zu vereinbaren ist.

Hauptteil

Zunächst sollte man sich den Begriffen Fast Food und gesunde Ernährung genauer zuwenden, um über eine Vereinbarkeit dieser Ernährungsformen genauer nachdenken zu können.
Fast Food kommt aus dem Englischen und bedeutet schnelle Nahrung, schnelles Essen oder Schnellimbiss. Es handelt sich dabei um einfache und schnell angerichtete Speisen, die für den raschen Verzehr produziert werden. Diese Speisen sind industriell so weit zubereitet, dass die Zeitspanne zwischen Bestellung und Erhalt des Produktes meist weniger als zehn Minuten beträgt. Häufig wird der Begriff mit „junk food“ (engl. junk = Müll) gleichgesetzt, da sich die Produkte aus Zutaten minderwertiger Qualität zusammensetzen und meist zu viel Salz und Fett beinhalten. Somit deutet der Begriff „junk food“ eine generelle Ablehnung von solchen Imbissangeboten an.

Gesunde Ernährung wird auch als vollwertige Ernährung bezeichnet. Eine solche Nahrung enthält alle notwendigen Bestandteile, wie Proteine, komplexe Kohlehydrate und gesundes Fett, in ausreichender Menge, die der Mensch zur Deckung seines Energiebedarfs braucht. Damit wird eine wesentliche Grundlage für den Muskelaufbau und die Erhaltung der Gesundheit gelegt.

Da in diesem Aufsatz der Vergleich der Qualität der Nahrung im Mittelpunkt steht, wird nachfolgend der Begriff Fast Food bezüglich der Nährstoffzusammensetzung begutachtet. Es geht also weniger um die eigentliche Wortbedeutung des schnellen Essens.

Es sollte jedoch vorangestellt werden, dass gesundes Essen auch Zeit und Ruhe erfordert. Dies beginnt schon mit der Auswahl der Nahrungsmittel. Will man frische und gesunde Lebensmittel für seine Speisen, sollte man diese in aller Ruhe auswählen und sich eventuell vom Fachpersonal beraten lassen. Auch beim Zubereiten kann durch Hektik und Stress der Speise viel an Qualität genommen werden. Um den Sättigungs- und Verdauungsprozess zu optimieren, muss die Nahrungsaufnahme ohne Hast erfolgen.

Durch die unausgewogene Zusammensetzung der Nährstoffe in den meisten Fast-Food-Produkten ist eine Ernährung allein mit diesen Lebensmitteln über einen längeren Zeitraum sehr ungesund. Untersuchungen haben gezeigt, dass der Mensch über diese Nahrung zu wenig Vitamine, Mineralstoffe und Spurenelemente aufnimmt. Vor allem Kinder neigen bei häufigem Verzehr zu Antriebslosigkeit und raschen Ermüdungserscheinungen, was nicht zuletzt zu Fettleibigkeit oder hoher Infektionsanfälligkeit führt.

Wer Fast Food nur hin und wieder isst, wird jedoch von den genannten Folgeerscheinungen kaum betroffen sein, denn erst nach einem längeren und regelmäßigen Verzehr werden die Mangelerscheinungen sichtbar. Somit ist ein Besuch bei McDonald's als gelegentliches Highlight nicht gefährlich und muss auch nicht prinzipiell verpönt werden.

Fast-Food-Esser können die fehlenden Nährstoffe selbst ergänzen. So braucht z. B. niemand auf seine Lieblingspizza zu verzichten, wenn frisches Gemüse als Belag ergänzt wird. Ein leckerer Obstsalat, der den Vitaminhaushalt abdeckt, ist auch schnell zubereitet, und ein Glas Milch deckt rasch den täglichen Kalziumbedarf. Die Kombinationsmöglichkeiten sind unbegrenzt und sehr variabel.

Wer Schwierigkeiten hat, sich ausgewogen und gesund zu ernähren, weil ihm diesbezüglich vielleicht auch die genauen Kenntnisse fehlen, kann ohne größeren Aufwand die wichtigsten Informationen aus der Ernährungspyramide entnehmen. Aus ihr lässt sich ableiten, in welchen Mengenverhältnissen die verschiedenen Lebensmittelgruppen dem Körper zuzuführen sind. So ist z. B. eindeutig erkennbar, dass eine ausreichende Flüssigkeitszufuhr von Wasser, Tee oder Säften eine Hauptvoraussetzung für eine gesunde Ernährung darstellt. Der regelmäßige Verzehr von Obst und Gemüse wird mehrmals täglich empfohlen, dagegen sollten zucker- und fettreiche Lebensmittel möglichst selten gegessen werden.

All dies ist für die meisten Menschen nicht neu. Trotzdem gehören Disziplin und eine bewusste Einstellung dazu, sich konsequent gesund zu ernähren. Die Verlockungen, schnell einmal den kleinen Hunger zu stillen, warten fast überall auf uns – hier ein Riegel Schokolade, da ein kleiner Hamburger. Oft verdrängt man die sündigen Momente mit Sätzen wie: „War ja nur eine Kleinigkeit." Doch es sind diese kleinen Zwischenmahlzeiten, die den gesunden Ernährungsplan durcheinanderbringen und uns krank machen können.

Gesunde Ernährung will also gelernt sein. Dazu gehört das Einhalten von regelmäßigen Mahlzeiten, die einen festen Platz im Tagesablauf einnehmen. Empfohlen werden drei größere oder fünf mittlere Mahlzeiten. Außerdem kommt es, wie bereits erwähnt, auf die richtige Nahrungszusammensetzung an sowie auf die bewusste und sorgfältige Auswahl qualitativ hochwertiger Lebensmittel.

Da es in meiner Familie üblich ist, jeden Tag gemeinsam zu frühstücken und auch das Abendessen zusammen einzunehmen, habe ich von Haus aus günstige Voraussetzungen, mich gesund zu ernähren. Auch achten meine Eltern sehr auf die Qualität und Zusammensetzung unserer Speisen. Nur hin und wieder, wenn das Pausenbrot nicht schmeckt oder der Duft vom Döner-Stand über die Straße weht, lasse ich mich schon einmal vom Fast-Food-Angebot anlocken. Mit dem Wissen, wie ich diese Speisen aufwerten kann, werde ich mir in der Zukunft noch bewusster Obst und Gemüse in eine extra Dose packen. Zum Glück gibt es in unserer Schule einen Trinkbrunnen, den ich ab jetzt öfter als einmal am Tag aufsuchen werde.

Schluss

Weil in den letzten Jahren eine Zunahme an übergewichtigen Menschen zu beobachten ist und die erwähnten Folgeerscheinungen nicht ausbleiben werden, ist es an der Zeit, dass die Menschen in unserer Gesellschaft sich noch bewusster mit ihrer Ernährungsweise auseinandersetzen. Unser Staat investiert bereits sehr viel Geld in Aufklärungskampagnen zur gesunden Ernährung. Letztendlich kommt es jedoch auf jeden selber an, Wohlbefinden und Lebensfreude zu erhalten – was ohne eine gesunde Ernährungsweise dauerhaft kaum möglich ist.

Aufgabe:

100. Todestag von Rudolf Diesel
Am 29. September 2013 jährt sich zum 100. Mal der Todestag von Rudolf Diesel.

Verfassen Sie einen ausführlichen Artikel für eine Tageszeitung, in dem das Wirken des Erfinders Rudolf Diesel gewürdigt wird. Nutzen Sie die Informationen aus den vorliegenden Materialien 1–4.

Bild: Deutsche Post AG

Material 1

18. 03. 1858	Geburt in Paris als zweites Kind von Theodor Diesel und seiner Frau Elise
1872	Entschluss, „Mechaniker" (Ingenieur) zu werden
1873	Beendigung der Gewerbeschule als Bester
1875	Abschluss der Industrieschule, erneut als Bester Beginn des Studiums an der Technischen Hochschule München
1880	Abschluss mit dem besten Examen seit Bestehen der Hochschule März: Eintritt als Volontär[1] in die Lindesche Eisfabrik in Paris
1881	Ernennung zum Direktor der Lindeschen Eisfabrik
September	erstes Patent auf ein Verfahren zur Herstellung von Klareis in Flaschen
1889	Weltausstellung in Paris: Betreuung des Standes der Kälte- und Eismaschinen von Linde
23. 02. 1893	Patent für die später nach ihm benannte Verbrennungskraftmaschine mit hohem Wirkungsgrad
1893–1897	Entwicklung des Dieselmotors
28. 01. 1897	Fertigstellung des Diesel-Viertaktmotors (zweiter Versuchsmotor)
1898	Gründung der Dieselmotorenfabrik Augsburg (1911 aufgelöst) Bau der ersten Dieselmotoren in den USA
1900	Gründung der „Diesel Engine Company" in England Weltausstellung in Paris: Auszeichnung des Dieselmotors
1908	Bau des ersten Klein-Dieselmotors
29. 09. 1913	Tod

nach: http://www.wissen.de

1 Volontär: Praktikant

Material 2

Steter Begleiter war seine Idee, eine rationelle Wärmekraftmaschine zu schaffen. Diese war im Jahre 1892 so weit gereift, dass er am 27. Februar 1892 beim Kaiserlichen Patentamt in Berlin eine Anmeldung mit dem Titel „Neue, rationelle Wärmekraftmaschine" einreichte, wofür er ein knappes Jahr später das Patent erhielt. Diesel war bewusst, dass er viel Geld benötigen würde, und suchte daher die Unterstützung bedeutender Maschinenfabriken, die er in der Maschinenfabrik Augsburg und bei Friedrich Krupp fand. Verträge mit diesen Firmen garantierten ihm den Bau eines Versuchsmotors und ein angemessenes Gehalt. So konnte er sich selbstständig machen und ganz der Realisierung seines Motors widmen. Bereits im Juli 1893 war in Augsburg ein Versuchsmotor fertiggestellt, der allerdings nicht funktionierte. Die Zeit des Experimentierens sollte noch bis zum 17. Februar 1897 dauern, dem Tag, an dem die offiziellen Abnahmeversuche an dem Motor stattfanden. Mit einem Gesamtgewicht von 4,5 t und einer Leistung von 20 PS wartete dieser erste „praxistaugliche Dieselmotor" mit einem Wirkungsgrad von etwa 26 % auf. Er übertraf damit die Dampfmaschinen mit damals 12 % Wirkungsgrad erheblich.

http://www.deutsches-museum.de

Material 3

Im 19. Jahrhundert bestand im Kleingewerbe ein großer Bedarf an Antriebsmaschinen. Die Dampfmaschine war für den Einsatz in diesem Bereich zu groß und zu teuer.
Viele Erfinder waren von dem Gedanken beherrscht, einen Motor für das Kleingewerbe zu bauen. Dies führte u. a. zur Konstruktion des Verbrennungsmotors. […] Die ersten Verbrennungsmotoren waren gasbetrieben, später verwendete man vorwiegend flüssige Brennstoffe. Leistung und Drehzahl der Motoren wurden laufend erhöht.
Die Verbrennungskraftmaschinen haben sich zu universellen Antriebsmaschinen entwickelt: Otto- und Dieselmotoren – als Zweitakter und als Viertakter arbeitend – treiben Fahrzeuge aller Art an, sie werden eingesetzt zum Antrieb von Stromgeneratoren, […], Rasenmähern usw. Wichtige Stationen der Entwicklung der Verbrennungsmotoren: […]

- 1876 N. A. Otto führt mit dem Viertakt-Prinzip und der Vorverdichtung der Ladung ein vollkommen neues Verfahren in den Motorenbau ein.
- 1879 K. Benz erster Zweitakt-Benzinmotor läuft.
- 1883 G. Daimler und W. Maybach lassen den ersten Fahrzeugmotor patentieren.
- 1897 R. Diesel stellt seinen Motor vor.

http://www.deutsches-museum.de

Material 4

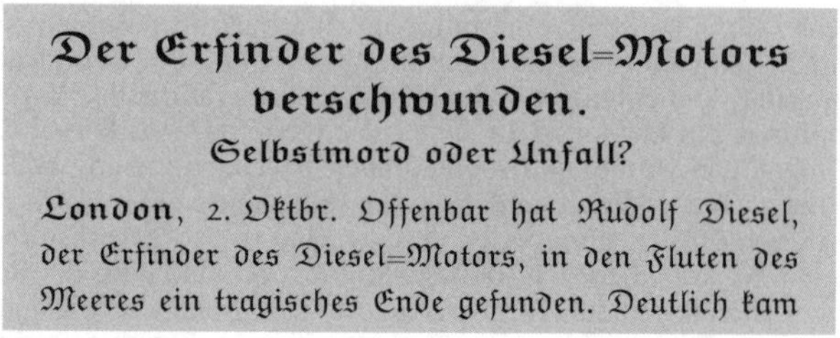
Der Erfinder des Diesel=Motors verschwunden.
Selbstmord oder Unfall?
London, 2. Oktbr. Offenbar hat Rudolf Diesel, der Erfinder des Diesel=Motors, in den Fluten des Meeres ein tragisches Ende gefunden. Deutlich kam

Weimarische Landeszeitung vom 3. 10. 1913 (N° 272)

Der Erfinder des Diesel-Motors verschwunden
Selbstmord oder Unfall?

London, 2. Oktbr. Offenbar hat Rudolf Diesel, der Erfinder des Diesel-Motors, in den Fluten des Meeres ein tragisches Ende gefunden. Deutlich kam diese Befürchtung auf der Aktionärsversammlung der englischen Diesel-Gesellschaft zum Ausdruck, zu der sich Diesel hatte begeben wollen. Whitman erklärte, Dr. Diesel, ein reicher Mann, habe keine Sorgen gehabt und sei nicht der Mann, von dem man einen Selbstmord erwarten könnte, solange er bei Verstand war. Es sei jedoch denkbar, daß sein Geist sich plötzlich umnachtete. Auch andere Freunde des Verschwundenen geben zu, daß sie vor einem vielleicht nie lösbaren Rätsel stehen. Die Wahrscheinlichkeit eines Unfalls scheine gering, da die See ruhig und die Fahrt glatt war. Möglich wäre jedoch, daß Dr. Diesel sich auf das Gitter am Verdeck setzte, dort einnickte und von einem plötzlichen Ruck über Bord geschleudert wurde. Jedenfalls stehe fest, daß der Erfinder in Harwich nicht aus dem Schiff stieg, so daß entweder ein Unfall oder Selbstmord in einem Anfall geistiger Umnachtung die allein möglichen Erklärungsarten seines geheimnisvollen Verschwindens bildeten. (Dr. Diesel stand im 56. Lebensjahre. 1893 zog er durch eine Schrift über die Theorie seines rationellen Wärmemotors, einer Rohölmaschine, die Heizkraft in nutzbare Arbeit umsetzt, die Aufmerksamkeit auf sich. Die Herstellung einer solchen Maschine gelang ihm in den nächsten Jahren. 1897 führte er das erste brauchbare Modell auf der Jahresversammlung des Vereins deutscher Ingenieure vor. Der Diesel-Motor trat dann bald einen Siegeszug in der Technik an. Die Hamburg-Amerika-Linie hat angefangen, den Motor einzuführen, und letzthin haben auch auf der preußischen Staatsbahn Versuche mit einer Diesel-Schnellzuglokomotive stattgefunden.)

Aus: Weimarische Landeszeitung vom 03. 10. 1913 (No. 272)

Lösung

Hinweis: Die Aufgabenstellung verlangt von dir, dass du einen ausführlichen Artikel für eine Tageszeitung verfasst. In diesem soll das Wirken des Erfinders Rudolf Diesel gewürdigt werden. Der 100. Todestag von Rudolf Diesel am 29. September 2013 ist Anlass für deinen Zeitungsbeitrag. Um geeignete Informationen zu finden, die einer Würdigung des Erfinders gerecht werden, ist es notwendig, dass du die vorgegebenen Materialien gründlich liest. Die Informationen zur geeigneten Lesetechnik findest du im Kapitel E in diesem Buch.
Da die Aufgabenstellung keine weiteren Vorgaben oder Einschränkungen enthält, ist es ratsam, die relevanten Fakten nach Schwerpunkten geordnet zu sammeln. Damit ist einerseits ein strukturiertes Vorgehen gewährleistet, andererseits fällt es dir so leichter, die Informationsfülle der verschiedenen Materialien zu handhaben.
Für die Bewältigung dieser Aufgabe benötigst du Kenntnisse zu den verschiedenen Textsorten der pragmatischen Texte. Da sich keine rein journalistische Textsorte für eine Würdigung eignet, kannst du nur eine Mischform aus Bericht, Kommentar und Reportage verfassen. Außerdem solltest du versuchen, einen persönlichen Bezug zum Erfinder Rudolf Diesel zu finden, um Anerkennung und Wertschätzung glaubwürdig darzustellen.

Merkmale journalistischer Textsorten

Bericht: Der Bericht gibt in ausführlicher Form Tatsachen, Ereignisse und deren Ablauf wieder. Im Vorspann werden die Fragen *wer, was, wann* und *wo* beantwortet, auf die anderen W-Fragen geht der Hauptteil ein. Der Bericht enthält keine persönlichen Meinungen.

Kommentar: In einem Kommentar nimmt der Verfasser zu wichtigen und aktuellen Themen Stellung und bewertet Ereignisse. Er liefert Argumente für seine Sicht und will zur kritischen Auseinandersetzung mit dem Thema anregen.

Reportage: Die Reportage schildert ein Ereignis aus persönlicher Sicht, sie will den Leser bis zum Ende fesseln. Sinneseindrücke werden beschrieben, um dem Leser das Gefühl zu geben, er wäre dabei gewesen. Es werden zusätzliche Hauptinformationen geliefert, die Zusammenhänge deutlich machen sollen.

Aufbau des Aufsatzes

Einleitung:

- Person vorstellen (kleine Episode oder Lebensdaten oder Verdienst)
- Schreibanlass klären (100. Todestag → Würdigung)

Hauptteil:

- wichtige Lebensdaten und Ereignisse, die die Verdienste des Erfinders aufzeigen
- geeignete Aspekte finden, zusammenfassen und vertiefen → Schwerpunkte sinnvoll gliedern (z. B. chronologisch oder nach Wichtigkeit der Informationen)
- Bericht mit kommentierenden Elementen

Schluss:

- persönliche Würdigung
- aktuelle gesellschaftliche Relevanz

Stoffsammlung aus den Materialien – geordnet nach Schwerpunkten

Material	Lebensdaten	berufliches Streben	(Zeit-)Umstände und Hintergründe	zu würdigende Verdienste
1	– 1858: Geburt in Paris – 1913: Tod	– 1872: Berufswunsch des Mechanikers – 1873–1880: Einschlagen einer sehr erfolgreichen Ingenieurlaufbahn (stets Jahrgangsbester in Gewerbe-, Industrie- und Hochschule)		– 1893: Erhalt eines Patents für Verbrennungskraftmaschinen mit hohem Wirkungsgrad vom Kaiserlichen Patentamt in Berlin – 1893–1897: Entwicklung und Fertigstellung des Diesel-Viertaktmotors – 1898: Gründung der Dieselmotorenfabrik Augsburg, Bau der ersten Dieselmotoren in den USA – 1900: Gründung der „Diesel Engine Company“ in England; Auszeichnung auf Weltausstellung in Paris – 1908: Bau des ersten Klein-Dieselmotors
2		– 1897: erster praxistauglicher Dieselmotor	– finanzielle Unabhängigkeit durch Unterstützung bedeutender Maschinenfabrikanten, wie z. B. Friedrich Krupp	– 1897: erster praxistauglicher Dieselmotor mit einem Wirkungsgrad von 26 %, damit um 14 % höher als der der damaligen Dampfmaschine
3			– 19. Jh.: großer Bedarf an Antriebsmaschinen im Kleingewerbe → deshalb Bestreben vieler Erfinder, Motor für Kleingewerbe zu bauen	– Entwicklung der Verbrennungskraftmaschinen zu universellen Antriebsmaschinen → Antrieb von Fahrzeugen aller Art, von Stromgeneratoren und Rasenmähern usw.
4			– im 56. Lebensjahr: geheimnisvolles Verschwinden während einer Schifffahrt; Umstände seines Todes ungeklärt	– 1897: Siegeszug des Dieselmotors im Verkehrswesen (Schiff, Diesel-Schnellzuglokomotive)

Aufsatzbeispiel
Ein Leben im Dienste des Fortschritts – Zum 100. Todestag von Rudolf Diesel

Einleitung

„Offenbar hat Rudolf Diesel, der Erfinder des Diesel-Motors, in den Fluten des Meeres ein tragisches Ende gefunden …" – mit dieser Meldung beginnt ein Artikel in der Weimarischen Landeszeitung vom 03. 10. 1913 über den dramatischen und zugleich mysteriösen Tod Rudolf Diesels. Hatte er sich das Leben in einem Anfall geistiger Verwirrung genommen? Oder wurde er Opfer eines tragischen Schiffsunglücks? Sein geheimnisvolles Verschwinden sowie die Umstände seines Todes sind auch hundert Jahre nach seinem Ableben ungeklärt. Wichtiger als das Aufdecken dieser Hintergründe ist jedoch, seine Persönlichkeit und seine Leistungen anlässlich seines 100. Todestages in den Mittelpunkt zu stellen.

Hauptteil

Kaum eine andere Erfindung ist mit dem Namen ihres Erfinders so eng verbunden und auf dem ganzen Erdball bekannt wie die des Ingenieurs Rudolf Diesel. Unsere heutige Welt wäre ohne Schiffe, Traktoren, Baumaschinen, Lastkraftwagen und Notstromaggregate kaum vorstellbar.

Rudolf Diesel wurde am 18. März 1858 in Paris geboren und verstarb am 29. September 1913. Bereits im Alter von 14 Jahren träumte er vom Beruf des Mechanikers. Zielstrebig verfolgte er diesen Wunsch und schlug 1873 eine sehr erfolgreiche Ingenieurlaufbahn ein. Diesel war Jahrgangsbester sowohl in der Gewerbe- als auch in der Industrieschule. Das Studium an der Technischen Hochschule München schloss er 1880 mit dem besten Examen seit Bestehen der Hochschule ab. Sein permanentes Streben, eine rationelle Wärmekraftmaschine zu konstruieren, ermöglichte ihm 1892, ein Patent für eine Verbrennungskraftmaschine mit hohem Wirkungsgrad beim Kaiserlichen Patentamt in Berlin einzureichen. Ein Jahr später erhielt er das Patent.

Der enorme Bedarf an Antriebsmaschinen im Kleingewerbe führte im 19. Jahrhundert dazu, dass viele Erfinder danach strebten, Motoren zu entwickeln. Auch Diesel führte den Bau eines Versuchsmotors zielstrebig fort und stellte 1897 seinen Diesel-Viertaktmotor fertig. Für die Realisierung seiner Ideen benötigte er viel Geld. Unterstützung fand er bei bedeutenden Maschinenfabrikanten wie z. B. Friedrich Krupp. Verträge mit deren Firmen garantierten ihm finanzielle Sicherheit, sodass er sich selbstständig machen und sich der Realisierung seines Motors uneingeschränkt widmen konnte. Der erste praxistaugliche Dieselmotor unterschied sich enorm von den damaligen üblichen Dampfmaschinen, denn er übertraf deren Wirkungsgrad um 14 %.

Rudolf Diesels beruflicher Werdegang setzte sich weiterhin erfolgreich fort. So gründete er 1898 eine Dieselmotorenfabrik in Augsburg. Auch im Ausland wuchs seine Bekanntheit. 1898 wurden die ersten Dieselmotoren in den USA gebaut. Zwei Jahre später gründete er die „Diesel Engine Company" in England und erhielt auf der Weltausstellung in Paris eine Auszeichnung für seinen Motor. Der Siegeszug des Dieselmotors hatte mit der Einführung des Motors im Verkehrswesen begonnen. Schiffe und Diesel-Schnellzuglokomotiven nutzten ihn als Antriebsmaschine.

Schluss

Durch weiteres Experimentieren gelang es Diesel, 1908 den ersten Klein-Dieselmotor zu bauen. Seit dieser Zeit haben sich Verbrennungskraftmaschinen zu universellen Antriebsmaschinen entwickelt. Sie werden zum Antrieb von Fahrzeugen aller Art genutzt. Der Einsatzbereich in Wirtschaft und Haushalt ist äußerst vielfältig. Damit ist das Wirken Rudolf Diesels bis heute gegenwärtig und einer Würdigung unbedingt wert.

Aufgabe:
Interpretieren Sie **einen** der beiden lyrischen Texte.

Johann Wolfgang von Goethe (1749–1832): Willkommen und Abschied

Es schlug mein Herz: geschwind zu Pferde!
Es war getan fast eh' gedacht;
Der Abend wiegte schon die Erde
Und an den Bergen hing die Nacht:
Schon stand im Nebelkleid die Eiche,
Ein aufgetürmter Riese, da,
Wo Finsternis aus dem Gesträuche
Mit hundert schwarzen Augen sah.

Der Mond von einem Wolkenhügel
Sah kläglich aus dem Duft hervor,
Die Winde schwangen leise Flügel,
Umsausten schauerlich mein Ohr;
Die Nacht schuf tausend Ungeheuer;
Doch frisch und fröhlich war mein Mut:
In meinen Adern, welches Feuer!
In meinem Herzen, welche Glut!

Dich sah ich, und die milde Freude
Floss von dem süßen Blick auf mich;
Ganz war mein Herz an deiner Seite
Und jeder Atemzug für dich.
Ein rosenfarbnes Frühlingswetter
Umgab das liebliche Gesicht,
Und Zärtlichkeit für mich – ihr Götter!
Ich hofft' es, ich verdient' es nicht!

Doch ach! schon mit der Morgensonne
Verengt der Abschied mir das Herz:
In deinen Küssen, welche Wonne!
In deinem Auge, welcher Schmerz!
Ich ging, du standst und sahst zur Erden
Und sahst mir nach mit nassem Blick:
Und doch, welch Glück, geliebt zu werden!
Und lieben, Götter, welch ein Glück!

In: Paefgen, Elisabeth, K. (Hrsg.): Echtermeyer. Deutsche Gedichte. Berlin 2005, S. 173–174

oder

Rosenstolz: Liebe ist alles

Hast du nur ein Wort zu sagen
Nur einen Gedanken
Dann lass es Liebe sein

Kannst du mir ein Bild beschreiben
Mit deinen Farben
Dann lass es Liebe sein

Wenn du gehst
Wieder gehst
Schau mir noch mal ins Gesicht
Sag's mir oder sag es nicht

Dreh dich bitte noch mal um
Und ich seh's in deinem Blick
Lass es Liebe sein
Lass es Liebe sein

Hast du nur noch einen Tag
Nur eine Nacht
Dann lass es Liebe sein

Hättest du nur eine Frage
Die ich nie zu fragen wage
Dann lass es Liebe sein

Wenn du gehst
Wieder gehst
Schau mir noch mal ins Gesicht
Sag's mir oder sag es nicht

Dreh dich bitte noch mal um
Und ich seh's in deinem Blick
Lass es Liebe sein
Lass es Liebe sein

Das ist alles was wir brauchen
Noch viel mehr als große Worte
Lass das alles hinter dir
Fang noch mal von vorne an

Denn Liebe ist alles
Liebe ist alles
Liebe ist alles
Alles was wir brauchen

Lass es Liebe sein
Lass es Liebe sein

Lösung

Hinweis: Die Aufgabenstellung verlangt von dir, einen der beiden vorliegenden lyrischen Texte zu interpretieren. Hinweise zu dieser Aufsatzform findest du im Kapitel B dieses Buchs. Sicher bemerkst du bereits während des ersten Lesens, dass beide Texte sich hinsichtlich ihrer Entstehungszeit sowie ihrer Form und Sprache unterscheiden. Diese Aspekte könnten dir bei der Entscheidung für einen Text behilflich sein. Auch die Verfasser und deine Kenntnisse über sie beeinflussen möglicherweise deine Entscheidung.
Wenn du dich bereits mit Johann Wolfgang von Goethe näher beschäftigt hast, dann weißt du, dass er Vertreter zweier Literaturepochen war – Sturm und Drang sowie Klassik. Da die Entstehungszeit des Werkes nicht vorliegt, musst du diese durch genaue Analyse selbst herleiten. Der Liedtext des Musikduos Rosenstolz ist ein Werk der Gegenwart. Liedtext und Gedicht thematisieren beide die Liebe.
Nachdem du deine Auswahl getroffen hast, solltest du Auffälligkeiten und Eigenheiten des lyrischen Werks markieren. Notiere Fragen an das Gedicht und persönliche Kommentare unmittelbar neben den Text (siehe Kapitel E). Halte im Anschluss deinen ersten Leseeindruck fest. Aus Erstleseeindruck und Thema kannst du eine Fragestellung bzw. Vermutung (Interpretationshypothese) entwickeln, mit der du dich im Verlauf der Analyse auseinandersetzt. Nutze die einzelnen Strophen als Sinneinheiten, um den jeweiligen Inhalt kurz zusammenzufassen. Markiere Form- und Sprachauffälligkeiten verschiedenfarbig. Mithilfe einer tabellarischen Stoffsammlung kannst du deine Beobachtungen festhalten. Die strukturierte Übersicht bildet die Grundlage für den auszuformulierenden Hauptteil. So ist es dir möglich, die Wechselwirkung zwischen Inhalt, Form und Sprache in deiner Textanalyse aufzuzeigen, das Gesagte zu deuten und dir der Wirkung bewusst zu werden. Alle formulierten Deutungen müssen für den Leser nachvollziehbar und am Text belegt sein.

1. Gedicht

Anmerkungen zum Autor Johann Wolfgang von Goethe (1749–1832)

Folgende biografische Hintergründe sind für die Interpretation des Gedichts „Willkommen und Abschied“ relevant:

Johann Wolfgang von Goethe kam am 28. August 1749 in Frankfurt am Main als Sohn eines Juristen zur Welt. 1765 reiste Goethe nach Leipzig, um dort Jura zu studieren. Er kam damit dem Wunsch seines Vaters nach. Goethe genoss das studentische Leben und lernte wichtige deutsche Geistesgrößen kennen.
Schwer krank kehrte er 1768 in seine Heimatstadt zurück und setzte 1770 sein Studium in Straßburg fort. Neben den Rechtswissenschaften interessierten ihn auch Medizin, Botanik, Chemie, Theologie und Philosophie. Er verliebte sich in die Pfarrerstochter Friederike Brion. Die Achtzehnjährige erwiderte seine Liebe. Seine leidenschaftlichen Gefühle drückte Goethe auch sprachlich aus. Die entstandene Gedichtsammlung „Sesenheimer Lieder“ enthält Gedichte wie „Das Mailied“, „Willkommen und Abschied“ oder „Kleine Blume“. Im Sommer 1771 verließ Goethe Straßburg, ohne Friederike Lebewohl zu sagen.

Einleitung
- Formulieren des Übersichtssatzes (Nennung des Titels, des Autors und des Themas)
- Formulieren des ersten Leseeindrucks

Hauptteil

- knappe Wiedergabe des Inhalts (vgl. Kapitel B in diesem Buch)
- Formulieren der Interpretationshypothese und des damit verbundenen Interpretationsansatzes
- Interpretation (Textanalyse sowie Deutung und Wirkungsbeschreibung) auf der Basis der unten stehenden tabellarischen Stoffsammlung
- Diskussion der Interpretationshypothese

Analyse (Stoffsammlung)

Das Gedicht bietet eine außerordentliche Fülle an stilistischen Mitteln. Es werden nachfolgend wesentliche lehrplanrelevante Stilfiguren und sprachliche Besonderheiten aufgeführt.

Inhalt	Form	Sprache	Deutung/Wirkung
Gemeinsamkeiten aller Strophen: Liebeslyrik des Sturm und Drang, d. h. gefühlsbetontes, überschwängliches Liebesgedicht	4 Strophen zu je 8 Versen Reim = Kreuzreim Metrum = Jambus Sprecher = lyrisches Ich	Überschrift „Willkommen und Abschied" prägt Handlungsverlauf Vorfreude: „welches Feuer" (V. 15); „welche Glut" (V. 16) Trennungsschmerz: „Verengt der Abschied mir das Herz:" (V. 26) Versanfänge: durchgängig Großschreibung Wechsel verschiedener Satzarten Präteritum Zeilensprünge	Gefühlsschwankungen des lyrischen Ichs nachvollziehbar → Vorfreude auf Zusammentreffen und sich anschließender Trennungsschmerz im Erinnern an das Ereignis spiegeln sich intensive Gefühlsregungen und -schwankungen des lyrischen Ichs wider
1. Strophe (V. 1–8) lyrisches Ich erinnert sich an rasch geplanten und aufregenden Ritt durch die Nacht, in der der Nebel und die Dunkelheit die Natur gespenstisch erscheinen ließen	8 Verse Jambus Kreuzreim: ababcdcd	Ausrufesatz: „Es schlug mein Herz: geschwind zu Pferde!" (V. 1) fehlende Interpunktion: „Es war getan fast eh' gedacht" (V. 2)	Pferd und Reiter verschmelzen → Galopp des Tieres scheint dem Herzschlag des Reiters zu entsprechen (Jambus) → emotionaler Einstieg starke Verdichtung → große Geschwindigkeit

		lange Satzverbindung, deren Satzteile durch Enjambements verbunden (V. 3/4; V. 7/8) oder durch Kommas, Doppelpunkte und Semikolons getrennt sind	alles geschieht mit großer Eile → Spannungssteigerung Naturerscheinungen sehr intensiv wahrgenommen
		Personifikationen (z. B. V. 3, V. 5/6 oder V. 7/8), Aussagen verstärkt durch Hyperbel und Adjektivattribut „schwarzen“ (V. 8)	Naturerscheinungen beeindrucken lyrisches Ich → unheimliche Phänomene regen Fantasie an → Spannungsaufbau
2. Strophe (V. 9–16) lyrisches Ich kann schauriger Natur trotzen, da es voller Liebessehnsucht und Vorfreude ist	unveränderte Formbesonderheiten Kreuzreim: efefghgh	Personifikationen: „Der Mond von einem Wolkenhügel/Sah kläglich aus dem Duft hervor“ (V. 9/10); zugleich Zeilensprung	düstere Nacht → Mondlicht, das Orientierung geben könnte, scheint nur dürftig; lyrisches Ich somit auf sich gestellt
		weitere Personifikationen (V. 11–13) mit aktiven Verben und schwebend klingenden Adjektiven	Dunkelheit und Wind lösen gespenstische Fantasien im lyrischen Ich aus
		Konjunktion „doch“ (V. 14): Gegensatz Alliteration „frisch und fröhlich“ (V. 14) und zugleich Personifikation „… war mein Mut“ Substantivhäufung und zugleich Metaphern für leidenschaftliche Liebe: „Mut … Adern … Feuer … Herzen … Glut“ (V. 14–16)	jedoch lässt sich das lyrische Ich nicht einschüchtern → Leidenschaft (Liebe) trägt und leitet
		Ausrufesätze in Form eines Parallelismus: „In meinen Adern, welches Feuer!/In meinem Herzen, welche Glut!“ (V. 15/16)	verstärken Willen und Zielstrebigkeit

3. Strophe (V. 17–24) lyrisches Ich erinnert sich an das Ankommen und den Anblick des geliebten Partners → erfährt Stimmungswandel, wird mit Zärtlichkeit empfangen → wird sich der Besonderheit der Liebe bewusst	Kreuzreim: ijijklkl	veränderte Satzkonstruktion: Erststellung des Personalpronomens „dich" (V. 17) mit Hebungsprall Rahmenbildung mit letztem Wort von V. 20 Pronomen „mich" (V. 18) und „mein" (V. 19) Zeilensprung V. 17/18 und 19/20 Adjektivattribute „rosenfarbnes" (V. 21), „liebliche" (V.22) zwei Ausrufesätze (V. 23/24) mit Anruf der „Götter" (V. 23)	geliebter Mensch steht im Zentrum aller Betrachtung, aber umkreist zugleich das lyrische Ich → verdeutlicht innige Zusammengehörigkeit Verschmelzung Darstellung beschreibt Zauber der geliebten Person lyrisches Ich nimmt Liebe als etwas Göttliches wahr; damit nicht selbstverständlich → kann Glückszustand nicht wirklich fassen
4. Strophe (V. 25–32) bei Tagesanbruch nehmen die Liebenden schweren Herzens Abschied → trotz des empfundenen Trennungsschmerzes überwiegt das positive Gefühl der gegenseitigen Liebe	Kreuzreim: mnmnopop	fünf Ausrufesätze Interjektion/Ausruf „Doch ach!" (V. 25) Parallelismus; Ellipse: „In deinen Küssen, welche Wonne! / In deinem Auge, welcher Schmerz!" (V. 27/28) Antithetik: „Wonne" (V. 27) ↔ „Schmerz" (V. 28) Gegenüberstellung aktiver und passiver Form des Verbes *lieben* in Form eines Chiasmus (Überkreuzstellung) Wiederholung des Substantivs *Glück* Anruf (Apostrophe) der Götter: „Und lieben, Götter, …" (V. 32)	verdeutlichen Wehmut und Schmerz; Zerrissenheit, Gefühlsrausch → Liebe mit allen Sinnen Erinnerung wird gegenwärtig unmittelbare Empfindung kommt zum Ausdruck → Epochenbezug zum Sturm und Drang gelangt am Ende des Gedichtes zur Erkenntnis, dass gegenseitige Liebe das höchste Glück ist und über allem Irdischen steht

		zwei Enjambements: V. 25/26 und V. 29/30 diese enthalten: – eine Personifikation: „Verengt der Abschied …“ (V. 26) – Verbhäufungen: „ging“ , „standst“, „sahst“ (V. 29/30) – Synästhesie: „nassem Blick“ (V. 30)	durch fließenden Übergang in Vers 26 → positive Assoziation des Morgens sofort ausgelöscht, da Abschied unmittelbar unterschiedliches Agieren der Liebenden im Trennungsmoment verdeutlicht Unsicherheit und Schmerz Abschied hat Gewalt über Seelenzustand Trennungsakt als etwas Dynamisches erlebt → Ausgeliefertsein verstärkt Anschaulichkeit

Schluss
- Formulieren der Autorenintention oder
- Epochenbezug oder
- Überlegung zur Aktualität der Textaussagen

Aufsatzbeispiel

Einleitung

Das Gedicht „Willkommen und Abschied“ wurde von Johann Wolfgang von Goethe in seinen frühen Schriftstellerjahren verfasst. Der junge Autor gestaltet ein lyrisches Ich, das von großer Leidenschaft, Tatendrang und Sehnsucht erfüllt ist. Der Text ist von starken Gefühlsschwankungen geprägt und wirkt somit dynamisch.

Hauptteil

Der Leser begleitet ein aufgewühltes, sehr emotionales lyrisches Ich auf seinem nächtlichen Ausritt zu seinem geliebten Partner. Zunächst ist der Ritt durch die dunkle Natur sehr abenteuerlich und unheimlich. Doch Sehnsucht und Vorfreude auf den Partner lassen den Reiter allen vermeintlichen Gefahren trotzen. Im höchsten Glücksrausch erlebt er die Begegnung, die jedoch mit Anbruch des neuen Tages schnell vom Abschiedsschmerz geprägt wird. Das lyrische Ich erfährt extreme Gefühlswandlungen und Stimmungswechsel. Diese vollziehen sich selbst noch in der Erinnerung an dieses Ereignis, denn das Gedicht ist in der Vergangenheitsform verfasst. Rückblickend lässt der Sprecher das Geschehen wieder lebendig werden. Bereits die Überschrift „Willkommen und Abschied“ verweist auf den Handlungsverlauf und lässt die Wandlung der Gefühle vermuten. Somit steht das Gedicht als ein typisches Beispiel für die Epoche des Sturm und Drang, die der junge Goethe entscheidend mitgeprägt hat.

Insgesamt besteht das Gedicht aus vier Strophen mit je acht Versen, deren jeweils erstes Wort durchgängig großgeschrieben ist. Dadurch erhält jeder Vers ein eigenes Gewicht. Der Kreuzreim durchzieht den gesamten Text. Metrisch ist das Gedicht in vierhebigen Jamben verfasst, was sowohl den Galopp des Pferdes als auch den heftigen Herzschlag des Liebenden verdeutlicht. Die zahlreichen Zeilensprünge erzeugen einen gewissen Spannungsaufbau, wodurch die Aufregungen des Erlebten nachvollziehbar zum Tragen kommen. Auch bedient sich das lyrische Ich der unterschiedlichsten Satzarten, um seine Gefühlslage lebendig werden zu lassen.

In der ersten Strophe werden Erinnerungen des lyrischen Ichs in neuer Leidenschaft geweckt. Der rasch geplante und aufregende Ritt durch die Nacht wird wieder lebendig. Zunächst scheinen Pferd und Reiter miteinander nahezu verschmolzen zu sein: „Es schlug mein Herz: geschwind zu Pferde!“ (V. 1) Das Herz gibt den Rhythmus vor und prägt die Geschwindigkeit des Rittes. Der Einstieg ins Geschehen wirkt insgesamt sehr emotional. Die Sprache wird durch fehlende Interpunktion („Es war getan fast eh' gedacht“ V. 2) verdichtet und veranschaulicht somit die große Geschwindigkeit und das Vorwärtsdrängen des Reiters. Durch lange Satzverbindungen, die durch Kommas, Doppelpunkte oder Semikolons getrennt sind, sowie Zeilensprünge kommen Eile und Aufregung gut zum Tragen. Die Spannung steigt stetig an. Intensiv nimmt der Reiter die nächtlichen Naturerscheinungen wahr, die unentwegt seine Fantasie anregen. Personifikationen wie „Der Abend wiegte schon die Erde“ (V. 3) oder „Schon stand im Nebelkleid die Eiche“ (V. 5) lassen die Natur lebendig werden. Jedoch entsteht kein idyllisches Naturbild. Das lyrische Ich nimmt auch unheimliche Phänomene wahr, die sich in weiteren Personifikationen manifestieren, wie in den letzten Versen der ersten Strophe deutlich wird: „Wo Finsternis aus dem Gesträuche/Mit hundert schwarzen Augen sah.“ (V. 7/8) Diese scheinen sich auf die Reisegeschwindigkeit des Reiters verstärkend auszuwirken und der Spannungsbogen steigt kontinuierlich an.

In der zweiten Strophe trotzt das lyrische Ich der schaurigen Natur. Heldenhaft begegnet es den Gefahren und lässt sich von seiner Liebessehnsucht und Vorfreude auf die bevorstehende Begegnung leiten. Zunächst gilt es jedoch, den unheimlichen Naturerscheinungen zu begegnen, die erneut durch unterschiedliche Personifikationen dargestellt werden, wie z. B. in den Versen 9/10: „Der Mond von einem Wolkenhügel/Sah kläglich aus dem Duft hervor“. Das Mondlicht, das eigentlich Orientierung geben könnte, scheint dürftig und wenig wirkungsvoll. Damit ist das lyrische Ich auf sich allein gestellt und muss sich den von der Nacht geschaffenen „tausend Ungeheuer[n]“ (V. 13) selbst stellen. Dunkelheit und Wind lösen erneut gespenstische Fantasien aus, die in Personifikationen wie „Die Winde schwangen leise Flügel,/Umsausten schauerlich mein Ohr“ (V. 11/12) Gestalt annehmen. Die Konjunktion „Doch“ (V. 14) leitet einen Umschwung der Gefühlslage ein. Das lyrische Ich lässt sich nicht einschüchtern. Es weist mit der Alliteration „frisch und fröhlich“ (V. 14) und zugleich der Personifikation „… war mein Mut“ darauf hin, dass es sich von seiner Leidenschaft tragen und leiten lässt. Die Substantivhäufungen und Metaphern „Mut … Adern … Feuer … Herzen … Glut …“ (V. 14–16) stehen für die leidenschaftliche Liebe. Die Strophe endet mit Ausrufesätzen in Form eines Parallelismus: „In meinen Adern, welches Feuer!/In meinem Herzen, welche Glut!“ (V. 15/16) Hier werden Wille und Zielstrebigkeit noch einmal deutlich verstärkt.

Das lyrische Ich erreicht mit der 3. Strophe sein ersehntes Ziel. Es trifft sofort auf seinen geliebten Partner. Durch die Erststellung des Pronomens „dich“ (V. 17) tritt der geliebte Mensch sogleich ins Zentrum des Geschehens und aller weiteren Betrachtungen. Zugleich bildet dieses Wort einen Rahmen um die darauffolgenden vier Verse, was den Eindruck verstärkt, dass dieses „dich“ den lyrischen Sprecher magisch umkreist und in Besitz nimmt. Auch die Pronomen „mich“ (V. 18) und „mein“ (V. 19) verdeutlichen die tiefe Zusammengehörigkeit und die Verschmelzung der Liebenden. Verstärkt wird dieser Liebeszauber außerdem durch Zeilensprünge (V. 17/18 und V. 19/20) sowie die Adjektivattribute „rosenfarbnes“ (V. 21) und „liebliche“ (V. 22). Zwei Ausrufesätze beenden die 3. Strophe, in denen das lyrische Ich die „Götter“ (V. 23) in Form einer Apostrophe anruft. Es wird deutlich, dass die Liebe als etwas Göttliches und Übermächtiges wahrgenommen wird. Somit ist sie nichts Selbstverständliches. Es ist zu vermuten, dass der lyrische Sprecher seinen Glückszustand kaum fassen kann, was der letzte Vers „Ich hofft' es, ich verdient' es nicht!“ (V. 24) belegt.

Die Stimmung schlägt gleich zu Beginn der 4. Strophe mit der Interjektion „Doch ach!“ (V. 25) um. Denn in dieser Strophe vollzieht sich mit dem Tagesanbruch der Trennungsakt. Zeilensprünge gestalten die Tragik dieses Momentes besonders intensiv: „… schon mit der Morgensonne/Verengt der Abschied mir das Herz“ (V. 25/26). Die positive Assoziation des Morgens wird durch den anstehenden Abschied sofort ausgelöscht. Die beiden Liebenden agieren in diesem tragischen Moment sehr unterschiedlich: „Ich ging, du standst und sahst zur Erden/Und sahst mir nach mit nassem Blick“ (V. 29/30). Das Enjambement gestaltet aus dem Trennungsmoment ein Gesamtgebilde der Schwermut. Der Abschied hat Gewalt über den Seelenzustand der Liebenden. Dies bringt die Personifikation „Verengt der Abschied mir das Herz“ (V. 26) anschaulich zum Tragen. Die Verbdichte („... ging ... standst ... sahst/... sahst ...“; V. 29/30) lässt den Trennungsakt als etwas Dynamisches erscheinen, wobei die Betroffenen hingegen ausgeliefert und fremdbestimmt wirken.

Der Abschied wird sowohl mit Schmerz als auch mit Zuversicht wahrgenommen. Diese Zerrissenheit wird in der Gegenüberstellung von V. 26 „Verengt der Abschied mir das Herz:“ mit V. 31 „Und doch, welch Glück, geliebt zu werden!“ sehr gut deutlich. Das lyrische Ich erfährt die Liebe, die nun ganz gegenwärtig erscheint, mit allen Sinnen. Durch den Parallelismus der Ellipsen „In deinen Küssen, welche Wonne!/ In deinem Auge, welcher Schmerz!“ (V. 27/28) rückt das vergangene Geschehen mit all seiner Kraft in das Bewusstsein des Sprechers. Die Antithetik zwischen „Wonne“ (V. 27) und „Schmerz“ (V. 28) verweist noch einmal auf die Heftigkeit der Gefühlsschwankungen, die den lyrischen Sprecher in Besitz nehmen. Dies ist typisch für die Literaturepoche des Sturm und Drang, da es genau diese heftigen und extremen Gefühlsausbrüche waren, die die Autoren jener Epoche und auch ihre Protagonisten in ihrem Denken und Handeln prägten. Am Ende des Gedichtes gelangt das lyrische Ich zu einer wichtigen Erkenntnis. Es hebt hervor, dass gegenseitige Liebe das höchste Glück ist und über allem Irdischen steht. Die Eindringlichkeit dieser Aussage wird durch die Gegenüberstellung einer aktiven und passiven Form des Verbs „lieben“ in Form eines Chiasmus erzeugt. Verstärkt wird dies zusätzlich durch die Wiederholung des Substantivs „Glück“: „Und doch, welch Glück, geliebt zu werden!/Und lieben, Götter, welch ein Glück!“ (V. 31/32) Auch hier werden die „Götter“ (V. 32) als höhere Macht erneut angerufen. So endet das Gedicht in einem Liebestaumel des sich erinnernden Ichs.

Es bleibt offen, ob die beiden Liebenden sich wieder begegnen werden. Aber es ist zu vermuten, dass sie alles tun werden, um sich wiederzusehen. Die Leidenschaft, die in der beschriebenen Begegnung Gestalt annimmt, verlangt nach Erfüllung der Sehnsüchte. Somit geht die Spannung weit über den Gedichtinhalt hinaus und lässt den Leser über das dargestellte Geschehen weiterhin nachdenken. Diese Liebenden sollten unbedingt zueinanderfinden. Ihre Zuneigung erscheint intensiv und ehrlich.

Im 18. Jahrhundert war diese Form von Liebe nicht unbedingt an der Tagesordnung, wenn es um dauerhafte Bindungen ging. Man vermählte sich innerhalb der Standesgrenzen nach dem Willen der Eltern. Die Vertreter des Sturm und Drang stellten mit aller Konsequenz diese und andere autoritäre Regeln infrage. Es ging ihnen um die Emanzipation des subjektiven Gefühls. Freiheit, Genie, Natur und Gefühl, das waren die Schlagworte dieser literarischen Jugendbewegung. All diese Begriffe erhalten im Gedicht „Willkommen und Abschied“ Bedeutung. Frei und spontan entscheidet sich der Reiter zum nächtlichen Ausflug. Ohne Angst begegnet er den Phänomenen der Natur und scheint sogar in ihr aufzugehen, denn seine Leidenschaft entfaltet sich Stück für Stück und seine Gefühle beherrschen ihn völlig. Dieser Zustand wird als etwas Hohes und Vollkommenes bewertet. Das Ideal der uneingeschränkten Liebe als das absolute Glück macht das Gedicht zu einem typischen Werk des Sturm und Drang.

Schluss

Auch der moderne Mensch sehnt sich in unserer Gesellschaft nach wahrer und ehrlicher Liebe, um der manchmal drohenden Einsamkeit zu entkommen. Nicht immer ist es einfach, sich einem Menschen ganz hinzugeben, da die Gefühle auch schnell verletzt werden können, wenn der andere sie nicht erwidert. Umso beeindruckender erscheint es heute, mit welcher Hingabe das lyrische Ich zu seiner Liebe steht.

2. Gedicht

Anmerkungen zum Musikduo

Die Sängerin AnNa R. und der Sänger und Songwriter Peter Plate gründeten 1991 in Berlin die Gruppe Rosenstolz. Ihre fast durchgängig auf Deutsch gesungenen Lieder bewegen sich stilistisch zwischen Pop, Chanson und Rock, wobei die Pop-Elemente im Laufe ihrer Karriere immer mehr in den Vordergrund traten. Rosenstolz gilt bis heute als das erfolgreichste Pop-Duo Deutschlands. Zum Ende des Jahres 2012 gab die Gruppe ihre Trennung auf unbestimmte Zeit bekannt.

Einleitung

- Formulieren des Übersichtssatzes (Nennung des Titels, der Autoren, des Erscheinungsorts/-jahrs und des Themas sowie Einordnung in die Liebeslyrik)
- Anführen eines persönlichen Beispiels zum Thema des Songtextes oder Formulieren des ersten Leseeindrucks

Hauptteil

- Formulieren der Interpretationshypothese und des damit verbundenen Interpretationsansatzes
- knappe Wiedergabe des Inhalts (vgl. Kapitel B in diesem Buch)
- Interpretation (Textanalyse sowie Deutung und Wirkungsbeschreibung) auf der Basis der unten stehenden tabellarischen Stoffsammlung

Tabellarische Stoffsammlung

Inhalt	Form	Sprache	Deutung/Wirkung
Gemeinsamkeiten aller Strophen: lyrisches Ich spricht ein Gegenüber an → fordert auf und fragt, erhält keine Reaktionen, sondern gibt Antworten vor	alle Versanfänge in Großschreibung	keine Satzzeichen Wiederholungen Häufung von Fragen und Imperativen	lyrisches Ich lebt nur für die Liebe, blendet alles um sich herum aus; erwartet dies auch von seinem Gegenüber
	Wiederholung der 3. in der 7. Strophe und der 4. in der 8. Strophe		Eindringlichkeit wird erhöht Liedcharakter wird unterstützt (ähnlich einem Refrain)
	Leitmotiv, das im Gedicht mehrfach auftaucht: „(Dann) L/lass es Liebe sein" (V. 3, 6, 13, 14, 17, 20, 27, 28, 37, 38)	unstimmige Bezüge, z. B. „Nur einen Gedanken/Dann lass es Liebe sein" (V. 2/3)	Leser darf sich nicht irritieren lassen von den Bezugsfehlern, muss über diese Unexaktheit hinwegsehen und selbst erschließen, was mit „es" gemeint ist
	Zeilensprünge		Lesefluss wird erhöht
	Überschrift „Liebe ist alles" in der 10. (vorletzten) Strophe dreimal wiederholt		Eindringlichkeit der Aussage wird erhöht; Absolutheit wird deutlich
	elf Strophen mit jeweils zwei bis vier Versen		

	bis auf wenige Ausnahmen reimlos ohne festes Metrum Ausnahmen: – Paarreim (V. 9/10; 18/19) – Metrum Trochäus (V. 9/10; 11/12; 18/19) Anrede „du“ meint nicht den Leser/Hörer, sondern ein Gegenüber des lyrischen Ichs		formale Strenge ist aufgehoben wirkt leicht und unbeschwert findet sich bei eindringlichen Appellen oder einer entscheidenden Frage unterstützt den Ernst in der jeweiligen Aussage trotzdem Einbeziehen des Lesers, diese Fragen kann sich dieser auch stellen
1. Strophe (V. 1–3): Lyrisches Ich fordert sein Gegenüber auf, wenn dieses nur noch ein Wort zu sagen oder einen einzigen Gedanken zu denken habe, dann sollen diese Liebe sein.	drei Verse Leitmotiv „… lass es Liebe sein“ (V. 3)	Frage ohne Fragezeichen: „Hast du …“ (V. 1) Konditionalsatz „Hast du … Dann“ (V. 1/3) einschränkendes Wort „n/Nur“ (V. 1/2) Substantive (hier: Abstrakta): „Wort/Gedanken/Liebe“ (V. 1/2/3)	lyr. Ich stellt eine Frage, die es gleich darauf mit einer Aufforderung „beantwortet“ → möchte gar keine Antwort erhalten; Gegenüber muss nun entscheiden, ob es dieser Aufforderung nachkommen kann → Leser überlegt durch „du“ gleichzeitig, ob er auch diesen Anspruch erfüllen könnte fehlendes „wenn“ lässt sich erschließen → Bedingung wird gestellt Worte und Gedanken sollen von nichts anderem als von Liebe ausgefüllt sein, selbst wenn das Gegenüber nur ein Wort oder einen Gedanken hat Konzentration des Lesers auf die drei Nomen wird verstärkt erste Nennung des Leitmotivs als Überleitung auf den 1. und 2. Vers

2. Strophe (V. 4–6): Wenn das Gegenüber ein Bild mit seinen Farben beschreiben könne, dann sollen Tätigkeit und Produkt ein Akt der Liebe sein.	drei Verse	Frage ohne Fragezeichen: „Kannst du …“ (V. 4)	lyr. Ich stellt erneut eine Frage, die es gleich darauf mit einer Aufforderung „beantwortet“ → möchte gar keine Antwort erhalten; Gegenüber muss nun entscheiden, ob es dieser Aufforderung nachkommen kann → Leser überlegt durch „du“, ob auch er diesen Anspruch erfüllen könnte
		Konditionalsatz + Modalverb (können): „Kannst du mir … Dann …“ (V. 4/6)	fehlendes „wenn“ lässt sich schnell erschließen → Bedingung wird gestellt; Verb macht deutlich, dass man diese Fähigkeit nicht automatisch besitzen muss
		zwei Personalpronomen „du“ und „mir“ (V. 4)	enge Beziehung wird deutlich
		„Bild beschreiben / Mit deinen Farben“ (V. 4/5)	ungewöhnliche Aufgabe: Beschreibung nicht nur mit Worten, sondern mit Farben → Leser wird angeregt, darüber nachzudenken, wie solch ein Bild der Liebe aussehen könnte, wie Liebe im Bild dargestellt werden kann, was seine eigenen Farben der Liebe sind, was er selbst darstellen würde
	Leitmotiv „… lass es Liebe sein“ (V. 6)		Wiedererkennung, Betonung des Gesagten und Schlussfolgerung aus den Versen 4 und 5

3. Strophe (V. 7–10): Wenn das Gegenüber geht, was es schon einmal getan hat, dann soll es das lyr. Ich noch einmal anschauen und es sagen oder nicht.	vier Verse Paarreim aa (V. 9/10)	Konditionalsatz „Wenn du …“ (V. 7) Wiederholung des Verbs „gehen“ (V. 7/8), dabei Adverb „wieder“ vorangestellt Imperative „Schau …“ (V. 9), „Sag’s … sag es nicht“ (V. 10) abgewandelte Redewendung „ins Gesicht“ schauen (V. 9) umgangssprachliche Wendungen „noch mal ins“ (V. 9), „Sag’s“ (V. 10), durch Weglassen von Wortteilen ((ein)mal) oder Zusammenziehen von Wörtern (in das) oder Auslassen von Buchstaben (Sag es!)	leitet Möglichkeit ein die Möglichkeit, dass der andere erneut geht, wird verstärkt dargestellt lyr. Ich spricht das Gegenüber so einerseits mit Nachdruck an, andererseits schwächt die Aussage in V. 10 die Aufforderung ab, denn der andere kann es sagen, muss es aber nicht → Leser stellt sich die Frage, was „es“ ist und warum das Gegenüber die Wahl hat erinnert an Redewendung „jemandem in die Augen schauen“; übertragene Bedeutung, dass man erkennt, ob der andere ehrlich ist, lässt sich auch hier anwenden Sprachökonomie; Alltagssprache
4. Strophe (V. 11– 14): Das lyr. Ich bittet den anderen, sich erneut umzudrehen. Es kann seinen Blick deuten und wünscht sich gleichzeitig Liebe darin.	vier Verse	Imperative „Dreh dich bitte … um“ (V. 11) und „Lass“ (V. 13/14)	fließende Überleitung durch weitere Aufforderung, dabei höhere Eindringlichkeit durch das Verb „bitten“ → Fordern wird bittend Gegenüber muss nichts sagen, denn das lyr. Ich erkennt seine Gefühle für sich am Blick; zeigt, dass es ihn gut kennt

		umgangssprachliche Wendungen „noch mal“ (V. 11), „seh’s“ (V. 12)	Sprachökonomie; Alltagssprache
	Leitmotiv „Lass es Liebe sein“ (V. 13)	Wiederholung des Leitmotivs (V. 14)	wünscht sich sehr, dass es ein Blick der Liebe ist → Betonung/ Wichtigkeit des Anliegens
5. Strophe (V. 15–17): Lyrisches Ich fordert sein Gegenüber auf, wenn dieses nur noch einen Tag oder eine Nacht habe, dann sollen diese Liebe sein.	drei Verse	Frage ohne Fragezeichen: „Hast du …“ (V. 15)	lyr. Ich stellt erneut eine Frage, die es gleich darauf mit einer Aufforderung „beantwortet“→ möchte gar keine Antwort erhalten; Gegenüber muss nun entscheiden, ob es dieser Aufforderung nachkommen kann
		Konditionalsatz „Hast du … Dann“ (V. 15/17)	fehlendes „wenn“ lässt sich erschließen → Bedingung wird gestellt
		einschränkendes Wort „nur noch/ Nur“ (V. 15/16)	Worte und Gedanken sollen von nichts anderem als von Liebe ausgefüllt sein, selbst wenn das Gegenüber nur noch einen Tag oder eine Nacht hat
			Leser wird nachdenklich, weil ihm das Bewusstmachen dieser kurzen Zeitspanne wie ein mögliches Ultimatum erscheint
		Substantive (hier: Abstrakta): „Tag“/ „Nacht“/„Liebe“ (V. 15/16/17)	Konzentration auf die drei Nomen wird verstärkt → enge Verbindung der drei Wörter wird unterstrichen
	Leitmotiv „… lass es Liebe sein“ (V. 17)		Wiedererkennung; Betonung des Gesagten und Schlussfolgerung aus V. 15 und 16

6. Strophe (V. 18–20): Das lyr. Ich wagt es nicht, die Frage nach der Liebe zu stellen, fordert aber genau dazu sein Gegenüber auf, wenn dieses nur die Möglichkeit auf eine Frage hätte.	drei Verse Aufbau wie 1. Strophe	Konjunktiv II: „Hättest …“ (V. 18)	drückt Unwahrscheinlichkeit aus; vorsichtiges Anfragen zeigt Zweifel des lyr. Ichs
		einschränkendes Wort „nur“ (V. 18)	macht deutlich, wie wichtig die zu stellende Frage ist – Steigerung der Fragen hier auf dem höchsten Punkt → Gegenüber trägt Verantwortung, muss sich genau überlegen, ob es die Frage stellt
	Paarreim bb	Wortspiel „Frage … fragen wage“ (V. 18/19)	lyr. Ich traut sich nicht, sich direkt auszudrücken, möchte aber unbedingt, dass sein Gegenüber die Frage „Liebst du mich?“ stellt
		zwei Substantive (hier: Abstrakta): „Frage“/„Liebe“ (V. 18/20)	Fokussierung auf einen Aspekt: die Frage der Liebe
	Leitmotiv „… lass es Liebe sein“ (V. 20)		Wiedererkennung; Betonung des Gesagten und Schlussfolgerung aus V. 18 und 19
7. Strophe (V. 21–24)	WIEDERHOLUNG DER 3. STROPHE		
8. Strophe (V. 25–28)	WIEDERHOLUNG DER 4. STROPHE		
9. Strophe (V. 29–32): Das lyr. Ich ist der Meinung, dass die Liebe alles ist, was wir brauchen. Es fordert sein Gegenüber auf, alles hinter sich zu lassen, um noch einmal von vorn zu beginnen.	vier Verse	Aussagesatz mit Adverb „alles“ (V. 29) Personalpronomen „wir“ (V. 29) Vergleich „Noch viel mehr als …“ (V. 30)	lyr. Ich tritt viel selbstsicherer auf, ist sich im Prozess des Fragens darüber klar geworden, dass die Liebe das Wichtigste im Leben aller ist; zeigt Absolutheit in der Antwort Redensart „große Worte machen“ kommt Leser in den Sinn → es kommt also nicht auf eine pathetische Wortwahl oder Versprechungen an → keine leeren Worthülsen

		zwei Imperative: – in Verbindung mit Redewendung „Lass … alles hinter dir“ (V. 31) – in Verbindung mit umgangssprachlicher Wendung „Fang noch mal“ (V. 32)	lyr. Ich fordert Gegenüber zu einem radikalen Schnitt und Neuanfang auf; Natürlichkeit in der Sprache durch Gebrauch alltäglicher Wendungen → Verstärkung der Wirkung und Überzeugungskraft
10. Strophe (V. 33–36): Das lyr. Ich behauptet, dass Liebe alles sei, was wir brauchen.	vier Verse Aufgreifen der Überschrift	Konjunktion „Denn …“ (V. 33) Anknüpfen an 9. Strophe dreimaliges Wiederholen der Überschrift Adverb „alles“ in jedem Vers Zeilensprung (V. 35/36)	leitet Begründung für Aufforderung der vorangegangenen Strophe ein Begründung für den Neuanfang wird verstärkt; für die Liebe lohnt es sich, noch einmal anzufangen, weil sie einzigartig ist und über allem steht, einfach das Wichtigste ist Absolutheit wird deutlich unvollständige Überschrift wird zu einem vollständigen Satz → Botschaft des Textes unmissverständlich klar
11. Strophe (V. 37–38): Aufforderung an das Gegenüber, es Liebe sein zu lassen.	Leitmotiv „Lass es Liebe sein“ (V. 37/38)		Aufforderung hat Charakter eines Echos, erhält somit etwas Dauerhaftes

Schluss

- Formulieren der Autorenintention oder
- Äußern der eigenen Wertschätzung oder Sichtweise zum Liedtext oder
- Überlegung zur Aktualität der Textaussagen

Aufsatzbeispiel

Einleitung

Das Lied „Liebe ist alles“ stammt vom Berliner Pop-Duo Rosenstolz. Der Titel des Liedes weist auf das Thema des Texts hin. Während des ersten Lesens musste ich unweigerlich das Lied mitsummen, denn es gehört zu meinen Lieblingsliedern der Gruppe. Dass es nicht nur die Melodie ist, die im Kopf bleibt, sondern auch der Text, weiß ich seit einigen Wochen, weil ich zum ersten Mal so richtig verliebt bin. Im Moment bedeutet die Liebe zu meinem Freund alles für mich und ich kann mich in die Situation des lyrischen Ichs gut hineinversetzen.

Hauptteil

In meiner Interpretation will ich herausfinden, warum das Lied „Liebe ist alles" den Hörer so anspricht. Darin spricht ein lyrisches Ich ein Gegenüber an. Es stellt Fragen, erwartet jedoch keine Antworten, sondern liefert diese. Der andere wird aufgefordert, all sein Denken, Sagen und Tun mit Liebe erfüllt sein zu lassen. Die verrätselte Aufforderung, „es Liebe sein" zu lassen, zieht sich dabei als Leitmotiv durch den gesamten Text.

Das Lied besteht aus elf Strophen mit jeweils zwei bis vier Versen. Es ist bis auf wenige Ausnahmen reimlos; auch ein festes Metrum ist nicht erkennbar. Die Verse 9/10, 11/12 und 18/19 sind metrisch als vierhebige Trochäen verfasst. Auffällig sind die Großschreibung aller Versanfänge sowie die vielen Wiederholungen, z. B. die dreimalige Wiederholung der Überschrift in der vorletzten Strophe, die Wiederholung des Leitmotivs in 10 von 38 Versen (V. 3, 6, 13, 14, 17, 20, 27, 28, 37, 38) und der 3. als 7. Strophe sowie der 4. als 8. Strophe. Diese Wiederholungen sind einerseits typisch für einen Liedtext, andererseits werden die Eindringlichkeit und die Absolutheit der Aussage somit erhöht. Zu dieser Wirkung trägt ebenfalls das vermehrte Auftreten von Fragen und Imperativen bei. Die verwendeten Zeilensprünge erhöhen den Lesefluss. Das Weglassen sämtlicher Satzzeichen vermittelt den Eindruck, dass das lyrische Ich alles um sich herum ausblendet, nur für die Liebe lebt und diese Einstellung auch von seinem Gegenüber erwartet. Wenn es einem als Leser bzw. als Hörer gelingt, sich ganz auf die Thematik einzulassen, dann irritieren auch nicht die unstimmigen Bezüge im Leitmotiv „Lass es Liebe sein". Vielmehr wird man angeregt, zu überlegen, was sich hinter dem Pronomen „es" verbergen könnte. Überhaupt wird der Leser von Beginn an einbezogen, denn, obwohl man erkennt, dass die Anrede „du" nicht direkt den Leser meint, bewirkt diese Frageweise, dass man selbst auf alle gestellten Fragen eine eigene Antwort sucht.

In den drei Versen der 1. Strophe fordert das lyrische Ich sein Gegenüber auf, wenn dieses nur noch ein Wort zu sagen oder einen einzigen Gedanken zu denken habe, diese „Liebe sein" zu lassen. Es wartet die Antwort auf seine Frage gar nicht ab, sondern stellt sogleich seine Forderung „lass es Liebe sein" (V. 3), die hier erstmalig als Schlussfolgerung aus den einleitenden Versen und darüber hinaus als Leitmotiv für den gesamten Text steht. Der verwendete Konditionalsatz „Hast du … Dann" (V. 1/3) verdeutlicht, dass eine Bedingung gestellt wird: Wenn der andere nur noch ein Wort zu sagen oder einen Gedanken zu denken hat, dann soll er der Aufforderung nachkommen. Auch wenn das Personalpronomen „du" (V. 1) nicht den Leser meint, fühlt sich dieser in den Dialog einbezogen und denkt darüber nach, ob er den geforderten Anspruch erfüllen könnte. Das einschränkende Wort „n/Nur" (V. 1/2) unterstreicht den hohen Stellenwert der Liebe: Worte und Gedanken sollen von nichts anderem als von Liebe ausgefüllt sein. Da in der ersten Strophe lediglich die drei Abstrakta „Wort/Gedanken/Liebe" (V. 1/2/3) genannt werden und jedes dieser Substantive den Platz in einem Vers einnimmt, werden sie herausgestellt und die Konzentration des Lesers verstärkt sich auf diese Nomen.

Wenn das Gegenüber ein Bild mit seinen Farben beschreiben könne, dann sollen Tätigkeit und Produkt ein Akt der Liebe sein, verlangt das lyrische Ich in den drei Versen der zweiten Strophe. Der Aufbau ähnelt dabei dem der vorherigen Strophe: Einer Frage ohne Fragezeichen, als Konditional formuliert, die nunmehr durch das Modalverb „Kannst" (V. 4) eingeleitet wird, folgt der unmittelbare Aufruf in Form des oben genannten Leitmotivs. Das Modalverb „können" macht deutlich, dass der andere die erforderte Fähigkeit nicht automatisch besitzen muss. Es handelt sich dabei um eine ungewöhnliche Aufgabe, denn die Beschreibung des Bildes soll nicht mit Worten, sondern „Mit deinen Farben" (V. 5) erfolgen. Dieser Vers bewirkt, dass der Leser darüber nachdenkt, wie solch ein Bild der Liebe, beschrieben mit seinen Farben, aussehen könnte, wie Liebe im Bild dargestellt werden kann, was seine eigenen Farben der Liebe sind und was er selbst darstellen würde. Die Verwendung der Personalpronomen „du" und „mir" (V. 4) zeigt die enge Bindung des lyrischen Ichs und des angesprochenen Du – eine partnerschaftliche Beziehung wird auf diese Art verdeutlicht.

Die 3. Strophe, die ebenso als 7. Strophe erscheint, weist als formale Besonderheit einen Paarreim in den letzten beiden der vier Verse auf. In dieser Strophe verlangt das lyrische Ich von seinem Partner, dass er es noch einmal anschauen und es sagen soll oder nicht, wenn er geht (was er schon einmal getan hat). Durch die Verwendung des Konjunktivs „Wenn du …" (V. 7) und die Wiederholung des Verbs „gehen" (V. 7/8) mit dem vorangestellten Adverb „wieder" (V. 8) wird die Möglichkeit, dass der andere erneut geht, eindringlich dargestellt. Die Imperative „Schau" (V. 9) und sag's" (V. 10) bewirken einerseits, dass das lyrische Ich mit Nachdruck spricht, andererseits schwächt die Aussage „sag es nicht" (V. 10) die Aufforderung ab, denn der andere kann es sagen, muss aber nicht. Dem Leser oder Hörer stellt sich die Frage, was „es" ist und warum das Gegenüber die Wahl hat. Was das lyrische Ich jedoch unmissverständlich fordert, ist, dass der andere ihm „noch mal ins Gesicht" (V. 9) schauen soll. Unweigerlich kommt einem die Redewendung „jemandem in die Augen schauen" in den Sinn, deren übertragene Bedeutung, dass man erkennt, ob der andere ehrlich ist, sich auch hier anwenden lässt. Das lyrische Ich möchte es seinem Partner nicht so leicht machen, falls der sich entschließen sollte, es erneut zu verlassen. Er soll ihm die Wahrheit sagen in Bezug auf seine Liebe zu ihm und ihm dabei in die Augen sehen. Trotz der hohen Ernsthaftigkeit, die diese Forderung beinhaltet, kommt die Natürlichkeit in der Art und Weise des Gesagten zum Ausdruck. Umgangssprachliche Wendungen wie „noch mal ins" (V. 9), „Sag's" (V. 10), das Weglassen von Wortteilen ((ein)mal) sowie das Zusammenziehen von Wörtern (in das) oder das Auslassen von Buchstaben (Sag es!) unterstützen den Charakter einer alltäglichen Unterhaltung und lassen das Ausgesprochene somit authentisch und für den Leser nachvollziehbar wirken.

Die Überleitung zur nächsten vierzeiligen Strophe ist fließend, denn mittels einer weiteren Aufforderung bittet der Sprecher sein Gegenüber, sich noch einmal umzudrehen. Er kann den Blick des anderen deuten und wünscht sich gleichzeitig Liebe darin. Die Imperative „Dreh dich bitte … um" (V. 11) und „Lass" (V. 13/14) erzielen eine höhere Eindringlichkeit, wobei durch Benutzen des Wortes „bitte" (V. 11) das Fordern flehender wird. Im Gegensatz zur 3. Strophe muss der Angesprochene nun nichts sagen, denn das lyrische Ich erkennt seine Gefühle ihm gegenüber am Blick. Das zeigt, dass es ihm sehr vertraut sein muss. Die zweimalige Wiederholung des Leitmotivs betont die Wichtigkeit des Anliegens und unterstreicht den Wunsch des Sprechers nach einem Blick der Liebe von seinem Partner. Umgangssprachliche Wendungen wie „noch mal" (V. 11) und „seh's" (V. 12) tragen erneut dazu bei, dass das Gesagte ungezwungen und ehrlich auf den Leser oder Hörer wirkt und er sich in die Gesprächssituation hineinversetzen kann. Wie die 3. Stophe kann auch die 4. Strophe als eine Art Refrain betrachtet werden, denn nach drei weiteren Strophen erscheint sie noch einmal als 8. Strophe.

Die 5. Strophe weist formal eine große Ähnlichkeit mit der 1. Strophe auf. Es findet lediglich ein Austausch der Substantive statt, wobei die Darstellung noch knapper erfolgt, weil diesen keine Tätigkeit mehr zugeordnet wird. So fordert das lyrische Ich sein Gegenüber auf, wenn dieses nur noch einen Tag oder eine Nacht habe, dann sollen diese Liebe sein. Die enge Verbindung der drei Abstrakta „Tag/Nacht/Liebe" (V. 15/16/17) kommt deutlich zum Vorschein, gleichzeitig bewirkt das einschränkende Wort „nur noch/ Nur" (V. 15/16), dass der Leser nachdenklich wird, weil ihm der Hinweis auf diese kurze Zeitspanne wie ein Ultimatum erscheint. Das Fehlen des Tätigkeitswortes wirft die Frage auf: Wofür hat der Angesprochene nur noch einen Tag oder eine Nacht? Zum Leben, zum Überlegen, zum Treffen einer schwerwiegenden Entscheidung? Auch wenn die vom lyrischen Ich gestellte Frage in der Konditionalform steht und somit nur eine mögliche, aber eher unwahrscheinliche Situation darstellt, setzt man sich unweigerlich mit ihr auseinander. Was würde ich tun, wenn ich nur noch einen Tag und eine Nacht mit meinem Freund zur Verfügung hätte? – Die Aufforderung des lyrischen Ichs an sein Gegenüber tritt erneut als Leitmotiv im letzten der drei Verse auf.

Eine Parallele im Aufbau zur 1. Strophe ist auch in der dreizeiligen 6. Strophe zu erkennen, jedoch kommt dieser eine besondere Funktion zu: Das Fragen des lyrischen Ichs erreicht hier seinen Höhepunkt. Es traut sich nicht, die Frage nach der Liebe zu stellen, fordert aber genau dazu seinen Partner auf, wenn dieser nur die Möglichkeit zu einer einzigen Frage hätte. Der

Leser spürt die Unsicherheit und den Zweifel des Sprechers, die in dieser Anfrage mitschwingen, denn die Verwendung des Konjunktivs II „Hättest" (V. 18) drückt die Unwahrscheinlichkeit aus, dass der Angesprochene genau diese eine Frage stellt. Dieser muss sich dessen bewusst sein, dass er „nur" (V. 18) die Möglichkeit einer Frage hätte. Daraus resultiert eine hohe Verantwortung, denn man fragt einen Menschen nicht leichtfertig, ob dieser einen liebt. Das lyrische Ich möchte die drei Worte „Liebst du mich?" unbedingt hören, obwohl es selbst nicht den Mut aufbringt, diese Frage an sein Gegenüber zu richten. Es traut sich auch nicht, sich direkt auszudrücken, vielmehr mildert es die Brisanz des eigentlichen Frageinhalts durch das gereimte Wortspiel „Frage … fragen wage" (V. 18/19) ab. So will es vielleicht, seine Unsicherheit verbergen. Am Schluss wird trotz aller Ungewissheit das Leitmotiv wiederholt.

Nach der Wiederholung der 3. und 4. als 7. und 8. Strophe schließt sich die 9. Strophe mit vier Versen an. Das lyrische Ich, das nun das Pronomen „wir" verwendet, ist der Meinung, dass die Liebe alles ist, was wir brauchen. Es fordert sein Gegenüber auf, alles hinter sich zu lassen und noch einmal von vorn zu beginnen. Das lyrische Ich ist sich im Prozess des Fragens darüber klar geworden, dass die Liebe das Wichtigste im Leben aller ist. Der Aussagesatz mit dem Adverb „alles" (V. 29) sowie das Personalpronomen „wir" (V. 29) lassen den Sprecher viel selbstsicherer auftreten und zeigen die Absolutheit seiner Antwort. Um den Partner, aber auch den Leser, wirklich zu überzeugen, wird noch ein Vergleich angeführt: Liebe ist „[n]och viel mehr als große Worte" (V. 30). Beim Lesen dieses Verses kommt einem unweigerlich die Redensart „große Worte machen", die für dramatisch reden, viele Versprechungen machen oder auch prahlen steht, in den Sinn. Sie unterstützt die Aussage der Strophe: Liebe lebt von den inneren Werten, braucht keine Erklärungen, keine Beschreibungen. Das lyrische Ich betont aber nicht nur diesen Aspekt, sondern es fordert seinen Partner zur direkten Umsetzung auf: Er soll einen radikalen Schnitt und einen Neuanfang machen. Auffällig in der Sprache des lyrischen Ichs ist die Natürlichkeit durch den Gebrauch alltäglicher Wendungen. Zwei Imperative, der eine in Verbindung mit einer Redewendung zu dem Vers „Lass … alles hinter dir" (V. 31) formuliert, der andere als umgangssprachliche Wendung „Fang noch mal" verfasst, verstärken die Wirkung und erhöhen die Überzeugungskraft.

Warum der andere aufgefordert wird, alles hinter sich zu lassen und noch einmal von vorn zu beginnen, begründet das lyrische Ich in der 10. Strophe, die aus vier Versen gebildet ist. Es behauptet, dass die Liebe alles ist, was wir brauchen. Die Begründung für den geforderten Neuanfang wird jedoch nicht nur durch die Überleitung verstärkt, sondern vor allem durch das dreimalige Wiederholen der Überschrift „Liebe ist alles" (V. 33/34/35). Für die wahre Liebe lohnt es sich, noch einmal von vorn zu beginnen, weil sie einzigartig ist und über allem steht. Dass sie einfach das Wichtigste ist, soll durch viermaliges Nennen des Adverbs „alles" (V. 33/34/35/36) ausgedrückt werden. Beachtet der Leser den Zeilensprung zwischen den letzten beiden Versen, dann bemerkt er, dass aus der unvollständigen Überschrift ein vollständiger Satz wird: „Liebe ist alles/Alles was wir brauchen" (V. 35/36). Dieser bildet unmissverständlich die Botschaft des Textes.

Die elfte und letzte Strophe greift in ihren beiden Versen das Leitmotiv noch einmal auf. Durch die Wiederholung erhält die Aufforderung den Charakter eines Echos und somit etwas Dauerhaftes. Alles Wesentliche wurde bereits gesagt, so muss das lyrische Ich nur noch einmal an den Auftrag erinnern. Als Leser kann man sich sehr gut ein sanftes Mahnen mit gedämpfter Stimme vorstellen.

Schluss

Auch nach Ausklang der letzten Verse hat man als Leser oder Hörer das Lied noch eine Weile im Ohr. Der Text ist leicht verständlich und einprägsam, die Melodie eingängig. Außerdem wird einem zeitlosen Thema Raum gegeben, was für mich im Moment besonders aktuell ist. Mich bewegen in meiner Beziehung ähnliche Fragen und Wünsche und mir gefällt, dass es jemanden gibt, der sie offen ausspricht und der mich zum Nachdenken anregt. Ich höre mir das Lied des Pop-Duos Rosenstolz immer wieder gern an.

Realschulabschluss Deutsch in Thüringen: Prüfungsaufgaben 2013
Aufgabe 4

Aufgabe:

Legen Sie Ihre Gedanken und Gefühle zu dem folgenden Zitat dar. Schildern Sie dabei eine reale oder fiktive Situation.

„Mit einer geballten Faust kann man keinen Händedruck wechseln."
(Indira Gandhi)

In: Das große Handbuch der Zitate. Von der Antike bis zur Gegenwart, Gütersloh/München 1993, S. 376

Lösung

Hinweis: Bei dieser Aufgabenstellung sollst du deine Gedanken und Gefühle zu dem vorgegebenen Zitat von Indira Gandhi darlegen, indem du eine reale oder fiktive Situation schilderst. Dazu ist es zunächst wichtig, dass du das Zitat gründlich erschließt, d. h. von der Bild- auf die Sachebene überträgst. Gefordert wird von dir eine Schilderung, d. h. eine Momentaufnahme, die in einen entsprechenden Kontext eingebettet ist. Es ist dir freigestellt, ob diese Situation wirklich stattgefunden hat oder nicht. Das Zitat muss im Aufsatz nicht wortwörtlich angeführt werden, jedoch ist es unerlässlich, dass dessen Grundaussage klar widergespiegelt wird.
Beim Verfassen dieser subjektiven Aufsatzform musst du deine Gedanken und Gefühle einfließen lassen. Das Beschreiben und Ausschmücken einer bestimmten Situation wird dir gelingen, wenn du persönlich und ausdrucksstark formulierst. Das erreichst du durch das wirkungsvolle Einsetzen entsprechender sprachlicher Mittel wie Metaphern, Vergleiche, Fragen, aussagekräftige Verben, Adjektive und Substantive. Formuliere auch eine ansprechende Überschrift.
Die Darstellung der Schilderung erfolgt in Anlehnung an die Aufgabenstellung in der Ich-Form. Mögliche Zeitformen sind Präsens und Präteritum. Der Aufbau muss nicht streng in Einleitung, Hauptteil und Schluss gegliedert sein, denn eine Schilderung führt den Leser oft unvermittelt in eine Situation hinein und bricht häufig auch abrupt ab. Trotzdem darfst du deine Ideen nicht wahllos aneinanderreihen. Es ist ratsam, die Vorüberlegungen in einer gegliederten Stoffsammlung festzuhalten.

Analyse und Eingrenzen des Themas

Zitat: „Mit einer geballten Faust kann man keinen Händedruck wechseln."

Entschlüsseln der Bilder	geballten Faust	Händedruck wechseln
	– symbolisiert Wut und Abwehr	– Zeichen der Begrüßung und Versöhnung – Signal des gegenseitigen Verständnisses, des Aufeinander-Zugehens, des Übereinstimmens

Bilder in Beziehung setzen ↓	– zwei geballte Fäuste prallen aufeinander (Konfrontation) – eine geballte Faust und eine geöffnete Hand finden nicht zueinander (Aufeinander-Einlassen nicht möglich) Schlussfolgerung: geballte Faust muss sich öffnen, um Händedruck zu ermöglichen
Erfassen der Lebensweisheit ↓	– Wut und Abwehr verhindern das Aufeinander-Zugehen und das Lösen des eigentlichen Problems bis hin zur Versöhnung
Erkennen der Problematik bzw. Forderung	Solange ein Mensch wütend ist, kann er weder seine eigenen Probleme noch die der anderen lösen. Nur eigenes besonnenes Handeln, ohne Wut und Hass, führt eine Änderung herbei.

Stichpunktartige Stoffsammlung und Gliederung

Hinweis: Das nachfolgende Beispiel für die Schilderung ist aufgrund der subjektiven Darstellungsform als Vorschlag zu betrachten.

Einleitung

- Zitat Indira Gandhis als Anlass für einen Blick in die Vergangenheit

Hauptteil

- Freundschaft zwischen der Ich-Erzählerin Tini und ihrer Freundin Biene
  - Schildern der Besonderheit der Beziehung
  - Darstellen der Ursache für den Bruch und die Auswirkung auf die beiden, dabei besonders die Gefühle der Ich-Erzählerin in den Mittelpunkt rücken
  - abrupte Zerstörung der vorsichtigen Annäherung der beiden Protagonistinnen durch Tod Bienes

Schluss

- Bezugnahme zum Zitat aus der Einleitung

Aufsatz

„Mit einer geballten Faust kann man keinen Händedruck wechseln." Da steht es schwarz auf weiß. Wieder und wieder lese ich den Satz, murmle ihn halblaut vor mich hin. Ich sehe ihn noch vor mir, selbst als ich mich schon längst abgewendet habe. Er hat sich in meinem Kopf eingenistet, macht sich breit, umklammert mein Herz, sodass es schmerzt. Ich fühle mich schuldig, ich bin schuld. Ich merke, wie die Tränen in mir hochsteigen. Vor meinen Augen verschwimmt das Hier und Jetzt, dafür läuft der Film der Vergangenheit umso klarer vor mir ab.

Wir waren seit einer Ewigkeit befreundet. Ich kannte Biene aus dem Kindergarten, zudem wohnten wir Tür an Tür, was uns, wie meine Mutter immer sagte, zu einem unberechenbaren Terror-Duo zusammenwachsen ließ. Jede freie Minute verbrachten wir miteinander, teilten zunächst im Sandkasten unsere Geheimnisse und Sorgen, später in Bienes Gartenlaube den ersten Liebeskummer, Stress in der Schule und Ärger mit den Eltern. Wir waren wirklich ein solch eingeschworenes Team, dass wir wussten, was dem anderen guttat und dass man ihm vertrauen konnte. Natürlich gab es im Verlauf der Jahre auch andere Freunde und Interessen und wir hatten mit zunehmendem Alter nicht mehr so viel Zeit füreinander. Trotzdem hielten wir an bestimmten Ritualen fest, um die uns so manche beneideten. Eine dieser selbstverständlichen Gewohnheiten war, dass wir unseren ersten Ferientag stets zusammen verlebten. Dieser Tag gehörte nur uns, dem Faulenzen, Lachen, gemeinsamen Kochen und Träumen. Er war zu etwas Besonderem geworden und ich hätte nie im Leben daran gedacht, dass sich daran etwas hätte ändern können. Es war eine Woche vor den Sommerferien und ich höre ihre Stimme am Telefon noch wie heute. „Du, Tini, das wird nichts mit unserem Treffen am ersten Ferientag. Ben und Anna haben mich auf eine Segeltour eingeladen …“ Ich dachte, ich hätte mich verhört, und spürte, wie sich ein dicker Kloß im Hals bildete. „Bloß nicht anfangen zu heulen“, hämmerte es in meinem Kopf. „Reiß dich zusammen, bleib cool!“, flüsterte eine Stimme in mir. Ich nahm allen Mut zusammen, aber mehr als ein weinerliches „Macht nichts, ist ja nicht so schlimm“ kam nicht aus mir heraus. Ich legte den Hörer auf. – Doch, es war schlimm, sehr schlimm sogar. Ich schluchzte hemmungslos, meine Gedanken wirbelten durcheinander. Warum tat sie mir das an? Bedeutete ihr unser Tag gar nichts mehr? Waren all die Jahre dieses Ferienrituals nichts mehr wert? Ich war so traurig, dass ich um mich herum nichts mehr richtig wahrnahm. Nicht den letzten Schultag mit meinem guten Zeugnis, nicht den wunderbaren warmen Sommer, selbst den Urlaub mit meiner Familie am Meer konnte ich nicht genießen. Immer wieder kreisten meine Gedanken um Bienes Verrat, denn als solchen betrachtete ich ihre Absage. Auf das „Warum?“ fand ich keine Antwort. Ich war tief verletzt und zum Ende der Ferien stand für mich fest, dass ich Bienes Freundschaft nicht mehr wollte.

Ich mied sie, wo ich nur konnte, und zeigte ihr deutlich, dass ich auf ihre Gesellschaft keinen Wert mehr legte. Laut lachte und alberte ich nun mit den anderen Mädchen herum, doch mein selbst auferlegtes Abstandhalten fiel mir nicht leicht, es forderte viel Kraft. Aber ich wollte es Biene spüren lassen, wie weh es tat, wenn der andere einen fallen ließ wie eine heiße Kartoffel. So begann ich, mit ihren Gefühlen zu spielen. Ich tat eine Zeit lang so, als ob ich den Kontakt wieder mit ihr suchen würde, um sie dann unvermittelt stehen zu lassen. Biene sagte nichts, aber sie bemerkte, welches Spiel ich spielte, denn manchmal sah ich ihren traurigen Blick auf mir ruhen. Einmal kam sie auch von selbst auf mich zu und versuchte, sich zu erklären, sich zu entschuldigen. Es fiel ihr nicht leicht, ihre Schuld zuzugeben, sie wand sich und meinte, dass doch der gemeinsame erste Ferientag in den letzten Jahren nicht mehr den Stellenwert gehabt und ich mich ebenfalls verändert hätte. Ganz vorsichtig fügte sie hinzu, dass sie gar nicht gedacht hätte, dass mir der Tag noch so viel bedeutete. Biene hatte gemerkt, wie sehr sie mich verletzt hatte, und wollte den ersten Schritt der Versöhnung gehen. Ich jedoch war nachtragend und nur darauf aus, sie spüren zu lassen, was ich einen Sommer lang durchgemacht hatte. Manchmal erschrak ich vor mir selbst und fragte mich, was mit mir los war. Machte es mir Freude, sie so leiden zu lassen, oder war es doch die Angst davor, in einer erneuten Freundschaft möglicherweise nochmals verletzt zu werden? Die Wunde saß tief in mir und war noch Monate später nicht richtig verheilt.

Zu meinem letzten Geburtstag hatte ich alle eingeladen, die Lust auf eine Party hatten. Biene kam auch und zum ersten Mal seit einer langen Zeit hatte ich das zaghafte Gefühl, dass ich unserer Freundschaft wieder eine Chance geben konnte.
Eine Woche später erfuhr ich von ihrem Tod. Sie war auf eisglatter Straße mit ihrem Mofa verunglückt.

Wieder sind es Fragen, die auf mir lasten, die wie Ketten meine Brust umschnüren. Warum habe ich ihr Entgegenkommen, ihren Versuch des Händedrucks nicht schon eher angenommen? Warum zeigte ich in meiner Verletztheit nur die geballte Faust? Habe ich durch mein Verhalten nicht auch eine wunderbare Freundschaft zerstört? – Wie sinnlos erscheint mir jetzt der monatelange Krieg, aber ich kann nicht ungeschehen machen, was geschehen ist.

Aufgabe:

1.1 Die europäische Friedensbewegung des 19. Jahrhunderts verdankt der Schriftstellerin Bertha von Suttner wesentliche Impulse.
Für ihr Engagement gegen den Krieg erhielt sie 1905 als erste Frau den Friedensnobelpreis.
Stellen Sie 15 der im Text enthaltenen biografischen Fakten in einer geeigneten Form dar.

1.2 „Die Menschheit muss dem Krieg ein Ende setzen, oder der Krieg setzt der Menschheit ein Ende." (John F. Kennedy[1])
www.zitate.net (16. 10. 2013)

Erörtern Sie das Zitat von John F. Kennedy.

1 John F. Kennedy (1917–1963): 35. Präsident der USA

Heike Lischewski: Bertha von Suttner

[…] 1843 in den österreichischen Hochadel hineingeboren, steht für die junge Gräfin eigentlich eine standesgemäße, vermögende Heirat auf dem Plan. Aber das klappt aus verschiedenen Gründen nicht. Mit 30 Jahren immer noch unverheiratet, entschließt sie sich, als Gouvernante eine Stellung anzunehmen. Hier profitiert sie das erste Mal von ihrer guten Ausbildung: Französisch, Italienisch und Englisch, moderne und klassische Literatur, Musik. Im Hause des Barons von Suttner verliebt sie sich in dessen jüngsten Sohn. Die Verbindung mit dem sieben Jahre jüngeren Arthur wird gesellschaftlich zunächst nicht akzeptiert, weshalb das Paar durchbrennt und einige Zeit im Kaukasus verbringt. Hier beginnt Bertha von Suttner zu schreiben: Feuilletontexte, Theaterstücke, Fortsetzungsgeschichten und Ähnliches. Sie interessiert sich zunehmend für Naturwissenschaften und Soziologie und entwickelt eine freiheitlich-liberale Weltanschauung, die sie mit verschiedenen Büchern in Umlauf bringt. In England, Frankreich, Italien, Dänemark, Deutschland, Ungarn, Norwegen und Schweden gründen sich zu dieser Zeit örtliche oder nationale Friedensgesellschaften. […]

Durch den persönlichen Kontakt mit den Anfängen der organisierten Friedensbewegung in Europa wendet sie sich nach ihrer Rückkehr nach Österreich mehr und mehr dem Thema Krieg und Frieden zu. 1889 veröffentlicht sie den Roman „Die Waffen nieder!" – mit einer Auflage von 210 000 Stück und Übersetzungen in 27 Sprachen ein überaus großer Erfolg. Es handelt sich dabei um den tagebuchartigen, emotionalen Lebensbericht einer österreichischen Adligen vor dem historischen Hintergrund der Kriege, in die Deutschland sowie Österreich von 1859 bis 1870/71 verwickelt waren. […]

Doch Bertha von Suttner will nicht nur politisch und ökonomisch gegen den Krieg argumentieren, sondern auch die Grausamkeit bewaffneter Auseinandersetzungen vor Augen führen. […]

Überdies ist er ein Zeugnis davon, mit wie viel Herzblut und Engagement sich eine Frau in die Belange der Politik einmischt – und dies lange Zeit, bevor das Frauenstimmrecht Einzug in die europäischen Parlamente hält.

In den deutschsprachigen Ländern bringt „Die Waffen nieder!" die Friedensbewegung in Gang – unter tatkräftiger Mitarbeit der Autorin. Sie ruft 1891 zur Gründung der Österreichischen Friedensgesellschaft auf, deren Präsidentin sie bis zu ihrem Tod im Jahr 1914 bleibt. 1892 unterstützt sie Alfred Hermann Fried bei der Gründung der Deutschen Friedensgesellschaft und gibt mit ihm bis 1899 monatlich die Zeitschrift „Die Waffen nieder!“ heraus. Sie schreibt auch für andere europäische Zeitungen und nimmt an fast allen Weltfriedenskongressen teil. Dabei sind wiederum ihre Sprachkenntnisse überaus nützlich, aber auch ihre aristokratische Herkunft und ihr gesellschaftliches Auftreten. Hinzu kommen ein starkes Selbstbewusstsein und ein ausgeprägter Optimismus. So lässt sie es sich ebenfalls nicht nehmen, mit einem eigenen Salon[2] an den Haager Friedenskongressen teilzunehmen, wo die Anwesenheit von Frauen eigentlich nicht vorgesehen war. 1905 erhält Bertha von Suttner für ihr Lebenswerk als erste Frau den Friedensnobelpreis. […]

2 hier: Diskussionsrunde

Nach: Lischewski, Heike: Bertha von Suttner; http://bertha-von-suttner-stiftung.de/biografie.html.

Hinweis:

Beide Teilaufgaben 1.1 und 1.2 sind zu bearbeiten und gehen folgendermaßen in die Bewertung ein:

1.1: 25 %
1.2: 75 %

Lösung

Teilaufgabe 1.1

Hinweis: Lies zunächst den Text gründlich durch. Unterstreiche beim Lesen alles, was dir im Zusammenhang mit Bertha von Suttners Leben wichtig vorkommt. Wähle dann die wichtigsten fünfzehn biografischen Fakten aus und bringe sie in eine geeignete Form. Möglich wären: eine nummerierte Liste, eine Mind Map oder eine Zeitleiste. Zähle am Schluss noch einmal genau nach, ob du auch wirklich fünfzehn Fakten herausgeschrieben hast.

1. Bertha von Suttner wird im Jahr 1843 geboren.
2. Sie entstammt dem österreichischen Hochadel.
3. Sie erhält eine umfassende Bildung.
4. Mit 30 Jahren ist sie noch unverheiratet und nimmt deshalb eine Stellung als Gouvernante im Hause von Suttner an.
5. Sie verliebt sich in den jüngsten Sohn des Hauses (Arthur, sieben Jahre jünger als sie).
6. Die Verbindung wird nicht akzeptiert und das Paar flieht deshalb in den Kaukasus.
7. Dort beginnt Bertha von Suttner zu schreiben und entwickelt ihre freiheitlich-liberale Einstellung.
8. Sie wendet sich der Friedensbewegung zu.
9. Sie verfasst den erfolgreichen Roman „Die Waffen nieder!“ und prangert darin die Grausamkeit des Krieges an.
10. 1891 ruft sie zur Gründung der Österreichischen Friedensgesellschaft auf, deren Präsidentin sie wird.
11. 1892 unterstützt sie Alfred Hermann Fried bei der Gründung der Deutschen Friedensgesellschaft.

12. Von 1892 bis 1899 ist sie Mitherausgeberin der Monatsschrift „Die Waffen nieder!".
13. Sie schreibt für diverse europäische Zeitungen.
14. 1905 erhält sie als erste Frau für ihr Lebenswerk den Friedensnobelpreis.
15. Bertha von Suttner stirbt im Jahr 1914.

Teilaufgabe 1.2

Hinweis: Um eine Erörterung zu schreiben, musst du dich zunächst mit der angegebenen These auseinandersetzen, in diesem Fall mit dem Zitat Kennedys. Da darüber hinaus kein Text angegeben ist, handelt es sich um eine freie Erörterung. Umso wichtiger ist es, das Zitat richtig zu verstehen. Dazu musst du es zunächst mehrmals lesen. Überlege dann, was Kennedy damit sagen will. Dieser Arbeitsschritt ist äußerst wichtig! Kläre daher wichtige Schlüsselbegriffe. Versuche außerdem, das Zitat in eigene Worte zu fassen, und überlege, welche Problematik darin angesprochen wird. Da Kennedy eine These in den Raum stellt, der widersprochen werden kann, handelt es sich um eine kontroverse Erörterung, bei der deine Meinung gefragt ist. Überlege daher, ob du ihm zustimmen kannst oder nicht. Erstelle dann eine Stoffsammlung mit Argumenten für Pro und Kontra. Notiere dir auch ungeklärte Fragen, Überlegungen, Beispiele und Ähnliches. Es ist sinnvoll, diese Stichpunkte am Ende mit verschiedenen Farben zu kennzeichnen und dadurch zu sortieren. Das hilft dir später dabei, einen strukturierten Text zu verfassen. Denke auch daran, die Argumente beim Schreiben in die richtige Reihenfolge zu bringen: Zunächst nennst du die Argumente der Gegenseite, dann deine eigenen.

Analyse und Eingrenzen des Themas

Behauptung: Es darf keine Kriege mehr geben.

Begründung: Sonst wird die Menschheit zugrunde gehen.

Deutung 1: Eine Welt ohne Krieg ist realistisch, Waffen und Militär müssen abgeschafft werden, jede Form des Krieges ist zu verurteilen (auch Verteidigung, Schlichtung).

Deutung 2: Kriege gilt es zu verhindern und zu beenden, allerdings erfordert dies manchmal auch militärische Aktionen (Aufruf zur aktiven Beendigung der bestehenden Kriege).

inhaltliche Auffälligkeiten: appellativer Charakter, Eindringlichkeit, Pauschalität

sprachliche Besonderheiten: chiastische Struktur, Personifikation des Krieges

Schlüsselbegriffe:

Krieg → gewaltsame Auseinandersetzung; wird nicht näher beschrieben oder differenziert; keine Angaben über verschiedene Gründe für Kriegshandlungen, Ziele etc.

Menschheit → bei Kriegen sonst oft von Nationen die Rede, hier von der gesamten Weltbevölkerung; alle sitzen im selben Boot; Krieg geht alle an; jeder ist in der Verantwortung; alle profitieren davon, wenn es keine Kriege mehr gibt

ein Ende setzen → aktiv in bestehende Kriege eingreifen? grundsätzlich dafür sorgen, dass keine Kriege entstehen? bei bestehenden, eigenen Konflikten einlenken?

Stichpunktartige Stoffsammlung und Gliederung

Einleitung

Überlegungen zum Thema Krieg allgemein; Verweis auf aktuell bestehende Konflikte

Hauptteil

Deutung 1: es darf keinen Krieg mehr geben – auch nicht aus Verteidigungs- oder Schlichtungsgründen

Argumente Pro: Zerstörung und Leid, neue technische Möglichkeiten bedrohen die Existenz der Menschheit

Argumente Kontra: militärische Aktionen manchmal nötig (Verteidigung, Wiederherstellung des Friedens), Abschaffung von Waffen und Militär gefährlich für die Sicherheit

Deutung 2: Krieg wird verurteilt, aber nicht pauschal abgelehnt, sogar im Ernstfall gefordert

Argument Kontra: die Absicht, Kriege zu führen, um Frieden zu stiften, ist oft nur eine Ausrede

Argument Pro: manchmal ist militärisches Eingreifen notwendig

Schluss

Zusammenfassung, eigene Meinung

Aufsatzbeispiel

Einleitung

Es gibt wohl keinen Menschen auf der Welt, der Krieg grundsätzlich gutheißt. Und doch kommt die Menschheit, wie es scheint, nicht von ihm los. Zwar herrscht in Westeuropa seit 1945 ein bisher nie dagewesener Frieden, doch man muss nicht weit reisen, um auf den nächsten bewaffneten Konflikt zu treffen, ob in Syrien, in der Ukraine oder in Ägypten.

Hauptteil

Doch je größer die Möglichkeiten der Technik, umso größer ist die Gefahr, die von derartigen Konflikten ausgeht. Daher sagt Kennedy sinngemäß: Wenn es der Menschheit nicht gelingt, Frieden herzustellen, dann wird sie eines Tages durch den Krieg zugrunde gehen.

Es gibt zwei Möglichkeiten, diese Aussage zu verstehen. Erstens: Kennedy lehnt jede Form der gewaltsamen Auseinandersetzung ab und hält gleichzeitig eine Welt ohne Krieg für möglich und notwendig.

Dies ist vor dem zeitgeschichtlichen Hintergrund seines Wirkens gut verständlich: Seine Präsidentschaft fällt in die 1960er-Jahre, ein Jahrzehnt, in dem die Schrecken des Zweiten Weltkrieges noch sehr präsent waren: die unglaublichen Verwüstungen nicht nur der Städte, sondern auch der Natur, der Tod mehrerer Millionen Menschen, das Leid der Überlebenden. Nicht nur seine Altersgenossen – auch Kennedy selbst hatte beim Militär gedient und die Kampfhandlungen aus erster, zumindest aber aus zweiter Hand erlebt. Sicherlich ist der Willen zum Frieden dann besonders groß, wenn man aus eigener Erfahrung weiß, was Krieg – was ein Weltkrieg – bedeutet!

Doch nicht nur die Dimensionen dieses Krieges übertrafen die vorangegangenen. Vor allem die moderne Technik ermöglichte ein gänzlich neues Ausmaß der Zerstörung, beispielsweise durch den Abwurf der Atombomben über Japan. Angesichts dessen ist es nur verständlich, dass Kennedy vor den Folgen zukünftiger Kriege warnt, ja sogar den Untergang der Menschheit heraufbeschwört. Dem ist uneingeschränkt zuzustimmen, denn selbstverständlich sind die

Ausmaße kriegerischer Zerstörung heute so groß, dass eine Vernichtung der Menschheit, beispielsweise durch einen Atomkrieg oder biologische Kampfführung, zumindest nicht ausgeschlossen ist. Kennedy war sicherlich daran gelegen, Schreckensszenarien dieser Art zu verhindern. Zudem waren die 1960er-Jahre eine Zeit der aufkommenden studentischen Friedensbewegungen (Hippie-Zeitalter). Sicherlich hat dieser Zeitgeist auch auf Kennedy abgefärbt.

Versteht man Kennedys Zitat als Aufruf zum bedingungslosen Pazifismus, ist allerdings auch Kritik daran angebracht. Um beim Beispiel des Zweiten Weltkrieges zu bleiben: Es war zweifelsfrei nötig, dass sich die Alliierten gegen Hitler-Deutschland verbündeten und in den Krieg zogen. Wer hätte das nationalsozialistische Regime mit seiner Terrorherrschaft stoppen können, wenn nicht das alliierte Militär – mitsamt der dadurch notwendigen Gewalt? Wurde also in diesem Fall nicht durch den Krieg der Frieden wiederhergestellt?

Krieg ist also nicht in jedem Fall vermeidbar – sofern er zur Verteidigung oder zur Befreiung dient, ist er sogar manchmal geboten. Genau das ist der Punkt, an dem es schwierig wird. Wann ist ein Krieg gerechtfertigt, wann nicht? Wann muss man eingreifen, wann nicht? Diese wichtige Frage wird von Kennedys Zitat nicht berührt. Ist die oben angesprochene Deutung seines Zitates zutreffend, müsste er konsequenterweise auch dafür plädieren, das Militär abzuschaffen und sämtliche Waffen zu vernichten. Eine auf diese Weise friedliche Nation wird dann jedoch leicht zur Zielscheibe äußerer Aggressionen. Denn noch gibt es keine Weltregierung, die eine derartige Aktion für alle Nationen verbindlich vorschreiben könnte.

Die zweite Möglichkeit, seine Aussage zu verstehen, ist: Er verurteilt zwar den Krieg als solchen, jedoch nicht das gewaltsame Eingreifen in den Krieg zugunsten des Friedens. Diese Einschränkung kann freilich problematisch sein: Denn unter dem Vorwand, Frieden zu stiften, und also eigentlich etwas „Gutes“ zu tun, wurden schon viele Kriege geführt – zuletzt gegen den Irak.

Andererseits ist eine differenzierte Sicht auf das Thema nötig. Denn man kann kriegerische Konflikte zwar oft auf diplomatischem Wege beenden, doch manchmal reicht dies nicht aus – wie man am Beispiel des Zweiten Weltkriegs sehen kann. Hier wurde dem Krieg durch aktives Eingreifen ein Ende gesetzt. Insofern ruft Kennedy vielleicht sogar gerade dazu auf, das Ende von Kriegen notfalls auch mit Gewalt herbeizuführen, um „Schlimmeres“ zu verhindern. Das Zitat lässt beide Deutungen zu.

Schluss

Krieg gilt es zweifellos mit allen Mitteln zu verhindern, gerade angesichts der neuen technischen Möglichkeiten, die derartige Auseinandersetzungen zu einer Existenzbedrohung für die Menschheit machen. Krieg ist nie gut! Doch manchmal ist es nötig, sich in den Krieg einzumischen – diplomatisch und, wenn nicht anders möglich, auch militärisch – nämlich dann, wenn kein Eingreifen das noch größere Leid verursacht. Insofern schließe ich mich der zweiten Deutung des Zitates an.

Aufgabe:

Zwischenmenschliche Beziehungen sind von Höhen und Tiefen geprägt.
Schildern Sie eine oder mehrere Situationen, in denen Sie wie das lyrische Ich empfanden.

Hanna Hanisch: Meine zweimal geplatzte Haut

Ich könnte platzen.
Aus allen Nähten könnte ich platzen
vor Wut.
Meine Hände zittern.
Meine Stimme bebt.
Meine Haut tut mir weh von so viel Wut.
Ich fühle mich krank in meiner Haut,
weil du so bös zu mir warst.

Ich könnte platzen.
Aus allen Nähten könnte ich platzen
vor Lust.
Meine Hände winken.
Meine Stimme lacht.
Mein Bauch gluckert von so viel Lust.
Ich fühle mich wohl in meiner Haut,
weil du so lieb zu mir warst.

Hanisch, Hanna: Meine zweimal geplatzte Haut. In: Gelberg, Hans-Joachim: Überall und neben dir. Beltz & Gelberg. Weinheim/Basel 2011, S. 166.

Lösung

Hinweis: Hier musst du aus deinem persönlichen Erfahrungsschatz schöpfen. Das Thema lautet „Höhen und Tiefen" in zwischenmenschlichen Beziehungen, also zum Beispiel in Freundschaften. Außerdem sollst du dich dabei auf das Gedicht von Hanna Hanisch beziehen. Lies es dir also zunächst genau durch. Welche Emotionen werden darin beschrieben? Erinnere dich dann an eine Situation, in der es dir ähnlich ging wie dem lyrischen Ich. Du kannst über mehrere Situationen schreiben oder auch nur über eine bestimmte. Achte jedoch darauf, deine Gefühle möglichst genau und plastisch zu schildern, also mit vielen sprachlichen Mitteln (Metaphern, aussagekräftigen Adjektiven etc.). Da es hier um deine subjektiven Erfahrungen geht, schreibst du in der Ich-Form. Notiere dir zuvor deine Gedanken in Form einer gegliederten Stoffsammlung.

Analyse und Eingrenzen des Themas

Schlüsselbegriffe:

Zwischenmenschliche Beziehungen → Freundschaften, Liebesbeziehungen, familiäre Beziehungen, Beziehung zwischen zwei oder mehreren Personen

Höhen → gemeinsamer Spaß, Freude aneinander

Tiefen → Streit, Konflikte

Situationen → es geht nicht um längere Phasen, sondern um konkrete Erlebnisse und akute Gefühle

Beschriebene Gefühle:

Strophe 1: Wut, Erregung, Ärger über den anderen (er war „bös“ V. 8) zum lyrischen Ich

Strophe 2: unvermittelter Gefühlswandel, Lust/Freude – erneute Beschreibung der teilweise ähnlichen körperlichen Reaktionen (Hände, Stimme, Haut) (er war „lieb“ V. 16)

Aufsatzbeispiel

Einleitung

Als ich das Gedicht von Hanna Hanisch gelesen habe, dachte ich sofort: So hab ich mich auch schon oft gefühlt! Besonders zwei Ereignisse sind mir in Erinnerung geblieben.

Hauptteil

Das erste ist noch gar nicht so lange her: Ich stand vor dem Kino. Tim und ich hatten uns für sieben dort verabredet, da der Film um acht beginnen sollte, und wir noch Popcorn kaufen wollten. Die Karten hielt ich bereits in der Hand. Wir waren erst ein paar Tage zusammen, und mein Herz klopfte laut gegen meine Rippen. Ich war so aufgeregt! Zahlreiche Paare liefen an mir vorbei, Arm in Arm, mit verliebten Blicken. Ich schielte in die Menge, doch Tim war nicht zu sehen.

Ich wollte hier nicht so alleine herumstehen. Das war unangenehm! Ganz ruhig, dachte ich mir, es ist gerade erst fünf nach sieben. Kein Grund, sich aufzuregen. Ich zog mein Handy aus der Tasche und blickte auf das Display. Keine neuen Nachrichten. Sollte ich ihn vielleicht anrufen? Nein, wie peinlich war das denn! Er kam bestimmt gleich.

Doch die Minuten verstrichen, und von Tim keine Spur. Ich begann innerlich zu fluchen. Hatte er mich etwa versetzt? Ich bemerkte, wie sich meine Gesichtsmuskeln verkrampften, und begann nervös auf und ab zu laufen. Das konnte doch nicht wahr sein! Ich spürte, wie die Haut in meinem Gesicht zu brennen begann – ganz so, wie im Gedicht von Hanna Hanisch. Es war ein Gefühl, als würde heiße Lava durch meinen ganzen Körper rinnen. Sollte er jetzt um die Ecke kommen, würde ich ihm gehörig die Meinung sagen. „Ich könnte platzen“ (V. 1), ja, genau so fühlte ich mich! Mich hier einfach so stehen zu lassen, ohne Bescheid zu geben – ich hatte doch wirklich Besseres zu tun! Und ich dumme Kuh hatte gedacht, er würde mich mögen. Wie man sich doch täuschen konnte!

Ich wollte gerade gehen, einfach irgendwohin, nur, um nicht alleine hier warten zu müssen, da tippte mir jemand von hinten auf die Schulter. Ich fuhr herum – und hatte eine Wand roter Rosen im Gesicht. Dahinter grinsten mich zwei leuchtend grüne Augen an. Tim! Mein Magen fühlte sich seltsam an – so ähnlich wie im Flugzeug, wenn es von der Startbahn abhebt. Alles fiel von mir ab: die Wut, der Ärger, der Zweifel. Als wäre das alles nie dagewesen!

„Tut mir echt leid", sagte er freudestrahlend, „aber ich wollte dich unbedingt damit überraschen, und im Blumenladen war eine lange Schlange." In mir dehnte sich das Glück aus wie ein großer Luftballon. Noch nie hatte mir jemand rote Rosen geschenkt! Wie romantisch!

Das andere Ereignis fand letztes Jahr statt. Damals fiel mein Geburtstag in die Osterferien. Eigentlich fand ich es ja ganz schön, an diesem Tag nicht in die Schule gehen zu müssen, sondern tun zu dürfen, wonach mir der Sinn stand. Doch gleichzeitig war ich auch ein bisschen traurig – denn wenn man an einem Schultag Geburtstag hatte, kamen alle auf einen zu, um zu gratulieren, und manchmal sang einem sogar die ganze Klasse ein Ständchen.

Der Tag selbst verlief eigentlich soweit ganz in Ordnung. Es gab Kuchen zum Frühstück und einen Tisch voller Geschenke. Doch als es Mittag wurde, hatte sich noch keiner meiner Freunde gemeldet, um mir zu gratulieren. Das war seltsam. Ich wusste zwar, dass sie alle in den Urlaub gefahren waren, doch sie hatten mir versprochen, mich trotzdem anzurufen oder zumindest eine SMS zu schreiben. Mit jeder Stunde sank meine Laune mehr und mehr in den Keller. Ständig schielte ich nach meinem Handy oder lauschte auf das Telefon. Als nachmittags meine Großeltern zu Besuch kamen, hörte ich ihnen gar nicht richtig zu. Ich hasse es so sehr, auf Nachrichten zu warten. Es ist so demütigend!

Als es Abend wurde, hatte ich einen riesigen Kloß im Hals. Ich wollte nur noch heulen und gegen Türen treten. Ein toller Geburtstag war das! Wie konnten sie nur so unzuverlässig sein. Ich schien ihnen ja nicht so viel zu bedeuten. Ich war wirklich wütend. Es war ein richtig körperliches Gefühl – als würde ich gleich platzen!

Als meine Mutter meinte, sie hätte eine Überraschung für mich, konnte ich nur noch gequält lächeln. Sie führte mich einmal ums Haus zu unserer Garage, und ich dachte noch, wir würden vielleicht in irgendein Restaurant zum Essen fahren. Da öffnete sich von innen das Garagentor, und wer stand da? Alle meine Freunde! Fast die ganze Klasse hatte sich bunte Hütchen übergestülpt und trötete mir entgegen. Eine Überraschungsparty! Und sogar mit Konfetti! Ich spürte, wie die Freude meinen ganzen Körper durchströmte – es fühlte sich an, als würde ich mitten auf der Garageneinfahrt vor Glück zerfließen. Auch meine Hände winkten und meine Stimme lachte (V. 12 f.). Es war wie in einem Film! Wie konnte ich nur denken, sie würden mich vergessen!

Schluss

Erstaunlich, wie nah Gefühle manchmal beieinanderliegen. Ganz so, wie in dem Gedicht von Hanna Hanisch: Zuerst ist man ganz und gar wütend, dann ganz und gar glücklich – von einer Sekunde auf die andere.

Realschulabschluss Deutsch in Thüringen: Prüfungsaufgaben 2014
Aufgabe 3

Aufgabe:

Versetzen Sie sich in <u>eine</u> der Hauptpersonen.
Verfassen Sie einen inneren Monolog aus der Sicht des Bestohlenen <u>oder</u> der alten Frau.

Anna Drawe: Im Warenhaus

Betty Warner war eine gute Seele, aber sie hatte Hunger, und die Brieftasche, die aus der Hosentasche des Mannes hervorlugte, der im großen Warenhaus vor ihr herging, reizte ihre Begierde. Ihr war auch sehr kalt, ihre Kleider waren nur dünn, einen Mantel besaß sie nicht mehr. Zudem war sie eben an vielen Stellen gewesen, wo sie sich vergeblich um Arbeit bemüht hatte.

Sie war nicht ins Warenhaus gekommen, um Einkäufe zu machen, sondern nur, um sich zu wärmen, denn sie fror bis ins Innerste. Sie bemühte sich, nicht auf die Brieftasche zu schauen, aber die blickte so verführerisch zwischen den Rockschößen des Mannes hervor, und sie sah es dem Herrn an, dass er schon einmal eine Brieftasche verlieren konnte. Denn das, was allein sein Anzug kostete, hätte ihr monatelang zum Lebensunterhalt genügt.

Sie ging dicht hinter der Brieftasche und schaute die Leute ringsum an: eine freundlich aussehende, kleine, alte Frau in Schwarz, zwei junge Mädels, die lebhaft miteinander plauderten. Wenn nicht ein Augenblick gekommen wäre, in dem die kleine, alte Frau nach einem Taschentuch herumsuchte und die Mädels verschwunden wären, so hätte Betty die Brieftasche nicht genommen. In diesem Augenblick fiel jede Scheu und Hemmung von ihr ab. Sie nahm die Brieftasche mit einer hastigen Bewegung und ließ sie in ihrer Handtasche verschwinden.

Dieser fürchterliche Augenblick war nun vorüber, und sie war wieder das nette, rosige junge Mädchen, das in seinem ganzen Leben kaum etwas wirklich Schlechtes begangen hatte. Sie blieb stehen und tat so, als ob sie sich seidene Strümpfe anschaute. Am selben Ladentisch stand die kleine, alte Frau. War sie Betty absichtlich gefolgt?

„Sie sehen müde aus“, sprach die kleine, alte Frau, „warum gehen Sie nicht in den Damenwarteraum und ruhen sich aus?“ – „Ich kann nicht, ich … muss gehen“, stammelte das Mädchen. In der warmen Luft wurde ihr, die schon lange nichts mehr gegessen hatte, schwindelig, sie taumelte und ließ dabei ihr Handtäschchen fallen.

Die kleine, alte Frau hob es auf und reichte es ihr. „Trotzdem sollten Sie sich erst ein wenig ausruhen.“

Aber Betty hörte sie gar nicht. Sie hielt sich am Ladentisch, sie zitterte vor Angst. Über den Köpfen der Menge hin, die durch die Gänge des Warenhauses wogten, hatte sie das besorgte Gesicht des Besitzers der Brieftasche wahrgenommen, und neben ihm schimmerte eine Schutzmannsuniform[1]. Die Leute im Warenhaus erschienen Betty alle wie sehr entfernte, kleine schwarze Punkte, so aufgeregt war sie.

„Gehen Sie nicht weg von mir“, bat Betty, „gehen Sie nicht fort!“ Die kleine, alte Frau gab keine Antwort. Sie sah den Schutzmann an. Denn er berührte eben Betty an der Schulter. „Dieser Herr“, sagte er grob, „hat seine Brieftasche verloren.“

Das Mädchen stammelte ein paar Worte, die ihr selbst fremd klangen. Dem Besitzer der Brieftasche schien sie leidzutun. Er begann: „Ich sage ja nicht, dass Sie die Brieftasche genommen haben, aber Sie waren ganz dicht hinter mir, als es geschah. Sie ging zuerst vor mir“, sagte er zum Schutzmann, „dann blieb sie zurück und eine Sekunde später war die Tasche fort.“

Betty glaubte, im Erdboden zu versinken. Sie starrte besinnungslos vor sich hin, während der Schutzmann die Handtasche öffnete. Sie starrte noch immer, als er sie wieder auf den Ladentisch warf und zu dem Herrn sagte: „Das junge Mädchen hat sie nicht!"
Sie sah die beiden Männer fortgehen, aber ihre vor Angst stumpfen Sinne fassten es nicht.
„Ich habe natürlich die Brieftasche herausgenommen", sagte die kleine, alte Frau, indem sie das Mädchen zum Ausgang führte. „Der Schutzmann wird die Adresse des Herrn haben, und ich will dafür sorgen, dass er die Tasche zurückerhält. Sind Sie hungrig?"
„Ja, sehr."
„Sie mussten Ihren Mantel verkaufen aus Not, nicht wahr? Sie scheinen stellenlos zu sein und ohne Geld?"
„Ja."
„Hm – das hab' ich mir doch gedacht."
„Warum – warum haben Sie das für mich getan?"
„Weil ich solche Fälle kenne. Es war das erste Mal, dass Sie so etwas machten?"
„Ja."
„Versprechen Sie mir, es niemals wieder zu tun?"
„Ach ja, nie … nie wieder!"
„Sehen Sie", sagte die alte Frau, „darum habe ich's getan. Und jetzt, Kind, wollen wir etwas essen gehen."
„Wer … wer sind Sie?", fragte das Mädchen.
Die kleine, alte Frau lächelte: „Ich bin nur die Warenhausdetektivin", sagte sie.

1 Schutzmann: alte Bezeichnung für Polizist

Drawe, Anna: Im Warenhaus. In: Vorlesebuch. Religion I. Vandenhoeck & Ruprecht, Göttingen 1990, S. 236 ff.

Lösung

Hinweis: Um dich in eine der beiden angegebenen Figuren versetzen zu können, musst du den Text erst einmal gründlich lesen. Lies ihn dann ein zweites Mal, und markiere mit zwei Farben jeweils das, was du über diese Figuren erfährst. Was können sie sehen? Wie verhalten sie sich? Wie werden sie beschrieben? Dann musst du dich für eine der beiden entscheiden und aus deren Perspektive einen inneren Monolog verfassen. Achte auch darauf, dich sprachlich in die gewählte Figur einzufühlen. Eine alte Frau verwendet zum Beispiel keine Jugendsprache. Außerdem musst du abschätzen, in welcher Zeit die Geschichte spielt, und deinen Monolog sprachlich und inhaltlich daran anpassen.

Analyse und Eingrenzen des Themas

Innerer Monolog: Gedanken einer Person, die unausgesprochen bleiben; es geht nicht um die äußeren Dinge, sondern darum, wie die betreffende Person diese wahrnimmt; Ich-Perspektive; keine Anführungsstriche; Präsens; keine Einleitung, kein Schluss; typisch sind elliptische Sätze und Gedankensprünge

Bestohlener: bekommt vom Diebstahl selbst nichts mit; ihm ist die Sache unangenehm; er will jedoch seine Geldbörse zurückhaben; ist reich; ist eher älter (da reich und weil er Anzug trägt); er hat Mitleid mit der Diebin

Alte Frau: Warenhausdetektivin; klein; hilfsbereit; wachsam; gutmütig; mutig; Sinn für Gerechtigkeit; einfühlsam; lebensfroh; trägt schwarz (Witwe?)

Zeit: vermutlich eher die Vergangenheit („Schutzmann“ Z. 48, „Rockschöße“ Z. 8, „Warenhaus“ Z. 6 etc.), vielleicht frühes 20. Jahrhundert

Aufsatzbeispiel

So viele! An ihren roten Wangen kann ich sehen, dass ihnen heiß ist. Die Luft hier drin ist aber auch wirklich stickig. Ich bin schläfrig … Konzentrier dich! Wer wird es wohl heute sein? Wer verhält sich bewusst unauffällig? Wer wirkt nervös? Wer hat vor, etwas zu stehlen? Hoffentlich sehe ich es zuerst, denn der Schutzmann versteht keinen Spaß. Ich muss gut aufpassen.

Zwei junge Mädchen, die kichern. Worüber wohl? Ich war genauso, als ich in ihrem Alter war. Das ist schon so lange her! Sie tragen teure Kleidung und Schuhe, das sehe ich doch sofort, schließlich mache ich das hier schon so viele Jahre. Ich glaube nicht, dass sie etwas klauen, das haben sie nicht nötig, und sie wirken außerdem viel zu sehr mit sich beschäftigt.

Meine Knie schmerzen. Das tun sie in letzter Zeit häufiger. Doch warum sollte ich zum Arzt gehen – es ist wohl einfach das Alter. Wie lange ich meine Arbeit hier wohl noch verrichten kann?

Halt: Was ist das? Da, hinter diesem Herrn in dem feinen Anzug, geht eine junge Frau. Nein, das ist ja fast noch ein Kind! Was macht sie da nur, so dicht an seiner Hosentasche? Sie hat den suchenden, zweifelnden Blick eines Menschen, der innerlich mit sich ringt. Jetzt blickt sie in meine Richtung! Schnell, ich muss irgendetwas machen. Wahrscheinlich denkt sie, dass ich nichts bemerke, weil ich in meiner Handtasche nach einem Stofftuch krame. Ich weiß: Sie wird sich jetzt die Brieftasche nehmen. Ich darf sie nicht aus den Augen verlieren. Nun hat sie die Richtung geändert. Ich hatte recht! Ich muss ihr nach. Sie sieht wirklich sehr erschöpft aus – wie lange hat das arme Ding wohl nichts mehr gegessen?

So, jetzt muss ich ganz behutsam sein. Noch zwei Meter, dann erreiche ich den Ladentisch, an dem sie steht. Sie zittert ja! Jetzt hat sie mich bemerkt, und ich sehe, wie ihre Finger die Tischkante umklammern. Sie sieht so müde aus! Ich spreche sie an, doch sie stammelt nur unverständliche Worte. Vor Aufregung lässt sie ihre kleine, verschlissene Handtasche zu Boden fallen. Eine gute Gelegenheit, um die Geldbörse darin unauffällig in meinen Rocksaum zu stecken. Über ihr Gesicht huscht ein Ausdruck der Angst, als ich ihr das Täschchen zurückgebe. Sie weiß, was ich weiß, und tut mir leid!

Sie bittet mich gerade, sie nicht allein zu lassen, da erscheint der Schutzmann hinter ihr. Dieser Wichtigtuer! Doch Gott sei Dank kann dem Mädchen nun nichts mehr passieren. Auch der feine Herr ist nun dazugekommen. Er scheint ihr nichts Böses zu wollen – ich glaube, er hat Mitleid mit der Kleinen.

Ja, untersucht die Handtasche nur – ihr werdet eh nichts darin finden! Und tatsächlich, der Schutzmann hat sie schon in der Hand. Auf diesen Gesichtsausdruck habe ich mich gefreut. Es ist die Enttäuschung darüber, dass er niemanden verhaften darf. Das geschieht ihm recht.

So, schnell weg von hier. Ich nehme das Mädchen beim Arm und führe sie in Richtung Ausgang. Ich weiß, wie ihr zumute ist. Jetzt muss ich ihr alles erklären. Sie wirkt überrascht und erleichtert. Schön! Ich habe erreicht, was ich wollte: Sie wird es nie wieder tun. Jetzt kauf ich ihr was zu essen. Das wird ihr guttun. Und ich hab auch ziemlich Hunger.

Aufgabe:
Interpretieren Sie das Gedicht.

Günter Kunert (geb. 1929): Für mehr als mich

Ich bin ein Sucher
Eines Weges.
Zu allem was mehr ist
Als
Stoffwechsel
Blutkreislauf
Nahrungsaufnahme
Zellenzerfall.

Ich bin ein Sucher
Eines Weges
Der breiter ist
Als ich.

Nicht zu schmal.
Kein Ein-Mann-Weg.
Aber auch keine
Staubige, tausendmal
Überlaufene Bahn.

Ich bin ein Sucher
Eines Weges.
Sucher eines Weges
Für mehr
Als mich.

Kunert, Günter: Für mehr als mich. In: Kunert, Günter: Erinnerung an einen Planeten: Gedichte aus 15 Jahren. Hanser Verlag, München 1963, S. 15.

Lösung

Hinweis: Lies das Gedicht zunächst gründlich und möglichst mehrmals durch. Notiere dir am Rand Auffälligkeiten, Fragen oder deine persönlichen Kommentare und unterstreiche wichtige Wörter. Sieh dir an, worum es in den einzelnen Strophen geht und wie sich diese inhaltlich voneinander unterscheiden. Versuche anschließend eine erste Deutung: Was ist das Thema des Gedichts? Danach beschäftigst du dich genauer mit der äußeren Form: Strophen, Verse, Reimschema etc. Untersuche auch die sprachlichen Auffälligkeiten und markiere beides mit zwei unterschiedlichen Farben. Am besten verfasst du eine stichwortartige Übersicht zu Inhalt, Form und Sprache, um darauf aufbauend deinen Aufsatz schreiben zu können. Denke daran, das Werk auch zeitlich einzuordnen.

Stichpunktartige Stoffsammlung und Gliederung

Einleitung

- Angaben zu Autor, Titel des Gedichts und Zeit der Abfassung
- erster Leseeindruck
- Überlegungen zum Titel

Hauptteil

1. Sinneinheit (V. 1–8)

Inhalt

Suche nach dem Sinn, dem Metaphysischen, dem Göttlichen (etwas, das „mehr“ ist als die reine Biologie)

Form

- kein Reim, kein Metrum, freier Rhythmus
- 8 Verse
- Enjambement (Zeilensprung): setzt sich im gesamten Gedicht fort
- besteht aus einem einzelnen Satz, der allerdings durch einen Punkt unterbrochen ist, obwohl an dieser Stelle unpassend (erzeugt Denkpause)
- lyrisches Subjekt
- Großbuchstaben am Zeilenanfang

Sprache und ihre Wirkung

- Präsens (im gesamten Gedicht) → verdeutlicht Gegenwärtigkeit und Zeitlosigkeit der Thematik
- V. 1: „Sucher“ → Charaktereigenschaft des lyrischen Ich (die Suche macht ihn aus), rastlos, Pilger
- V. 2: „ein Weg“ → Symbol für Reise, Veränderung, Dauer, Suche, Ungewissheit; es ist nicht „der“ Weg (es gibt mehr als einen)
- V. 3/4: „mehr als“ → größer, bedeutender, über etwas hinausgehend
- V. 5–8: Begriffe aus der Biologie → Beschreibung der stofflichen Welt, der rein naturwissenschaftlichen Erklärung des Lebens; das lyrische Ich erweist sich als Fachmann, als Kenner der Biologie, evtl. als jemand, der von der Wissenschaft enttäuscht ist; Zellenzerfall klingt trostlos, endgültig, sinnlos

2. Sinneinheit (V. 9–17)

Inhalt

Suche nach Gemeinschaft auf dem Weg (nicht zu viel, nicht zu wenig)

Form

- 2 Strophen, 9 Verse

Sprache und ihre Wirkung

- V. 9/10: Sucher, Weg → Wiederholung von V. 1/2, wird zu einer Art Refrain des Gedichts
- V. 11/12: Breite → Beschreibung des Weges; es soll noch Platz sein neben dem lyrischen Ich, vielleicht bereits ausgetreten
- V. 13/14: nicht zu schmal, kein Ein-Mann-Weg → lyrisches Ich will kein Einzelkämpfer sein, will es nicht zu schwer haben, will nicht allein sein
- V. 15–17: keine staubige, tausendmal überlaufene Bahn → der Weg soll nicht beschwerlich sein, nicht zu ausgetreten, nicht zu überlaufen; das lyrische Ich will nicht mit dem Strom schwimmen

3. Sinneinheit (V. 18–22)

Inhalt

gemeinsame Suche nach dem Sinn

Form

- 1 Strophe, 5 Verse

Sprache und ihre Wirkung

- V. 18/19: Sucher, Weg → Wiederholung von V. 1/2 bzw. 9/10, Refrain
- V. 20–22: Sucher eines Weges für mehr als mich → nochmalige, verkürzte Wiederholung des Refrains (Klimax); das lyrische Ich sucht einen Weg, der nicht nur zu einem Ziel führt, das „mehr“ ist als die Biologie, sondern der Weg selbst soll auch für „mehr“ als das lyrische Ich gedacht sein; das lyrische Ich will auf diesem Weg Gemeinschaft haben

Schluss

- Zusammenfassung der Ergebnisse
- persönliche Einschätzung
- Übertragung in die persönliche oder allgemeine heutige Lebenssituation

Aufsatzbeispiel

Einleitung

Das vorliegende Gedicht von Günter Kunert (geb. 1929) trägt den Titel „Für mehr als mich". Es entstammt dem Band „Erinnerungen an einen Planeten", der 1963 erschienen ist. Im Gedicht geht es um die Suche des lyrischen Ich nach dem Sinn des Lebens. Den Weg dorthin will es nicht alleine gehen.

Hauptteil

Das Gedicht besteht aus vier Strophen, die sich in drei Sinnabschnitte gliedern lassen. Sie alle sind im Präsens verfasst, was die Gegenwärtigkeit und Zeitlosigkeit der Thematik verdeutlicht. Reim oder Metrum sind nicht vorhanden – ein typisches Kennzeichen moderner Lyrik.

Auffällig ist, dass die Sätze über die Verse hinweg fließen (Enjambement), und dass jeder Vers mit einem Großbuchstaben beginnt. Dadurch entstehen viele kleine Pausen, was den Eindruck erweckt, am stockenden Gedankenfluss des lyrischen Ich teilzuhaben. Außerdem werden einige Sätze an unpassender Stelle von Punkten unterbrochen. Auch hier entsteht eine Denkpause, die der folgenden Aussage größeres Gewicht verleiht (vgl. V. 2 f.). Insgesamt bekommt das Gedicht durch diese Stilmittel einen langsamen, nachdenklichen Charakter – so als würde das lyrische Ich nicht nur eine Suche beschreiben, sondern auch während der Beschreibung nach den passenden Worten suchen.

Der Sinnabschnitt 1 umfasst die erste Strophe (V. 1–8). Gleich zu Beginn stellt sich das lyrische Ich als „Sucher" (V. 1) vor. Es ist also nicht nur temporär auf der Suche, sondern das Suchen macht seinen Charakter aus. Es ist rastlos, immer unterwegs, denn es verfolgt zwei Ziele: Das erste ist, einen Weg zu finden (vgl. V. 2), den das lyrische Ich allerdings noch nicht kennt (daher „ein" Weg). Der Weg ist ein typisches Symbol für die Suche an sich, das Unterwegssein, die Ungewissheit oder auch die Veränderung. Er soll das lyrische Ich jedoch zu einem konkreten Ziel bringen, dem zweiten Ziel seiner Suche, die mit dem Weg beginnt: zu dem, was bedeutender, größer ist, als die stoffliche Welt. Das lyrische Ich sehnt sich nach etwas, das über die Erklärungen der Naturwissenschaften hinausgeht. Gedacht ist hier vermutlich an einen übergeordneten Sinn, an das Metaphysische, an Gott. Die reine, stoffliche Wirklichkeit, wie die Naturwissenschaften sie beschreiben, erlebt das lyrische Ich als trostlos; denn in der Fachsprache der Biologie klingt das Große Drama des Lebens, das Werden und Vergehen, völlig nüchtern und steril (Nahrungsaufnahme, Nährstoffe gelangen in den Blutkreislauf, werden vom Lebewesen verstoffwechselt und zerfallen schließlich, vgl. V. 5–8). Diese Sichtweise auf das Leben genügt dem lyrischen Ich nicht. Es will erkennen, welche Wirklichkeit sich hinter der rein biologischen verbirgt.

Nun beginnt der zweite Sinnabschnitt: Er besteht aus zwei Strophen à vier bzw. fünf Versen. In den Versen 9/10 wird zunächst der Refrain des Gedichts (vgl. V. 1/2) wiederholt. Dadurch wird die Suche nach dem Weg betont. Anschließend wird der Weg selbst genauer beschrieben. Er soll „breiter" (V. 11) sein als das lyrische Ich. Es soll also noch Platz sein neben dem Sucher, Platz für eine oder mehrere andere Personen. Darauf deuten auch die Verse 13/14 hin: Der Weg soll nicht „zu schmal" (V. 13), kein „Ein-Mann-Weg" (V. 14) sein. Das lyrische Ich will ihn nicht als Einzelkämpfer begehen, will es nicht zu schwer haben, will nicht allein sein. Es braucht Unterstützung an seiner Seite. Der Weg soll jedoch auch nicht zu ausgetreten sein, zu staubig (vgl. V. 16) und keine „tausendmal/ Überlaufene Bahn" (V. 16 f.). Das lyrische Ich will nicht mit dem Strom schwimmen oder den Weg des geringsten Widerstandes gehen. Es ist also der „Mittelweg", den es sucht: nicht zu leicht, nicht zu schwer, nicht allein, nicht in der Masse. Es soll ein persönlicher, individuell passender Weg sein, der das lyrische Ich zum Ziel, zum Sinn bzw. zu Gott führt, doch es verlässt sich auch auf andere, die den Weg vor ihm gegangen sind bzw. ihn an seiner Seite gehen sollen.

Der dritte Sinnabschnitt umfasst die letzte Strophe (V. 18–22). Er bildet eine Klammer zwischen der Suche nach dem Sinn (nach dem „Mehr“) und der Suche nach Gemeinschaft auf dem Weg dorthin. Erneut wird der Refrain aufgegriffen (V. 18/19). Vers 20 steigert (Klimax) die Hauptaussage noch einmal durch die verkürzte Wiederholung des Refrains.

Schluss

Mit seiner Gesamtaussage passt das vorliegende Gedicht besonders gut zum Lebensgefühl des 20. Jahrhunderts – einem Jahrhundert, in dem die Naturwissenschaften andere Sichtweisen auf die Welt mehr und mehr verdrängten. Dieser Trend, der sich auch heute fortsetzt, lässt viele Menschen mit einer Empfindung von Sinnlosigkeit zurück, was wiederum eine große Sehnsucht nach dem auslöst, was die Welt im Innersten zusammenhält. Natürlich will man mit dieser Sehnsucht nicht allein sein, will Mitstreiter haben auf dem Weg zum Sinn des Lebens. Das lyrische Ich im Gedicht „Für mehr als mich“ ist sich jedoch stets der Tatsache bewusst, dass Sinn und Partnerschaft schwer zu finden sind. Vielmehr ist die Suche danach stets eine Gratwanderung zwischen dem „breiten Weg“ und dem „steinigen Pfad“.

Realschulabschluss Deutsch in Thüringen: Prüfungsaufgaben 2015
Aufgabe 1

Aufgabe:

1.1 Entnehmen Sie den beigefügten Materialien insgesamt zehn Aussagen zur Thematik. Stellen Sie diese in einer geordneten Form dar. Ergänzen Sie Ihre Darstellung durch vier eigene Angaben.

1.2 „Stärkt Sport die Gesundheit oder bringt er uns in Gefahr?“

Erörtern Sie diese Frage. Verwenden Sie dabei Ihre Ergebnisse aus Aufgabe 1.1.

Materialien zu 1.1:

Wer dreimal pro Woche joggt, gewinnt Lebenszeit. Regelmäßige Aktivität macht Muskeln, Herz und Hirn fit – und kann sogar vor Krebs schützen. Sport wirkt besser als jede Medizin.

[…]

Erste Ergebnisse einer aktuellen Langzeitstudie zeigen, dass leichtes Joggen, mit 60 bis 150 Minuten pro Woche, das Leben von Männern um 6,2 und von Frauen um 5,6 Jahre verlängert. […]

Monika Preuk. http://www.focus.de/gesundheit/gesundleben/fitness/news/lebenserwartung-sport-verlaengert-das-leben-um-sechs-jahre_aid_750707.html. FOCUS

Risikosportarten
Snowboarden
Skateboarden
Base-Jumping
Mountainbike fahren
Motocross
Windsurfen
Bungee-Jumping
Fallschirmspringen
Rafting

Piermario Morosini: Italienischer Fußballer stirbt nach Herzinfarkt

[…] Während eines Zweitligaspiels in Italien hat am Samstag der italienische Fußballer Piermario Morosini einen Herzinfarkt erlitten und ist gestorben. Wie italienische Medien unter Berufung auf das Krankenhaus berichteten, konnte das Leben des 25-Jährigen nicht mehr gerettet werden.

[…]

leh/dpa/sid. http://www.spiegel.de/sport/fussball/fussballer-piermario-morosini-stirbt-nach-herzinfarkt-a-827582.html. DT PR Agentur Hamburg

Für Turner Ronny Ziesmer haben sich die schlimmsten Befürchtungen bewahrheitet. Drei Tage nach dem schweren Trainingsunfall des Cottbusers teilten die behandelnden Ärzte im Unfallkrankenhaus Berlin am Donnerstag mit, dass der deutsche Mehrkampfmeister aller Voraussicht nach dauerhaft gelähmt bleiben wird. […]

Christian Kamp/dpa. Auf: http://www.stern.de/sport/sportwelt/trainingsunfall-olympia-turner-ziesmer-bleibt-gelaehmt-3080034.html. DT PR Agentur Hamburg

[…] Eine besonders wichtige Zielgruppe seien Kinder und Jugendliche, hier erfülle der Sport eine wichtige soziale und präventive Funktion.

Überdies könne man nur im Breitensport frühzeitig Talente entdecken, die dann durch gezielte Förderung an den Spitzensport herangeführt würden. […]

www.wochenspiegel-web.de

[…] Bewegung macht lebensfroh – nicht nur weil sie die Gesundheit und die Laune pusht. Sie fördert auch das Zwischenmenschliche: 31 Prozent der Deutschen lachen häufig oder sehr häufig mit ihren Sport- und Freizeitpartnern. Sport tröstet aber auch, wenn Liebeskummer drückt: Doppelt so viele Männer (elf Prozent) wie Frauen (fünf Prozent) powern sich dann beim exzessiven Training aus. […]

Coca Cola Happiness Institut. Auf: http://www.coca-cola-deutschland.de/media-newsroom/pressemitteilungen/happiness-studie-sport-kickt-die-lebensfreude. Coca Cola Happiness Institut.

Die gefährlichsten Sportarten: Ballspiele sind risikoreich

[…] Sollten Sie […] nach einer Alternative zum Fußball suchen, möchten wir Sie darauf hinweisen, dass Sportarten, bei denen mehrere Menschen hinter einem Ball her sind, generell vergleichsweise risikoreich sind. Beim Basketball und Handball liegt das Verletzungsrisiko fast genauso hoch wie beim Fußball: Auf 100 Aktive kommen 14 Verletzte. In absoluten Zahlen liegen Hand-/Volley-/Basketball mit insgesamt 179.000 Verletzungen pro Jahr (entspricht 12 % aller Sportverletzungen) auf Platz zwei hinter dem Fußball. Gefolgt von Inline-Skaten/Skateboard/Kickboard (111.000; 8 %), Reiten (93.000; 6 %) Skisport (90.000; 6 %), Tennis/Squash/Badminton (87.000; 6 %), Jogging (64.000; 6 %) und Rad fahren (60.000; 6 %). Generell scheinen es Männer im Sport deutlich härter anzugehen als Frauen: Das Verletzungsrisiko ist für Männer (in Sportarten, die von beiden Geschlechtern ungefähr in gleichem Umfang betrieben werden) beinahe doppelt so hoch wie für Frauen. […]

http://www.derberater.de/sport-fitness/sportarten/weitere-sportarten/verletzungsrisiko-das-sind-die-gefahrlichsten-sportarten.htm. Autor: Alexander Neumann. Playboy Deutschland Publishing GmbH

Hinweis:

Beide Teilaufgaben 1.1 und 1.2 sind zu bearbeiten und gehen folgendermaßen in die Bewertung ein:

1.1: 25 %
1.2: 75 %

Lösung

Teilaufgabe 1.1

Hinweis: Die Aufgabe verlangt von dir, zehn Aussagen zur Wirkung von Sport aus den Materialien zu entnehmen und zusätzlich vier eigene Angaben zu formulieren. Diese sollen anschließend in einer geeigneten Form schriftlich dargestellt werden.
Zunächst musst du die Textauszüge daher gründlich lesen. Unterstreiche oder markiere beim Lesen wichtige Begriffe und Aussagen, um dir einen Überblick zu verschaffen. Als Darstellungsform bietet sich eine tabellarische Übersicht an, in der die Aussagen als Vor- und Nachteile des Sports gegenübergestellt werden. Damit bereitest du bereits die Pro-Kontra-Erörterung in Aufgabe 1.2 vor. Zähle am Schluss noch einmal nach, ob du auch wirklich vierzehn Aussagen aufgelistet hast. Im Lösungsvorschlag sind die hinzugefügten Argumente kursiv hervorgehoben.

SPORT	
positive Wirkungen	**negative Wirkungen**
– Regelmäßiges Sporttreiben verbessert die Fitness und hilft, Krankheiten vorzubeugen.	– Sportarten wie Skateboarden, Base-Jumping und Rafting gelten als Risikosportarten.
– 60 bis 150 Minuten leichtes Joggen pro Woche verlängern die Lebenserwartung um ca. sechs Jahre.	– Beim Ballsport besteht erhöhte Verletzungsgefahr.
– Freizeit- und Sportaktivitäten fördern zwischenmenschliche Beziehungen.	– Das Verletzungsrisiko für Männer ist etwa doppelt so hoch wie für Frauen.
– Für Kinder und Jugendliche erfüllt Sport eine wichtige soziale und präventive Funktion.	– Mehrkampfmeister Ronny Ziesmer ist durch einen schweren Trainingsunfall gelähmt.
– Durch gezielte Förderung können junge Talente an den Spitzensport herangeführt werden.	– Der junge Fußballer Piermario Morosini hat während eines Spiels einen tödlichen Herzinfarkt erlitten.
– *Sport ist ein guter Ausgleich zu den sitzenden Tätigkeiten in der Schule oder bei der Arbeit.*	– *Falsch ausgeführter Sport (z. B. Joggen) kann Knochen und Gelenke schädigen.*
– *Erfolgserlebnisse beim Sport machen stolz und glücklich.*	– *Sport wie das Bodybuilding kann zur Sucht werden.*

Teilaufgabe 1.2

Hinweis: Die zweite Aufgabe verlangt von dir eine Pro-Kontra-Erörterung der Frage „Stärkt Sport die Gesundheit oder bringt er uns in Gefahr?“. Du sollst hierfür deine Ergebnisse aus Aufgabe 1.1 nutzen. Aufbauend auf deiner Darstellung kannst du also eine stichwortartige Stoffsammlung anlegen, in der die angeführten Argumente in ihrer Bedeutung gewichtet und gegebenenfalls um weitere Beispiele ergänzt werden. Überlege, welche Begründungen deines Erachtens überzeugender sind: jene, die für die positive Wirkung von Sport auf die Gesundheit sprechen, oder jene, die die Gesundheitsrisiken unterstreichen.

Gliedere deinen Aufsatz in Einleitung, Hauptteil und Schluss. Eine Möglichkeit ist es, im Hauptteil zunächst alle Argumente, die nicht deiner eigenen Position entsprechen, darzulegen und anschließend die Punkte, die du selbst vertrittst. Du kannst die Pro- und Kontra-Argumente aber auch abwechselnd anführen. Weitere Hinweise zum Vorgehen findest du in Kapitel A dieses Buches. Wichtig ist, dass am Ende deine eigene Position deutlich hervortritt, indem du z. B. das stärkste Argument besonders ausführlich und anschaulich präsentierst. In einem Fazit nimmst du nochmals Bezug auf die Fragestellung und unterstreichst deine Sicht der Dinge.

Analyse der Aufgabenstellung

- kontroverse Erörterung: Was überwiegt beim Sport – Gesundheitsförderung oder -gefährdung?

Stichpunktartige Gliederung

Einleitung

- Hinführen zum Thema: vielfältige Begeisterung für Sport
- Aufzeigen der gegensätzlichen Standpunkte, die zu erörtern sind

Hauptteil

Pro-Kontra-Argumentation:

- gegnerische Position: Argumente nach abfallender Wichtigkeit ordnen
  1. Sportunfälle mit schweren Folgeschäden
  2. Risikosportarten und Verletzungsgefahr bei klassischen Sportarten
- eigene Position: Argumente nach steigender Wichtigkeit ordnen
  5. Seltenheit der Unfälle
  4. keine lebensbedrohlichen Risiken beim Sport eines Durchschnittsbürgers
  3. Freude als positive Wirkung von Sport
  2. soziale Funktion von Sport, v. a. in Kindheit und Jugend
  1. Fitness, Vorbeugung von Krankheiten, Verlängerung der Lebenszeit als positive Auswirkungen von regelmäßigem und vernünftig betriebenem Sport

Schluss

- Fazit: Wie positioniere ich mich abschließend zur Ausgangsfrage? – Sport stärkt unsere Gesundheit.

Aufsatzbeispiel

Einleitung

Die Mehrheit der Deutschen treibt in ihrer Freizeit Sport, um sich fit zu halten oder einfach nur abzuschalten – sei es in der Volleyball-Schulmannschaft, im Aerobic-Kurs nach der Arbeit oder beim Kicken mit Freunden am Wochenende. Joggen und Fahrradfahren werden bei Jung und Alt immer beliebter. Und bei Weltmeisterschaften lösen die Spitzenergebnisse deutscher Leistungssportler Jubel und Begeisterung aus. Doch birgt der Sport auch Risiken, die seine positive Wirkung auf Körper und Geist überschatten? Anders gefragt: Stärkt Sport die Gesundheit oder bringt er uns doch eher in Gefahr?

Hauptteil

In den Magazinen „Spiegel“ und „Stern“ las man vor Kurzem wieder zwei Schreckensmeldungen: Der erst 25-jährige italienische Fußballspieler Piermario Morosini erlitt während eines

Zweitligaspiels einen tödlichen Herzinfarkt und der deutsche Mehrkampfmeister Ronny Ziesmer ist nach einem schweren Trainingsunfall nun dauerhaft gelähmt. Solche Fälle zeigen, wie gefährlich gerade Leistungssport für die Gesundheit des Menschen sein kann. Unfälle mit schweren Folgeschäden oder sogar Tod durch Überlastung stehen der landläufigen Meinung entgegen, Sport halte fit und gesund. Hier nämlich macht Sport krank und ist eine Gefahr.

Auch dort, wo Sport nur Hobby ist, birgt er Gefahren. Die Liste beliebter Freizeitaktivitäten, die als Risikosportarten eingestuft werden, ist lang: Neben offensichtlichen Fällen wie Fallschirmspringen sind auch scheinbar harmlose Jugend- und Familiensportarten wie Snowboarden und Skateboarden mit großen Unfallrisiken verbunden. Alarmierend sind zudem Erhebungen zu den Verletzungsgefahren bei Ballsportarten. So ereignen sich 12 % aller Sportverletzungen beim Hand-, Volley- oder Basketball. Mit 14 % führt das allseits beliebte Fußballspielen die Rangliste an. Und selbst auf das Radfahren und Joggen entfallen jeweils 6 % aller Sportverletzungen. Männer nehmen dabei doppelt so häufig wie Frauen Schaden beim Sport, da sie ihn zu heftig und unvorsichtig betreiben. Angesichts solcher Zahlen kann man wohl kaum leugnen, dass Sport uns in Gefahr bringt.

Allerdings ist das nur die halbe Wahrheit. Zum einen lassen sich Extremfälle wie die von Morosini und Ziesmer nicht verallgemeinern. Denn nur ein kleiner Teil der Menschen übt überhaupt Leistungssport aus, die überwiegende Zahl hingegen betreibt Sport gelegentlich oder regelmäßig in der Freizeit. Leistungssportler kennen zudem die Risiken ihres Berufs und wissen auch, dass tödliche Unfälle zum Glück eine Seltenheit sind. Als tragische Medienberichte bleiben sie uns allerdings stärker in Erinnerung als die „normalen" positiven Nachrichten aus der Welt des Profisports.

Zum anderen setzt sich der sporttreibende Durchschnittsbürger in der Regel keinen lebensgefährlichen Bedrohungen aus. Den größten Anteil der Verletzungen beim Ballsport dürften Verstauchungen und Zerrungen sowie der eine oder andere Knochenbruch ausmachen. Solche Unfälle sind natürlich schmerzhaft, darüber hinaus aber vor allem ärgerlich. Denn für den Betroffenen bedeuten sie, pausieren zu müssen. Dies wird subjektiv meist viel schlimmer empfunden als der eigentliche körperliche Schaden. Besonders unerfreulich ist es, wenn Männer eine solche Verletzung durch zu hartes Vorgehen oder ungenügendes Aufwärmen selbst verschuldet haben. Doch spricht all dies nicht gegen die grundlegend positiven Auswirkungen von Sport auf die Gesundheit. Es zeigt vielmehr, dass Menschen Sport häufig mit solcher Begeisterung ausüben, dass sie auch mal unvorsichtig werden und Risiken in Kauf nehmen. Und anders als ein Versicherungsmakler wird ein jugendlicher Skateboarder seine Freizeitaktivität kaum als „Risikosportart" einordnen. Zum Fahrspaß gehören hier blaue Flecken einfach dazu.

Ob mit oder ohne Nervenkitzel: Bewegung und Sport bereiten vielen Menschen einfach große Freude. Sport ist dabei ein willkommener Ausgleich zum Sitzen und zum Stress in der Schule oder im Berufsleben. Beim Joggen im Park kann man den „Kopf abschalten", die frische Luft genießen und sich körperlich ertüchtigen, was wiederum stolz macht. So hilft Sport häufig auch, Frust und Aggressionen abzubauen: 11 % der Männer und 5 % der Frauen zum Beispiel verarbeiten Liebeskummer, indem sie sich beim Training einmal richtig auspowern. Sport verbindet die Menschen zudem, beispielsweise wenn Sporttreibende häufig gemeinsam mit ihren Freizeitpartnern lachen.

Hinzu kommt, dass Sport schon in jungen Jahren eine wichtige soziale Funktion erfüllt. Im Jugend-Fußballverein etwa kommen Kinder ganz unterschiedlicher Herkunft zusammen und arbeiten mit Freude als Team gemeinsam für ihre Sache. Der regelmäßige Sportunterricht in der Schule ist zudem wichtig für eine gesunde Körperentwicklung. Hier werden Motorik und Kondition geübt. Darüber hinaus können besonders talentierte Kinder und Jugendliche durch gezielte Förderprogramme frühzeitig an den Spitzensport herangeführt werden, wenn sie das möchten.

Sportgegner kommen schließlich an dem Umstand nicht vorbei, dass das regelmäßige Sporttreiben nachweislich Muskeln, Herz und Hirn des Menschen stärkt. Er ist damit eigentlich unerlässlich für die menschliche Gesundheit. Dabei verbessert man durch Radfahren, Joggen oder Schwimmen nicht nur seine momentane körperliche Fitness, sondern rüstet sich auch für das Alter und gewinnt Lebenszeit. So zeigen erste Ergebnisse einer Langzeitstudie, dass 60 bis 150 Minuten leichtes Joggen in der Woche das Leben von Männern und Frauen um ca. sechs Jahre verlängert. Zusammen mit einer ausgewogenen Ernährung beugt Sport Krankheiten wie Diabetes und Übergewicht vor. Sogar bei der Krebsprävention ist Sport wichtig und schlägt die herkömmliche Medizin. Allgemein greifen dabei sicher körperliche Fitness, Spaß und Ausgeglichenheit ineinander. Sport gehört für viele Menschen deshalb einfach zu einem erfüllten Leben und Alltag dazu. Und es würde den Leistungssport wohl gar nicht erst geben, wenn dieser einseitig mit enormen Gefahren für die Sportler verbunden wäre.

Schluss

In diesem Sinne bin ich der Überzeugung, dass Sport zuallererst unsere Gesundheit stärkt, da wir beim Sport unseren Körper und Geist fordern, fördern und pflegen. Natürlich muss man, wie bei anderen Dingen auch, auf ein richtiges Maß achten. Wer Sport aber nicht allzu leichtsinnig betreibt und über kleinere Blessuren hinwegsehen kann, der spürt recht bald dessen positive und belebende Wirkung.

Aufgabe:

Lassen Sie sich von den Erfahrungen des jungen Krebses anregen.
Schildern Sie Ihre Gedanken und Gefühle zu der im Text angesprochenen Problematik.

Gianni Rodari (1920–1980): Die Geschichte vom jungen Krebs

Ein junger Krebs dachte bei sich: ‚Warum gehen alle Krebse in meiner Familie immer rückwärts? *Ich* will vorwärts gehen lernen, so wie die Frösche, und mein Krebsschwanz soll mir abfallen, wenn ich es nicht fertigbringe.'

Und heimlich begann er, zwischen den großen Steinen seines heimatlichen Bächleins zu üben. In den ersten Tagen kostete ihn dieses Unternehmen ungeheure Kräfte. Überall stieß er sich und quetschte sich seinen Krebspanzer, unaufhörlich verfing sich ein Bein im anderen. Aber von Mal zu Mal ging es ein bißchen besser, denn: alles kann man lernen, wenn man will.

Als er seiner Sache sicher war, stellte er sich vor seine Familie und sagte: „Jetzt schaut mir einmal zu!"

Und machte einen ganz prächtigen kleinen Lauf vorwärts.

„Sohn", brach da seine Mutter in Tränen aus, „bist du denn ganz verdreht? Komm doch zu dir – gehe so, wie es dich dein Vater und deine Mutter gelehrt haben. Gehe wie deine Brüder, die dich alle lieben."

Seine Brüder jedoch lachten ihn nur aus. Der Vater schaute ihn eine gute Weile streng an und sagte dann: „Schluß damit. Wenn du bei uns bleiben willst, gehe wie alle Krebse. Rückwärts! Wenn du aber nach deinem eigenen Kopf leben willst – der Bach ist groß – geh fort und komm nie mehr zu uns zurück!"

Der brave junge Krebs hatte die Seinen zwar zärtlich lieb, war aber so sicher, er handle richtig, daß ihm nicht die mindesten Zweifel kamen. Er umarmte seine Mutter, sagte „Lebewohl" zu seinem Vater und zu seinen Brüdern und machte sich auf in die Welt.

Als er an einem Grüppchen Kröten vorüberkam, erregte er großes Aufsehen. Sie hockten unter den Blättern einer Wasserlilie, um als gute Gevatterinnen ihren Schwatz zu halten.

„Jetzt geht die Welt verkehrt herum", sagte eine dicke Kröte, „schaut euch nur diesen junge Krebs an! Da müßt ihr mir recht geben!"

„Ja, Respekt gibt es überhaupt nicht mehr", sagte eine andere.

„Pfui, pfui", sagte eine dritte.

Doch der junge Krebs ließ sich nicht anfechten und ging aufrecht seine Straße weiter, man muß es wirklich sagen.

Plötzlich hörte er, wie ihn ein alter Krebs, an dem er vorüberging, rief. Der sah ganz melancholisch aus und hockte allein auf einem Stein.

„Guten Tag", sagte der junge Krebs.

Der Alte betrachtete ihn lange, schließlich sagte er: „Was glaubst du, was du da Großartiges anstellst?! Als ich noch jung war, wollte ich auch den Krebsen das Vorwärtsgehen beibringen. Sieh mal, was mir das eingebracht hat! – Ich muß ganz allein leben, und die Leute würden sich lieber die Zunge abbeißen, als ein Wort an mich richten. – Hör auf mich, so lange es noch Zeit ist! Bescheide dich, lebe wie die anderen! Eines Tages wirst du mir für meinen Rat dankbar sein!"

Der junge Krebs wußte nicht, was er antworten sollte und blieb stumm. Aber im Innern dachte er: „Ich habe doch recht! Ich habe recht!"

Und nachdem er den Alten höflich gegrüßt hatte, setzte er stolz seinen Weg fort.

Ob er weit kommt? Ob er sein Glück macht? Ob er alle schiefen Dinge dieser Welt gerade richtet?
Wir wissen es nicht, weil er noch mit dem gleichen Mut und der gleichen Entschiedenheit dahinmarschiert wie am ersten Tag. Wir können ihm nur von ganzem Herzen „Gute Reise" wünschen.

Rodario, Gianni: Die Geschichte vom jungen Krebs. In: Rodario, Gianni: Gutenachtgeschichten am Telefon. Thienemann, Stuttgart 1964, S. 48–50. Aus dem Italienischen von Wright Ruth.

Lösung

Hinweis: Die Aufgabenstellung verlangt, dass du dich vom Text anregen lässt, dich mit seiner Thematik auseinandersetzt und eigene Gedanken, Gefühle und Erfahrungen dazu schilderst. Zunächst musst du also den Text gründlich lesen und verstehen, worum es geht. Dabei kannst du dir am Rand Notizen machen, wenn dir bestimmte Stellen besonders auffallen und du etwas zu ihnen schreiben möchtest. Es ist außerdem hilfreich, wenn du eine Stoffsammlung anlegst. Nach einer Einleitung, in der du das Thema vorstellst, kannst du den Text kurz zusammenfassen. So zeigst du, dass du ihn kennst und verstehst. Zudem solltest du im Hauptteil deiner Schilderung erklären, welche Textstellen bestimmte Gefühle und Gedanken bei dir hervorgerufen haben. Deine eigenen Erfahrungen, Gedanken und Gefühle sollen aber im Mittelpunkt stehen und anschaulich dargestellt werden. Überlege dir eine geeignete Überschrift achte darauf, dass dein Gedankengang nachvollziehbar ist. Du kannst im Präsens oder Präteritum schreiben. Weitere Hinweise und Tipps zur Aufsatzart der Schilderung findest du in Kapitel C dieses Buches. Die folgende Lösung ist als Vorschlag zu betrachten. Da eine Schilderung immer persönlich und subjektiv ist, kann sie unterschiedlich gestaltet werden.

Analyse der Aufgabenstellung

1. Erfassen des Themas: Eigene Wege gehen, egal, was andere sagen
2. Von der Geschichte anregen lassen: Das Handeln des jungen Krebses im Vergleich zu meinen Erfahrungen
3. Schlussfolgerung: Wie bewertet der Autor das Verhalten des Krebses? Was ist meine Meinung?

Stichpunktartige Gliederung

Einleitung

- Hinführung zum Thema des Textes: bevorstehende Entscheidung über berufliche Zukunft; Geschichte motiviert, die Entscheidung selbstständig zu fällen

Hauptteil

- knappe Inhaltsangabe zur Geschichte
- Welche Gefühle und Gedanken rufen bestimmte Textstellen bei mir hervor?
  - Bewunderung für Reflexionsvermögen, Mut und Willenskraft des Krebses
  - Traurigkeit über die Verständnislosigkeit seines Umfeldes
  - nachdenkliche Frage: Sollte der Krebs die Ratschläge der Erfahrenen ernster nehmen?
- Welche persönlichen Erfahrungen habe ich gemacht? Welche Assoziationen habe ich, wenn ich die Geschichte auf meine Situation beziehe?
  - mich von anderen Menschen von meinem Vorhaben abbringen lassen, turnen zu lernen → Beispiel am Selbstbewusstsein und Durchhaltevermögen des Krebses nehmen

- Wunsch, einen ganz eigenen Weg zu gehen (Leben im Baumhaus) – wie der Krebs
- Hinterfragen der Sonderweg-Idee: Einsamkeit als mögliche Folge
- Mittelweg: andere anhören, Meinungen kritisch reflektieren und dann eigene Entscheidungen treffen, die mich nicht einsam werden lassen

Schluss

- Wie bewertet der Autor das Verhalten des Krebses und was ist meine Meinung?
  - keine Bewertung durch den Autor (Zustimmung meinerseits)
  - Möglichkeit, immer wieder neue Wege einzuschlagen
- Bogen schließen zur Einleitung: selbstbewusst und mutig über berufliche Zukunft entscheiden, ohne überheblich zu werden

Aufsatzbeispiel

Neue Wege

Einleitung

Mein Realschulabschluss rückt näher und eine große Frage steht im Raum: Wie geht es weiter? Meine Eltern und meine Klassenkameraden reden so viel darüber, dass ich manchmal gar nicht mehr richtig weiß, was ich will. Deshalb hat mich „Die Geschichte vom jungen Krebs" besonders angesprochen. Sie wirft genau diese Frage auf: Was will ich und inwieweit lasse ich mich in meinen Entscheidungen von anderen beeinflussen?

Hauptteil

Die Erzählung von Gianni Rodari erschien 1964 in seinem Buch „Gutenachtgeschichten am Telefon". Sie handelt von einem jungen Krebs, der nicht wie alle anderen Krebse rückwärts-, sondern vorwärtsgehen möchte. Er übt diszipliniert und erreicht sein Ziel. Seine Familie ist aber entsetzt darüber, dass er nicht wie sie sein möchte. Der Vater stellt ihn vor die Wahl, entweder rückwärtszugehen wie alle Krebse oder die Familie zu verlassen. Der junge Krebs liebt seine Familie, ist aber so sehr von seiner Entscheidung überzeugt, dass er fortwandert. Unterwegs stößt er wegen seiner Gangart auch bei Kröten auf Ablehnung. Außerdem begegnet er einem alten Krebs, der ihn ermahnt, nicht weiter vorwärtszugehen. Er erzählt, er habe das auch versucht und sei deshalb nun einsam. Der junge Krebs hört ihm zu, bleibt aber bei seinem Entschluss, weiterhin vorwärtszugehen.

Schon die ersten Zeilen der Geschichte beeindrucken mich: Der Krebs beobachtet seine Umwelt, hinterfragt sie und zieht eine persönliche Schlussfolgerung: „*Ich* will vorwärts gehen lernen […]." (Z. 2) Das Personalpronomen „ich" ist kursiv hervorgehoben, wodurch unterstrichen wird, dass der Krebs sich von den anderen unterscheiden möchte. Dass das Tier nicht einfach unüberlegt der Masse folgt, sondern kritisch nachdenkt und den Mut hat, einen ganz anderen Weg einzuschlagen, imponiert mir. Außerdem bewundere ich seine Willenskraft, mit der es versucht, sein Ziel zu erreichen. Der Erzähler sagt dazu: „[A]lles kann man lernen, wenn man will." (Z. 7 f.) Er beschreibt anschaulich, wie viel Anstrengung es den Krebs kostet, sein Ziel zu verfolgen (vgl. Z. 4–7). Der Krebs fasst nicht leichtfertig einen Entschluss, den er schnell wieder fallen lässt, wenn es zu anstrengend wird. Er gibt nicht auf, arbeitet hart und hat einen starken Willen. So möchte ich auch gerne sein.

Der nächste Absatz macht mich zunächst traurig. Es tut mir leid, dass die Familie so wenig Verständnis für den jungen Krebs hat. Warum freuen sie sich nicht mit ihm? Sie könnten ihm wenigstens vorsichtig erklären, warum sie es nicht gut finden, wenn er rückwärtsgeht. Dass der Vater ihn wegschicken will, wenn er nicht „wie alle Krebse" (Z. 16) geht, sondern nach seinem „eigenen Kopf leben" (Z. 17) möchte, erscheint mir hart und lieblos. Ich hätte mich davon vielleicht einschüchtern lassen und mich dafür entschieden, bei der Familie zu bleiben. Umso mehr staune ich deshalb darüber, dass der junge Krebs unbeirrt seinen Sonderweg verfolgt. Das finde ich sehr mutig und selbstbewusst. Auch durch die Kritik der Kröten lässt er sich nicht beirren. Selbst der Erzähler kommentiert dies staunend: „Doch der junge Krebs ließ sich nicht anfechten und ging aufrecht seine Straße weiter, man muß es wirklich sagen." (Z. 28 f.)

Das Ende der Geschichte stimmt mich nachdenklich. Der alte Krebs hat mit seinem Sonderweg schlechte Erfahrungen gemacht. Er meint: „Was glaubst du, was du da Großartiges anstellst?! [...] Bescheide dich, lebe wie die anderen!" (Z. 33–37) Ist der junge Krebs vielleicht nicht für seinen Mut zu bewundern, sondern für seinen Hochmut zu tadeln? Sollte er dem Rat der Erfahrenen folgen und sich selbst nicht so wichtig nehmen? In der Geschichte setzt der junge Krebs aber „stolz" (Z. 41) seinen Weg fort.

Ich bin also hin- und hergerissen. Auf der einen Seite bewundere ich den jungen Krebs. Manchmal wäre ich gerne so selbstbewusst, mutig und willensstark wie er. Ich lasse mich oft von anderen verunsichern. Letztes Jahr wollte ich zum Beispiel an der Turn-AG an unserer Schule teilnehmen. Ein paar Mal war ich beim Training. Es war nicht leicht für mich, denn ich war nicht so geübt wie die anderen. Mein Rad war krumm, den Spagat schaffte ich nicht. In der vierten Stunde habe ich gesehen, dass ein paar Kinder gelacht haben, als ich auf dem Balken mein Gleichgewicht nicht halten konnte. Da wäre ich am liebsten im Erdboden versunken. Ich habe mich sehr geschämt. Es war mir so peinlich! Zuhause habe ich meinem Vater erzählt, dass bei den anderen Kindern alle Übungen viel besser aussehen. Er hat gesagt, dass ich „kein gelenkiger Typ" bin und dass „Turnen nicht das Richtige" für mich ist. Ich habe ihm das sofort geglaubt und war sehr bedrückt. Daraufhin bin ich nicht mehr zum Training gegangen. Jetzt frage ich mich, ob ich nicht mutiger und selbstbewusster hätte sein können, so wie der Krebs. Ich hätte einfach üben, üben, üben können, egal, was die anderen denken. Außerdem wäre es klug gewesen, das Lachen der Kinder und die Worte meines Vaters zu hinterfragen. Ich war schließlich Anfänger!

Manchmal will ich auch ganz anders sein, als es von mir erwartet wird, so wie der Krebs. Dann stelle ich mir zum Beispiel vor, dass ich nicht zur Schule gehe und auch nicht nach Hause, sondern in einem Baumhaus lebe, Tiere beobachte und Lagerfeuer mache. Doch dann frage ich mich auf der anderen Seite, ob es der junge Krebs nicht übertreibt und ob mein Traum nicht unrealistisch ist. Wenn man einen ganz anderen Weg geht als alle anderen Menschen, dann kann ich mir schon vorstellen, dass man irgendwann vielleicht keine Freunde mehr hat. In meinem Baumhaus bliebe ich wohl einsam. Das möchte ich auch nicht.

Vielleicht gibt es einen Mittelweg? Ich finde es wichtig, die Meinung der anderen anzuhören und ernst zu nehmen. Ich möchte sie aber auch kritisch hinterfragen und gegebenenfalls eigene Ziele verfolgen, auch wenn das Umfeld nicht damit einverstanden ist. Außerdem werde ich versuchen, eigene Träume und den Wunsch nach Selbstverwirklichung mit der Lebensrealität zu vereinbaren. Ich könnte im Kreise meiner Familie und Freunde leben und nur ab und zu in mein Baumhaus klettern.

Schluss

Der Erzähler stellt am Ende der Geschichte rhetorische Fragen dazu, wie das Leben des jungen Krebses wohl weitergehen könnte (vgl. Z. 42 f.). Er lässt die Antwort aber offen und bewertet das Verhalten des Krebses nicht. Es spricht mich an, dass er dem Leser keine eindeutige Lösung anbietet. Ich denke auch, dass man den Weg eines Menschen nicht voreilig beurteilen sollte, denn niemand weiß, was für denjenigen tatsächlich das Beste ist. Es ist außerdem nie zu spät, seine Richtung zu ändern. Dieser Gedanke hilft mir sehr: Ich kann eine Entscheidung treffen, ohne für immer festgelegt zu sein. Auch später kann man wieder neue Wege gehen. Ich selbst möchte nicht überheblich werden, mir aber doch eine Scheibe Mut vom Krebs abschneiden. Ich möchte nach dem Schulabschluss nicht nur das tun, was alle machen oder was meine Eltern vorschlagen. Ich werde mir gut überlegen, was ich will, eigene Entscheidungen treffen und meinen Weg gehen.

Aufgabe:

Erörtern Sie das Zitat. Erläutern Sie dabei auch Ihre eigenen beruflichen Pläne.

„Wähle einen Beruf, den du liebst, und du brauchst keinen Tag in deinem Leben mehr zu arbeiten.“
Konfuzius (551 v. Chr. – 480 v. Chr.)

www.aphorismen.de (30. 10. 2014)

Lösung

Hinweis: Die Aufgabenstellung verlangt eine freie Erörterung des vorgegebenen Zitats von Konfuzius. In dieser Erörterung sollst du außerdem deine beruflichen Pläne erklären. Setze dich also zunächst ausführlich mit dem Zitat auseinander und erschließe seine Bedeutung. Überlege, wie die Begriffe „Beruf“ und „arbeiten“ hier zu verstehen sind. Anschließend musst du entscheiden, ob eine lineare oder eine dialektische Erörterung zu schreiben ist, denn die Aufgabenstellung macht hierzu keine Angaben. Dabei hilft es dir, wenn du dich fragst: Ist das Zitat allgemein gültig und schwer zu widerlegen, oder ist es eher kontrovers und sollte diskutiert werden? Ist es sinnvoll, die Aussage ausführlich zu untermauern, mögliche Folgen und Auswirkungen darzulegen, oder sollte sie eher kritisch von verschiedenen Standpunkten beleuchtet werden? In dem folgenden Lösungsvorschlag wird dem Zitat zugestimmt und eine lineare Erörterung vorgestellt. Wenn du dir eine stichpunktartige Stoffsammlung von Argumenten, Begründungen und Beispielen anlegst, kannst du deinen Aufsatz strukturiert planen und dir das Schreiben erleichtern. Beziehe hier deine eigenen beruflichen Pläne ein. Erstelle dann eine Gliederung für deinen Aufsatz. Weitere Hinweise zu dieser Aufgabenart findest du in Kapitel A dieses Buches.

Analyse und Eingrenzung des Themas

1. Begriffsklärung und Bedeutung des Zitats erschließen
- Beruf: Tätigkeit, um Geld zu verdienen; kostet Zeit und Kraft; wird i. d. R. dauerhaft ausgeübt; im Idealfall entspricht er den eigenen Neigungen
- Arbeit: oft assoziiert mit Mühe, Anstrengung, Überwindung, Pflicht; auch synonym zum Beruf
- einen Beruf lieben = gerne arbeiten: Freude empfinden; innere Motivation; Freiwilligkeit; Leidenschaft; Sinn
- wenn man seine Arbeit liebt, dann ist sie keine Last, sondern bereitet Freude; man geht ihr auch langfristig motiviert nach

2. Eigene Berufspläne einbeziehen
- Ausbildung zum Automechaniker/Abitur und Studium, um Ingenieur zu werden
- davor Praktika in beiden Bereichen

Stichpunktartige Gliederung

Einleitung

Hinführung zum Thema (Berufswahl nach Realschulabschluss) und Erklärung des Zitats

Hauptteil

die Gültigkeit des Zitats mit Argumenten und Beispielen aus verschiedenen Bereichen aufzeigen; nach aufsteigender Wichtigkeit geordnet; eigene berufliche Pläne erläutern

- Praktikum im Krankenhaus: unangenehme Tätigkeiten → keine Freude an der Arbeit
- im Beruf unzufriedene und zufriedene Erwachsene (positives Beispiel meines Bruders; Relativierung: anstrengende Tage auch bei grundlegender Zufriedenheit vorhanden)
- meine Begeisterung für technisches Tüfteln → Berufspläne (Automechaniker/Ingenieur)

Schluss

den eigenen Standpunkt darlegen und den Bogen zur Einleitung schließen: Zustimmung zum Zitat

Aufsatzbeispiel

Einleitung

„Wähle einen Beruf, den du liebst, und du brauchst keinen Tag in deinem Leben mehr zu arbeiten." Die Worte, die Konfuzius vor langer Zeit geäußert hat, sind für mich gerade hochaktuell. Sie stimmen mich nachdenklich in Bezug auf die bevorstehende Berufswahl. Ich muss mir überlegen, welche berufliche Tätigkeit ich erlernen und dauerhaft ausüben möchte. Was heißt das also, einen Beruf haben und arbeiten? Einen Beruf ergreift man, um Geld zu verdienen. Er kostet viel Zeit und Kraft. Wenn ich an das Arbeiten denke, dann befürchte ich, dass es anstrengend wird und ich mich dazu überwinden muss. Wenn ich aber die Worte Konfuzius' zu verstehen versuche, dann überlege ich mir, was es heißt, seinen Beruf, also seine Arbeit zu lieben. Ich arbeite dann mit Freude und Begeisterung. Ich tue dies freiwillig und aus einem inneren Antrieb heraus. Außerdem bin davon überzeugt, dass das, was ich tue, sinnvoll ist. Laut Konfuzius entspringt daraus eine langfristige Motivation zum Arbeiten. Keinen Tag mehr zu arbeiten, bedeutet nicht, auf der faulen Haut zu liegen, sondern mit einer positiven, eben nicht angestrengten Haltung tätig zu sein. Beruf ist also im Idealfall Berufung.

Hauptteil

Dass das Arbeiten keine Freude bereitet und anstrengend ist, wenn man die Tätigkeiten, die zu erledigen sind, gar nicht mag, kann ich aus eigener Erfahrung bestätigen. Wir mussten in diesem Schuljahr alle ein Praktikum in einer sozialen Einrichtung machen. Ich habe mich für das Krankenhaus entschieden, ohne wirklich zu wissen, welche Aufgaben dort auf mich zukommen. Nach ein paar Tagen, in denen ich die Krankenschwestern bei ihren Tätigkeiten unterstützen durfte, wäre ich am liebsten nicht mehr in die Klinik gegangen. Auf der Station lagen viele ältere Menschen. Ich musste also nicht nur Betten, sondern auch Windeln wechseln, das Essen nicht nur austeilen, sondern einige Patienten auch noch füttern. Viele haben so undeutlich gesprochen, dass ich nicht verstand, was sie von mir wollten. Wenn Wunden versorgt wurden, konnte ich sie mir kaum ansehen. Ich hatte den Eindruck, nicht mit den Patienten umgehen zu können und fehl am Platz zu sein, weil ich mich oft ekelte. Ich musste mich sehr überwinden, das Praktikum vollständig zu absolvieren, und mein Empfinden hat sich auch in der folgenden Zeit nicht geändert. Den Beruf eines Krankenpflegers könnte ich nicht lieben und diese Arbeit würde mir sehr schwerfallen.

Dass Arbeit lästig sein kann, habe ich auch auf andere Weise erfahren: „Ich habe gar keine Lust, ins Büro zu gehen." „Ich brauche dringend Urlaub, die Arbeit macht mich fertig." Immer wieder höre ich solche Sätze von Erwachsenen morgens oder abends in der Straßenbahn. Dieses häufige Klagen über zu mühselige und zu langweilige Tätigkeiten ist glücklicherweise nur eine Seite der Medaille und bedeutet für mich, dass diesen Menschen die Leidenschaft für das, was sie tun, fehlt. Bei meinem großen Bruder kann ich die gegensätzliche Beobachtung machen. Er arbeitet als Grundschullehrer und erzählt oft begeistert von den Kindern. Man kann förmlich spüren, dass ihm das Unterrichten Spaß macht und er sich auf die Schule freut. Ich weiß, dass er gut mit Kindern umgehen kann, dass er sie gewissermaßen liebt, als wären es seine eigenen. Er klagt nicht, dass ihm der Berufsalltag zu mühsam ist. Selbstverständlich hat auch er anstrengende Tage; manchmal empfindet er seinen Beruf doch als Arbeit. Diese Tage bleiben aber selten und ändern nichts an seiner positiven Grundeinstellung seinem Beruf gegenüber. Er ist überzeugt davon, dass seine Arbeit wichtig und sinnvoll ist. Diese Überzeugung führt dazu, dass ihm die Arbeit in der Regel leichtfällt, und er langfristig motiviert ist; aus ihr gewinnt er außerdem Durchhaltevermögen für die Tage, die nicht so leicht zu bewältigen sind. Mir hilft es, das zu sehen. Die Freude meines Bruders an seinem Beruf treibt mich an, meine eigene Berufung zu finden, um nicht so unglücklich zu klingen wie manche Erwachsene in der Straßenbahn. Gleichzeitig hilft mir die Beobachtung, realistisch zu bleiben und mir zu sagen, dass es auch in einem Beruf, den man liebt, anstrengende Tage geben kann.

Im Bereich meiner Hobbys weiß ich, was ich gut kann und mit Freude tue. Ich repariere sehr gerne Geräte, die nicht mehr funktionieren. Egal, ob das ein Toaster, eine Stereoanlage oder ein Computer ist: Ich zerlege die Dinge gerne in ihre Einzelteile, um herauszufinden, wo das Problem liegt. Zuhause wenden sich meine Eltern an mich, wenn sie Schwierigkeiten mit solchen Geräten haben. Sogar in der Schule und in der Nachbarschaft suchen die anderen meine Hilfe. Ich freue mich immer darüber, und mir war noch kein Auftrag lästig. Für das technische Tüfteln kann ich mich wirklich begeistern. Deshalb spiele ich gedanklich verschiedene berufliche Möglichkeiten in diesem Bereich durch. Ein Weg wäre es, Automechaniker zu werden. Ich kann mir vorstellen, dass ich diesen Beruf lieben und mich langfristig für ihn begeistern könnte. Ich hätte Spaß an der Arbeit und wüsste, dass ich damit den Kunden einen guten Dienst tue. Ich habe aber auch schon überlegt, noch das Abitur zu machen, um dann Ingenieur zu werden. Daran reizt mich, selbst Maschinen entwickeln zu können. Ich stelle mir vor, dass mein Entdeckergeist täglich angespornt wird, neue technische Lösungen zu finden und umzusetzen. Arbeit wäre dann keine lästige Pflicht und nicht nur Broterwerb, sondern persönliche Leidenschaft. Ich habe vor, jeweils ein Praktikum in diesen Bereichen zu machen, um Erfahrung für die Entscheidung zu sammeln.

Schluss

Wenn ich also an meine abschreckende Praktikumserfahrung denke, daran, wie Erwachsene oft über ihren Beruf klagen, an die Freude meines Bruders bei seiner Arbeit und an meine persönliche, anhaltende Begeisterung für Technik, dann komme ich zu dem Schluss: Es gibt Berufe, die einem große Anstrengung abverlangen können. Genauso besteht aber die Möglichkeit, eine Arbeit zu finden, die erfüllend ist, die einem prinzipiell leichtfällt und die man langfristig motiviert ausübt. Im Traumberuf kann es zwar ebenso Tage geben, an denen man die Tätigkeiten als mühsame Arbeit empfindet, doch es bleibt eine generelle Zufriedenheit bestehen. Deshalb ist es wichtig, sich Zeit zu nehmen für die Berufswahl, vielleicht verschiedene Bereiche kennenzulernen und herauszufinden, welche Arbeit man lieben kann. Denn dann, so möchte ich Konfuzius zustimmen, ist Arbeit keine Arbeit, sondern Leidenschaft und Berufung.

Aufgabe:
Interpretieren Sie das Gedicht.

Marie Luise Kaschnitz (1901–1974): Hiroshima

Der den Tod auf Hiroshima warf
Ging ins Kloster, läutet dort die Glocken.
Der den Tod auf Hiroshima warf
Sprang vom Stuhl in die Schlinge, erwürgte sich.
Der den Tod auf Hiroshima warf
Fiel in Wahnsinn, wehrt Gespenster ab.
Hunderttausend, die ihn angehen nächtlich
Auferstanden aus Staub für ihn.

Nichts von alledem ist wahr.
Erst vor kurzem sah ich ihn
Im Garten seines Hauses vor der Stadt.
Die Hecken waren noch jung und die Rosenbüsche zierlich.
Das wächst nicht so schnell, daß sich einer verbergen könnte
Im Wald des Vergessens. Gut zu sehen war
Das nackte Vorstadthaus, die junge Frau
Die neben ihm stand im Blumenkleid
Das kleine Mädchen an ihrer Hand
Der Knabe, der auf seinem Rücken saß
Und über seinem Kopf die Peitsche schwang.
Vierbeinig auf dem Grasplatz, das Gesicht
Verzerrt von Lachen, weil der Photograph
Hinter der Hecke stand, das Auge der Welt.

(1951)

Quelle: Marie Luise Kaschnitz: Gesammelte Werke.
Bd. 5: Die Gedichte. Hg. von Christian Büttrich und Norbert Miller.
Insel Verlag: Frankfurt am Main 1985.

Lösung

Hinweis: Du sollst das Gedicht „Hiroshima" interpretieren. Dies kann dir gelingen, wenn du weißt, was es mit Hiroshima auf sich hat: Es handelt sich um eine japanische Hafenstadt, die bekannt wurde, weil am Ende des Zweiten Weltkriegs über ihr die erste amerikanische Atombombe abgeworfen wurde. Die Stadt wurde stark zerstört und sehr viele Menschen starben. Mit diesem Hintergrundwissen kannst du das Gedicht verstehen. Lies den Text zunächst gründlich durch. Es ist hilfreich, wenn du dir stichpunktartige Notizen zum Thema und zu sprachlichen Besonderheiten machst. Die Arbeitsanweisung enthält keinen Hinweis darauf, dass du bei deiner Interpretation auf bestimmte Aspekte besonders eingehen sollst. Das bedeutet, dass du dich zum Inhalt, zur sprachlichen Gestaltung und zur Aussageabsicht des Gedichts äußern sollst. Überlege dir, wie du folgende Fragen beantworten könntest: Wie tritt das lyrische Ich auf? Von wem spricht es? Wie ist das Gedicht aufgebaut und wie entwickelt sich der Inhalt von einer Strophe zur nächsten? Gibt es Reime oder andere sprachliche Auffälligkeiten? Welche Sprachbilder werden verwendet? Was könnten sie bedeuten? Es ist wichtig, dass deine Aussagen zur Form und Sprache immer verbunden sind mit Angaben zur Bedeutung und Wirkung des Inhalts. Ordne deine Gedanken und gliedere deinen Aufsatz in Einleitung, Hauptteil und Schluss. Die Einleitung sollte den Titel, die Autorin, das Erscheinungsdatum und das Thema des Gedichts einführen. Im Hauptteil kannst du zunächst kurz die Form des Gedichts darlegen und es dann interpretieren. Im Schlussteil hebst du die Hauptaussage des Gedichts noch einmal deutlich heraus. Du kannst hier zudem einen Ausblick auf weitere Fragen, die sich dir bei dem Thema stellen, geben.

Stichpunktartige Gliederung

Einleitung

- Angaben zu Autor, Titel und Erscheinungsdatum des Gedichts
- Hinführung zum Thema: Historischer Hintergrund

Hauptteil

Form

- keine Reime
- zwei unterschiedlich lange Strophen (V. 1–8 und 9–22) → inhaltliche Zweiteilung

1. Strophe

Inhalt
Möglichkeiten, wie es mit demjenigen, der die Atombombe auf Hiroshima abwarf, hätte weitergehen können:
- Kloster (V. 2)
- Selbstmord (V. 4)
- Wahnsinn (V. 6)

Sprache und ihre Wirkung
- dreifache Nennung des Verses „Der den Tod auf Hiroshima warf" (V. 1, 3, 5) → Unterstreichung der Schuld des Täters
- Wahl der Verben „Ging" (V. 2), „Sprang" (V. 4) und „Fiel" (V. 6) → Steigerung der Geschehensalternativen
- Formulierung im Indikativ → Steigerung der Eindrücklichkeit der Schuld

2. Strophe

Inhalt

- überraschende Wende und Spannungssteigerung (V. 9)
- das lyrische Ich als Zeuge (V. 10): Erhöhung der Aussagekraft der folgenden Verse
- das wirkliche Leben des Mannes am Stadtrand:
  - scheinbare Idylle (V. 12, 15–18) als Gegensatz zur ersten Strophe: Haus am Stadtrand, Frau und Kinder, Garten, Spiel
  - Fotograf als Beobachter: Bruch der Idylle

Sprache und ihre Wirkung

- Metapher „Wald des Vergessens" (V. 14) → Schuld nicht verbergen oder vergessen
- Kontrast von Spiel und Peitsche (V. 18 f.) → Unterstreichung der Scheinhaftigkeit der Idylle
- „das Gesicht / Verzerrt von Lachen" (V. 20 f.) → gezwungenes, aufgesetztes Lachen vor dem Fotografen
- Metapher „Auge der Welt" (V. 22) → die kritisch beobachtende Weltöffentlichkeit

Aussageabsicht

- Aufforderung zu Verantwortungs- und Schuldbewusstsein
- Mahnung, nicht zu vergessen und zu verdrängen, sondern hinzusehen

Schluss

- eigene Stellungnahme und Ausblick: aktuelle Bedrohung durch Atomwaffen

Aufsatzbeispiel

Einleitung

Am Ende des Zweiten Weltkrieges wurde aus einem amerikanischen Bomber eine Atombombe auf die japanische Hafenstadt Hiroshima abgeworfen. Diese zerstörte die Stadt fast vollständig und forderte zahlreiche Menschenleben. In ihrem Gedicht „Hiroshima" von 1951 setzt sich Marie Luise Kaschnitz damit auseinander, wie derjenige, der die Bombe abwarf, seit diesem Ereignis weiterlebt, und damit, wie mit diesem Ereignis umgegangen werden sollte.

Hauptteil

Das Gedicht „Hiroshima" besteht aus zwei unterschiedlich langen, reimlosen Strophen. Die beiden Strophen spiegeln auch die inhaltliche Zweiteilung des Textes wider.

In der ersten Strophe (V. 1–8) werden drei „Varianten" aufgezeigt, wie es mit dem, „[d]er den Tod auf Hiroshima warf" (V. 1), hätte weitergehen können. Der Text nennt zwar keinen Namen, aber man kann davon ausgehen, dass es sich bei der Person um ein Mitglied der Bomber-Besatzung handelt – vermutlich der Soldat, der den Befehl zum Abwurf ausgeführt hat. Der erste Weg – er „[g]ing ins Kloster, läutet dort die Glocken" (V. 2) – steht für Reue und den Versuch, auch andere Menschen zur Umkehr bzw. zum Umdenken zu bewegen. Als Zweites wird gemutmaßt, der Soldat habe Selbstmord begangen („Sprang vom Stuhl in die Schlinge, erwürgte sich", V. 4). Das legt nahe, dass er die Schuld, die er auf sich geladen hat, nicht mehr ertragen konnte. Die letzte Variante ist, dass der Soldat wahnsinnig wurde und ihm nachts die Geister der Bombenopfer erscheinen (V. 6–8). Der letzte Vers, „Auferstanden aus Staub für ihn" (V. 8), deutet an, dass er für sein Handeln bestraft wird.

Betrachtet man die drei Varianten, wird deutlich, dass in der Vorstellung des lyrischen Ichs der Atombombenabwurf auch das Leben des Soldaten maßgeblich verändert hat und er seine Tat bereut. Die dreifache Nennung des Verses „Der den Tod auf Hiroshima warf" (V. 1, 3, 5) unterstreicht die schrecklichen Auswirkungen und auch die Schwere der Schuld, die der Soldat auf sich geladen hat. So wundert es nicht, dass auch die drei Alternativen eine negative Steigerung darstellen: Der Weg ins Kloster, der Selbstmord und als schlimmste Variante das Leben im Wahnsinn. Verdeutlicht wird das auch durch die Verben „Ging“ (V. 2), „Sprang“ (V. 4) und „Fiel“ (V. 6). Die ersten beiden Verben weisen noch auf aktives Handeln des Soldaten hin, er ist noch Herr über sein Tun. Im dritten Fall kann er nur noch passiv die Folgen über sich ergehen lassen bzw. reagieren („wehrt Gespenster ab“, V. 6). Obwohl alle drei Varianten sicher eine radikale Wende im Leben des Soldaten bedeuten, klingen sie für den Leser glaubwürdig und nicht unwahrscheinlich. Denn man kann davon ausgehen, dass derjenige, der den Atombombenabwurf über Hiroshima auslöste, sein Leben lang mit seiner großen Schuld zu kämpfen hatte. Verstärkt wird das noch dadurch, dass die Verben im Indikativ stehen, also ein reales Geschehen vermuten lassen.

Die zweite Strophe (V. 9–22) beginnt allerdings mit einer unerwarteten Aussage: „Nichts von alledem ist wahr.“ (V. 9) So wird deutlich, dass die erste Strophe eigentlich im Konjunktiv stehen müsste. Diese drastische Wendung erzeugt beim Leser eine große Erwartungshaltung und lässt ihn gespannt sein, wie es wirklich mit dem Soldaten weiterging.

In Vers 10 äußert das lyrische Ich, dass es selbst den Soldaten vor Kurzem gesehen habe und deshalb wisse, wie er wirklich lebt. Das lyrische Ich tritt also als Zeuge auf und verleiht damit den folgenden Versen ein noch größeres Gewicht. Es berichtet, dass der Soldat in einem eigenen Haus am Stadtrand lebt, eine Frau und zwei Kinder hat, mit ihnen im Garten ist und lacht. Er führt also ein ganz normales, bürgerliches Leben, das auf den ersten Blick idyllisch wirkt: „Die Hecken waren noch jung und die Rosenbüsche zierlich“ (V. 12), „die junge Frau / Die neben ihm stand im Blumenkleid / Das kleine Mädchen an ihrer Hand / Der Knabe, der auf seinem Rücken saß“ (V. 15–18). Scheinbar hat sich das Leben des Soldaten nach dem Abwurf der Atombombe sogar noch verbessert, was in einem krassen Gegensatz zu den verheerenden Auswirkungen des Atombombenabwurfs steht. Reue oder Schuldbewusstsein kann der Leser des Gedichts nicht erkennen.

Allerdings trügt die Idylle. Denn es heißt metaphorisch: „Das wächst nicht so schnell, daß sich einer verbergen könnte / Im Wald des Vergessens.“ (V. 13 f.) Der Soldat kann sich eben nicht vor den Folgen seiner Tat hinter den Hecken und Sträuchern seines Gartens verstecken – sie schützen ihn nicht vor der Beobachtung durch die Außenwelt.

Auch das Spielen mit dem Sohn im Garten erscheint auf den zweiten Blick weniger idyllisch, wenn es heißt: „Der Knabe, der auf seinem Rücken saß / Und über seinem Kopf die Peitsche schwang.“ (V. 18 f.) Selbst wenn es nur ein Spiel ist, stellt der kleine, die Peitsche schwingende Sohn doch eine Bedrohung für den Vater dar.

Am deutlichsten wird das Idyll aber durchbrochen, wenn es heißt: „das Gesicht / Verzerrt von Lachen“ (V. 20 f.). Normalerweise ist ein lachendes Gesicht etwas Positives. Wenn ein Gesicht verzerrt ist, dann aufgrund von Schmerz oder einer aufgesetzten Grimasse. Das heißt, das Lachen des Soldaten kommt in diesem Fall nicht von Herzen, es ist kein echtes Lachen. Das verzerrte Lachen wird damit begründet, dass „der Photograph / Hinter der Hecke stand, das Auge der Welt“ (V. 21 f.). Die Metapher für den Fotografen, „das Auge der Welt“, steht hier für die kritische Öffentlichkeit, zu der auch das Ich gehört, und die kritische Beobachtung durch die Menschen, vor der sich der Soldat nicht verstecken kann.

Hier gibt es verschiedene Deutungsmöglichkeiten: Lacht der Bombenwerfer nur, weil man das eben tut, wenn man fotografiert wird? Lacht er, um vor der Öffentlichkeit den Schein des glücklichen Menschen aufrechtzuerhalten? Bedeutet dies, dass er sich eigentlich doch schuldig fühlt? Oder verzerrt das Lachen sein Gesicht, weil er von der Öffentlichkeit behelligt wird, seine Gartenhecke ihn nicht vor dem kritischen Blick der Medien schützen kann und er so sein Leben nicht in Ruhe leben kann? Diese letzte Deutungsvariante erscheint mir als die nachvollziehbarste. Denn sie passt zur Grundanlage des Gedichts, die vom Kontrast zwischen dem vorgestellten Leben des Soldaten (Strophe 1), das von Schuldbewusstsein gekennzeichnet ist, und dem tatsächlichen Leben (Strophe 2) geprägt ist, das von der großen Schuld nicht weiter beeinträchtigt zu sein scheint.

Insofern geht es Marie Luise Kaschnitz mit ihrem Gedicht darum, die Leser auf zwei Dinge aufmerksam zu machen. Zum einen ist das Gedicht als Vorwurf an den Täter wegen seiner Tat zu lesen. Allerdings sollen sich offenbar auch die Leser mit der Frage nach der Schuld und der Verantwortung für so schreckliche Ereignisse wie den Abwurf der Atombombe auf Hiroshima beschäftigen. Denkt man weiter, dann muss man sich nämlich fragen, ob nicht auch die Menschen, die den Befehl zum Abwurf gaben, und letztlich auch die Politiker mitverantwortlich und schuldig sind.

Zum anderen beschäftigt sich Kaschnitz in ihrem Text mit dem Vergessen und Verdrängen vonseiten der Täter und dem offenbar fehlenden Schuldbewusstsein. Die Autorin kritisiert einen Umgang mit der Vergangenheit, bei dem an die Stelle einer kritischen Aufarbeitung der Versuch tritt, das Geschehene zu verdrängen. Das Gedicht ist zugleich eine Mahnung an jeden von uns, solche Ereignisse nicht zu vergessen. Man soll eben nicht die Ereignisse der Vergangenheit ausblenden und so tun, als ob nichts gewesen sei. Die Menschen sollen Verantwortung für ihr Handeln übernehmen und die Opfer nicht alleine lassen. Um das Vergessen zu verhindern, werden die Leser und damit die Öffentlichkeit aufgefordert, die Missstände in der Welt bewusst wahrzunehmen und darauf aufmerksam zu machen – sie sollen hinsehen wie der Fotograf.

Schluss

Das Gedicht von Marie Luise Kaschnitz hat mich sehr betroffen gemacht, weil es mir einerseits die schrecklichen Folgen des Atombombenabwurfs auf Hiroshima in Erinnerung gerufen hat. Andererseits frage ich mich, ob die Menschen überhaupt daraus gelernt haben. Atomwaffen gibt es immer noch, und die Bedrohung ihres Einsatzes besteht nach wie vor. Sogar auf deutschem Boden werden amerikanische Atomwaffen gelagert. Seit dem Krieg zwischen Russland und der Ukraine wird der Abrüstungsprozess verzögert. Hoffentlich kommen die Waffen nicht zum Einsatz.